Patrick Jetzer

# Corona
# Fakten Check



Erste Auflage

Libertarian-Verlag

1. Auflage 2020

ISBN 978-3-906987-99-6



Cover: GraphicSailor.com, Österreich

Coverfoto: Bild von Lothar Dieterich auf Pixabay

Libertarian-Verlag

Wetti 41, CH-9470 Buchs, www.libertarian.ch

E-Mail: info@libertarian.ch, Tel. + 41 (0)81 284 00 28

Auch erhältlich als E-Book

*Satz: DTP im Verlag — Printed in Austria*

# Inhaltsverzeichnis

## Einleitung

Die COVID-19 Geschichte hat uns alle kräftig durchgeschüttelt und uns vor Situationen, Tatsachen, Herausforderungen gestellt, die wir uns so nie hätten vorstellen können. Ich bin ein rational, analytisch denkender Mensch und ein Skeptiker. Zu keinem Zeitpunkt habe ich COVID-19 mit großer Sorge wahrgenommen. Zu Beginn dachte ich: ein Hype wie die Vogel- und Schweinegrippe. Als es in Norditalien losging, habe ich mich etwas informiert (nur oberflächlich) und dachte ok, man muss das etwas ernster nehmen. Um mich machte ich mir keine Sorgen, dachte jedoch, daß es für Risikogruppen heikel sein könnte. Anhand der Berichterstattung dachte ich allerdings, daß die Risikogruppe deutlich größer sei, als diese tatsächlich ist.

Als Angestellter in der Pharmaindustrie habe ich täglich mit Ärzten zu tun, diese zeigten sich nicht besorgt, so sah ich mich nicht dazu veranlasst, COVID-19 genauer zu untersuchen. Geändert hat sich das Mitte Februar 2020, als die mediale Panikmache das normale Geschrei deutlich zu übertreffen begann und tatsächlich politische Interventionen in der Luft lagen.

So begann ich die medizinischen Publikationen zu COVID-19 anzuschauen, die Daten zu sammeln, relevante Berichte aufzuheben und begann die Zahlen der Infizierten und Verstorbenen täglich zu beobachten. Diese verglich ich mit den Grippewellen der jüngeren Zeit, verfasste Grafiken und Tabellen. Daraus erstellte ich einen Review, diesen aktualisierte ich bis Ende April täglich, danach etwas unregelmäßiger. Das Erstaunliche war, alles was ich über COVID-19 erfahren konnte, war rein medizinisch gesehen: beruhigend. Es war auch zu keinem Zeitpunkt so, wie es die Medien vielerorts verlauten ließen, daß die Daten sich widersprochen hätten. Die Daten waren in einer gewissen Band-breite einheitlich und anfangs gewonnene Erkenntnisse erhärteten sich mit jeder weiteren Studie oder Untersuchung.

Ganz anders Politik und Medien. Die Hysterie, schlimmer jedoch die politischen Maßnahmen konnte und kann ich nach wie vor nicht fassen. Unternehmen mussten schließen. Es wurde vorgeschrieben, mit wie vielen Menschen man Kontakt haben durfte und wie nahe. Die Gesundheit wurde plötzlich über alles andere gestellt:

- Über die Selbstbestimmung
- über Menschenrechte
- über Freiheit

Ich kann mit der Politik des Bundestagspräsidenten Wolfgang Schäuble nichts anfangen, jedoch hat er zu diesem Punkt etwas sehr richtiges gesagt:

"Aber wenn ich höre, alles andere habe vor dem Schutz von Leben zurückzutreten, dann muss ich sagen: Das ist in dieser Absolutheit nicht richtig. Grundrechte beschränken sich gegenseitig. Wenn es überhaupt einen absoluten Wert in unserem Grundgesetz gibt, dann ist das die Würde des Menschen. Die ist unantastbar. Aber sie schließt nicht aus, daß wir sterben müssen."

Rauchen und Alkohol fordert jährlich deutlich mehr Tote als COVID-19. Da ist die Gesundheit nicht wichtiger als die Freiheit und Selbstbestimmung, was ich richtig finde, auch wenn ich dem Rauchen nichts abgewinnen kann.

Das führte mich in eine kognitive Dissonanz. Die Realität, welche das Virus darstellt und das Verhalten der Welt, drifteten immer weiter auseinander. Es ist immer noch höchst befremdlich, wenn man betrachtet wie täglich die Angst über COVID-19 geschürt wird, wo es doch kaum noch Ansteckungen gibt.

Da die wissenschaftlichen Recherchen über das Virus das politische Agieren nicht rechtfertigen konnten, erweiterte ich meine Recherchen auf Themen, die logischerweise mit COVID-19 in Berührung stehen. Daraus entstanden die Kapitel, welche hier im Buch zu finden sind.

Eine absolute Antwort und Erklärung für alles wird es nicht geben. Fragen bleiben offen. Eine Meinung kann man sich machen, muss man aber nicht. Was für mich geblieben ist: Vieles stimmt nicht, wie es uns die Politik vermitteln will und gegen die Beschneidung der Menschenrechte möchte ich mich wehren.

Patrick Jetzer, August 2020

# Medien

Pressemitteilung Schweizer Bundesrat

Freitag, 13. März 2020. Die Schweiz hält den Atem an. Pressekonferenz des Bundesrates: Es werden die Ernsthaftigkeit und die Gefahr des Corona-Virus betont. Wichtige Punkte, die Bundesrat Berset hervorhebt (ca. Minute 13):

1. gefährdete Personen schützen
2. Spitalkapazitäten nicht überfordern
3. WHO habe vor 2 Tagen Pandemie ausgerufen

Schulen werden ab Montag den 16. März 2020 geschlossen und Veranstaltungen mit über 100 Teilnehmern und Restaurants das Öffnen für über 50 Gäste untersagt. Es wird eine Kontrolle an der Schweizer Grenze zu Italien eingeführt, was bedeutet: In der Schweiz arbeitende Italiener dürfen die Grenze übertreten und in die Schweiz kommen, allerdings sind Ferien, private Einkäufe und Besuche in der Schweiz nicht mehr möglich.

Bundespräsidentin Sommaruga meint, es müsse jetzt einen „Ruck durch die Bevölkerung“ gehen - ich komme an anderer Stelle darauf zurück.

## Gefährlichkeit von COVID-19 im Fernsehen

Von diesem Zeitpunkt an gab es in deutschsprachigen Fernsehnachrichten nur noch die Regierungslinie zu hören. Die Gefährlichkeit von COVID-19 und deren schnelle Ausbreitung wurden beschworen. Die Mimik der Nachrichtensprecher drückte höchste Besorgnis aus, ernst im richtigen Moment, betroffen im richtigen Moment und zusprechend, wenn es darum ging, die eingeführten Maßnahmen wirklich einzuhalten. Das Schweizer Fernsehen und Radio brachten während Wochen vor jeder Nachrichtensendung die Meldung: man möge die Hygieneregeln einhalten und zuhause bleiben. Sowohl im deutschen wie im schweizerischen Fernsehen und in etablierten Zeitungen gab es nur noch ganz wenige Spezialisten, die ihre Expertise abgeben durften. In Deutschland waren das im wesentlichen Prof. Drosten, Virologe an der Charité und Prof. Wieler, Tierarzt, Direktor des RKI. In der Schweiz waren dies Prof. Neher, Basel, Prof. Salathé, Lausanne, etwas später Prof. Stadler, alle drei sind jedoch weder als Ärzte ausgebildet noch praktizieren sie als Ärzte. All diese Fachleute waren sich einig, daß es sich um ein ganz gefährliches Virus handle und man mit überfüllten Spitälern und Hunderttausenden von Toten rechnen müsse. Ihre Prognosen beruhten auf Computer Modellen. In ihrem Buch „Corona Fehlalarm?“ schreiben die Professoren Reiss & Bhakdi, daß die Modelle vom Briten Neil Ferguson, Epidemiologe, stammen, der in seinen vielen Prognosen nicht einmal annähernd richtig lag. Fachleute mit anderer Meinung kamen nicht zu Wort. Es gab sie jedoch von Anfang an und sie wollten sich auch einbringen. So wichen sie auf Mitteilungen auf ihren Webseiten oder YouTube aus. Ich habe selbst am Fernsehen mitgehört, wie die Professoren Salathé und Neher sich über anderslautende Einschätzungen wie folgt äußerten:

*„Sie wüssten nicht, wie diese Leute (es handelte sich um Fachärzte mit Forschungs- und Patientenerfahrung auf dem Gebiet) noch ruhig schlafen könnten.“*

Anstelle einer fachlichen Auseinandersetzung im Sinne eines wissenschaftlichen Diskurses, in dem jene Wissenschaftler, die keine ausgebildeten oder praktizierenden Ärzte sind, sich mit den Standpunkten der andersdenkenden Wissenschaftler auseinandersetzten, wurde die Moralkeule eingesetzt. Anstelle der inhaltlichen Auseinandersetzung mit den andersdenkenden Wissenschaftlern wurde diese in ihrer Integrität als Person angegriffen. Bezeichnenderweise gab sich der „kritische“ Journalist genau damit zufrieden. Es folgte eine Berichterstattung wie in Kriegszeiten: monotone Durchsagen, Wiederholungen immer derselben Ansagen und Löschungen (Zensuren) anderer Meinungen auf YouTube und weiteren Kanälen.

Die Nachrichten-Moderatoren in der Schweiz und in Deutschland übertrafen sich mit Forderungen nach noch strengeren Massnahmen als die Politik sie anordnete. Kündigte die Politik ein Versammlungsverbot von mehr als 1000 Menschen an, fragten die etablierten Medien, ob das nicht zu viele Personen seien. Dasselbe Fragemuster wendete die etablierte Presse an bei der Ankündigung der Politik einer Verschärfung des Verbotes von Versammlungen von mehr als 50 Personen an, und ebenso der weiteren Reduzierung der Zusammenkünfte auf 5 Personen reduziert. Hier verlangte die etablierte Presse sogar eine Ausgangssperre. In Deutschland verhielten sich die Medien nach demselben Muster. Ein Schelm wer den Eindruck bekam, man wolle da möglicherweise dem opponierendem Volk den Wind aus den Segeln nehmen, da die Politik durch die Rückfragen der etablierten Presse nach strengeren

Massnahmen als durch die Politik verkündeten dazu führten, daß die durch die Politiker verhängten Massnahmen dann doch als nicht so streng wahrgenommen werden konnten.

Mit den ersten Lockerungen der verhängten Massnahmen kamen allmählich auch Experten mit anderer Meinung in den Medien zu Wort. So die Schweizer Nachrichtensendung „10 vor 10" vom 30.04.2020 mit Prof. Christoph Berger, Leiter Infektiologie am Kinderspital Universität Zürich. In dieser Sendung ging es um die Wiedereröffnung der Schulen am 11. Mai 2020. Prof. Berger führte aus, daß Kinder keine Übertragungsgefahr für COVID-19 darstellten. Er erklärte, weshalb gewisse Laborstudien keine Aussagekraft über die Übertragbarkeit des Corona-Virus in der Realität besitzen und hielt fest, daß Kinder möglichst frei von Angst und mit Freude unbekümmert in die Schule gehen sollen. Außer dem Händewaschen müsse man sie nicht weiter belasten. Die Moderatorin Bigna Silberschmidt stellte sich in ihrer Funktion als Moderatorin mit folgender lapidaren Erklärung über den Infektiologen:

*„Fakt ist, vieles weiß man nicht, viele sind überfordert"*

In der Medizin ist es jedoch so, daß man nie alles weiß; dies dürfte selbst jedem wachen Laien klar sein. Wissenschaft ist ein beständiges Ringen nach Erkenntnis. Daß es jedoch mehr als genügend Daten zur Entwarnung gab, hatte Prof. Berger schlüssig dargelegt. Das Schweizer Fernsehen vermittelt auch in diesem Fall den Eindruck, die Angst aufrechterhalten und jede Art von Lockerung möglichst lange hinauszögern zu wollen, da es auf die Inhalte von Prof. Berger nicht nur nicht einging, sondern diese mit o.g. Formulierung zu entkräften suchte. Prof. Berger verschwand nach dieser Sendung aus der etablierten Presse, man liess ihn medial nicht mehr zu Wort kommen.

## Gefährlichkeit von COVID-19 in Zeitschriften

DIE WELT schreibt mit beängstigender Schlagzeile, COVID-19 sei 10-mal tödlicher als die Schweinegrippe! Mit dieser Einengung des Blickwinkels befördert sie Angst und Panik bei den Lesern und spekuliert darauf, daß sich die Bevölkerung nicht mehr so genau an die damalig nicht gelungene Schweine-grippen-Hysterie erinnert. Die s.g. Schweinegrippe stellte sich am Ende als äußerst milde verlaufende Grippe heraus mit einer Mortalität von 0.026 %. Dementsprechend versandete sie schnell im Bewusstsein der Bevölkerung. Auch bei der Schweinegrippe-Panikbefeuerung im Jahr 2009 war Prof. Drosten in beratender Funktion für die deutsche Regierung tätig und dies am lautesten. Er lag auch damals falsch und ist heute trotzdem wieder der einzige Experte in Deutschland, dem die Regierung Gehör schenkt.

Wäre COVID-19 tatsächlich 10-mal tödlicher als die s.g. Schweinegrippe, wären wir bei einer Mortalität von 0.26 %. Dies entspricht den bis zum 29.08.2020 zur Verfügung stehen Zahlen und damit der Mortalität einer schweren Grippewelle.[1]

Printmedien müssen Klicks und Umsatz generieren, und dies funktioniert offenbar zuverlässig mit Schocknachrichten. Die Verantwortung gegenüber der Bevölkerung sowie die gesellschaftliche und politische Entwicklung spielen für die Printmedien dabei offenbar keine Rolle mehr.

## COVID-19 politisch nutzen

In den Medien wurde berichtet, daß China den Ländern Italien und Serbien z.B. mit der Lieferung von medizinischem Material hilft. Man darf nicht naiv sein und vermuten, daß China hier ausschliesslich philantropisch handelte. Im Rahmen der aktuellen Umgestaltung der weltweiten Machtverhältnisse ist davon auszugehen, daß China mit diesen Hilfsleistungen auch seine geopolitischen Interessen umsetzt, um seinen Einfluss als Weltmacht neben den USA und Russland zu vergrössern.[2]

Weitere aktuelle und vergangene Beispiele, die oben Genanntes untermauern:

Kuba hilft China mit dem antiviralen Medikament Interferon alfa-2b. Kuba hat in der Vergangenheit auch schon bei Ebola in Afrika geholfen. Ärztliche Hilfe ist ein kubanisches Geschäftsmodell, lesen wir.[3]

Russland hilft Italien und wird mit folgenden Schlagzeilen begleitet: Putins Corona-Coup! Russland demonstriert damit Stärke und will sein Image aufpolieren, sich als geopolitische Alternative zu den USA positionieren, so die Berichterstattung. Anschließend wird über die Schwächen von Russlands Gesundheitssystem gemäkelt. Auch hier sollen Russlands machtpolitische Überlegungen gar nicht bestritten werden.[4]

Den westlichen Medien sichtlich unangenehm ist folgender Sachverhalt: Nun helfen die Russen auch noch den USA. Hilfe gegenüber dem westlichen Hegemon USA ist etwas schwieriger zu beanstanden, daher hängt die Presse ihre Kritik an der Person des als rundweg unbeliebt dargestellten Präsidenten

Trump auf. Die Handlungsmotivation für die Hilfslieferungen zwischen den beiden Grossmächten wird von der etablierten Presse niedergemacht mit dem nicht gerne gesehenen guten Einvernehmen zwischen den Präsidenten Putin und Trump.[5]

An dieser Stelle soll das große ABER erläutert werden: Solche kritischen Schlagzeilen lesen wir niemals, wenn die USA, europäische Staaten, Australien oder Kanada irgendwo auf der Welt helfen. Entsenden diese Länder medizinische Hilfslieferungen, entfällt jegliche andere Handlungsmotivation, und die etablierte Presse unterstellt immer selbstlose humanitäre Hilfe. Dies gilt insbesondere für die Schweiz mit ihrer humanitären Tradition. Im Zusammenhang mit diesen Ländern sind für die etablierte Presse politische Absichten und Kuhhändel scheinbar undenkbar!

Während die Schweiz die Wirtschaft schließt, vielen Kleinunternehmern das Arbeiten verbietet, Alte in den Altenheimen unter striktes Kontaktverbot stellt sowie Besuche von mehr als 5 Menschen verbietet, Schulen schließt und FDP-Nationalrätin Petra Gössi nach der Schließung des Flüelapasses schreit, urteilen Schweizer Medien über Russlands Präsidenten Putin und Ungarns Präsidenten Orban wie folgt: „Virus der Tyrannei". Hier wird mit zweierlei Mass gemessen. Mit dem Finger auf andere zeigen und nicht erkennen, daß 3 Finger auf einen selbst zeigen! Man darf sich folgende Fragen stellen: Wird über Tyrannei im Zusammenhang mit den Corona-bedingten Staatsmassnahmen etwa über Frankreich, Italien oder Spanien berichtet, die noch weitaus härtere Massnahmen ergriffen haben als Russland und Ungarn, um ihre Bevölkerung daheim zu halten? Ist es glaubwürdig, über Länder, zu denen man gute Beziehungen pflegen sollte, solche despektierlichen Schlagzeilen zu publizieren, zu Zeiten, in denen die Restriktionen in der Schweiz eher schlimmer sind als zu der Zeit in Russland? Diese Art von Journalismus lässt jegliche Sachdarstellung vermissen, lenkt den Blick von den Massnahmen im eigenen Land ab und ist daher überaus tendenziös. In Krisenzeiten wird der Fokus verengt und Pflöcke werden eingeschlagen. Böse und Gut werden klar vorgegeben und abgegrenzt. COVID-19 ist offenbar die Krise, die genutzt wird um klar zu stellen, wer Freund und wer Feind ist. Als Leser darf man keine objektiven Informationen mehr erwarten, es zeichnet sich mehr und mehr ab, daß auf dem Rücken eines Virus möglicherweise eine eigene Agenda umgesetzt wird.

## Medien Finanzierung

Da staatliches Fernsehen und Radio in der Schweiz, Deutschland und in allen europäischen Ländern durch Zwangsgebühren finanziert werden, überrascht es nicht, daß diese Medien auf Regierungskurs sind. In Zeiten, die als Notstand ausgegeben werden, verkünden sie die „Nachrichten" der Regierung und bereiten so den kommenden Entscheidungen den Weg. Die Methodik ist simpel: Die staatsnahen Medien fordern schärfere Massnahmen als jene, die die Regierung im Anschluss beschließt. Das wiederum lässt für den oberflächlichen Betrachter den Eindruck entstehen, die Regierung würde besonnen und moderat handeln.

Was die Situation zusätzlich verschlimmert, ist, daß die Schweizer Regierung den s.g. unabhängigen, privaten Medien CHF 70 Mio. zugesprochen hat. Geld regiert die Welt, sagt der Volksmund. Erstaunt hier die einheitliche Berichterstattung über fast die gesamte Medienlandschaft noch? Massenkommunikation erfolgt nach folgenden Phasen: In der ersten Phase der Berichterstattung erfolgt keine wissenschaftlich abweichende Beurteilung. In der zweiten Phase darf die Presse mal eine andere Meinung publizieren, die jedoch von den Moderatoren oder Redaktoren sogleich relativiert wird. In einer letzten Phase werden die dem Staat genehmen Wahrheiten einfach um ein Vielfaches häufiger publiziert als kritische Ansichten. Dieses Prinzip haben Noam Chomsky und Edward Herman in ihrem Buch „Manufactoring Consent: The Political Economy of the Mass Media" schon 1988 aufgedeckt.

Zurück zum vom Schweizer Bundesrat zugesprochenen Geld: CHF 35 Mio. erhält die Presse, CHF 30 Mio. private Radiosender, den Rest die Schweizer Nachrichtenagentur Keystone-SDA. Bei diesen zugesprochenen Mitteln handelt es sich nur um das Notpaket. Die wiederkehrende Presseförderung soll von CHF 30 Mio. auf CHF 50 Mio. erhöht werden. Dem staatlichen Schweizer Medienhaus SRG werden ab 2021 zusätzlich CHF 50 Mio. zugesagt. Bei der Höhe dieser finanziellen Unterstützung stellt sich die Frage, ob man ernsthaft davon ausgehen darf, daß dieses „Sicherheits-Polster" wirklich gar keinen Einfluss auf die Art der Berichterstattung hat, wenn es um Regierungsentscheide und -prioritäten geht? Denn es war ja gerade die Regierung, welche die Gelder unter Notstand zugesprochen hat, und selbstverständlich wird auch über die Feinsteuerung der Geldverteilung entschieden, will heißen, welche Zeitung wie viel aus dem Topf erhält.[6]

## PR – Public Relation – Propaganda

Auch wenn der Staat informiert, geschieht dies heute auf demselben professionellen Niveau, wie man es von Großkonzernen kennt. Wie das so läuft und daß diese Mittel für die Politik nichts Neues sind, werden wir mit dieser kurzen Einführung sehen.

Das Wort Propaganda hatte nicht immer den negativen Beigeschmack wie heute. In den 1920er und 30er Jahren war Propaganda ein neutraler Begriff für den wir heute die Worte Werbung, PR und Marketing verwenden. 1928 schrieb Edward Bernays mit „Propaganda" ein Grundlagenwerk, in dem er die Meinung vertrat, daß sich die Masse nicht einfach eine eigene Meinung bilden kann, wie die Demokratie dies Glauben macht. Vielmehr muss die Meinung durch Propaganda geformt werden. Dann führt er aus, wie dies in der Wirtschaft, in der Bildung, in der Frauenbewegung, im Sozialwesen und in der Politik zu geschehen hat. Die Methoden bleiben dabei immer dieselben. Bernays promotete für Präsident Wilson den ersten Weltkrieg und unter dem Slogan „Fackeln der Freiheit" machte er Zigaretten zum Symbol weiblicher Emanzipation und brachte die Amerikanerinnen zum Rauchen.

Walter Lippmann veröffentlichte schon 1922 sein Hauptwerk „Die öffentliche Meinung – wie sie entsteht und manipuliert wird". Wie Bernays war auch er der Ansicht, daß es undenkbar sei, daß die Öffentlichkeit wirklich Demokratie lebt und mitentscheidet. Die Macht der Propaganda und die Komplexität politischer Entscheide mache eine Demokratie obsolet. Daher muss die Masse so informiert werden, wie sie denken soll. Welche Informationen weitergegeben werden und wie diese Informationen zu verstehen sind, muss von der wirtschaftlichen und politischen Elite entschieden werden. Beide Werke sind für die heutige Public Relation noch Grundlagen.

Diese Werke und deren Methodik fanden bei einem gewissen Josef Goebbels großen Anklang. Er war es, der als Reichsminister für Volksaufklärung und Propaganda, diese Methoden 1:1 ausprobierte und umsetzte. Sie funktionierten hervorragend, allerdings hatte das Wort Propaganda nach dem 2. Weltkrieg einen negativen Beigeschmack erhalten. Also nimmt man die ersten beiden Buchstaben P und R und kreiert daraus Public Relations, Öffentliche Beziehungen. Das klingt heute schon fast ein bisschen positiv. Eine Institution, ein Konzern kümmert sich um die Kommunikation mit der

Öffentlichkeit. Böse Zungen nennen Public Relation Studiengänge: „die hohe Kunst des Lügens auf universitärem Niveau erlernen".

## PR Corona

Am 16.03.2020 verkündete die Bundespräsidentin bei der bundesrätlichen Medienkonferenz, es müsse jetzt ein Ruck durch das Land gehen. Wenn man das ernst meint - und so war es gemeint - muss man eine PR-Kampagne lancieren.

Eine Technik der PR ist es, einprägsame Begriffe zu wählen und sie immer wieder zu wiederholen. Sie sozusagen dem Zuhörer in den Kopf zu hämmern. Die stete Wiederholung setzt sich in der Tiefe fest und prägt das Empfinden. Diese Begriffe können auch martialisch sein und tönen in diesem Fall wie aus dem Strafvollzug: Kontaktsperre, Maskenpflicht, Lockerung der Maßnahmen und Lockdown. Dies erzeugt unweigerlich Angst bei der Bevölkerung. Dazu kommt noch die Freiheit, die man (vielleicht) wiedererhält, wenn man schön folgsam ist. Ein starkes Stück!

Schweizerische und deutsche Politiker, aber am ausgeprägtesten Emanuel Macron haben dies mit dem Begriff „wir sind im Krieg (gegen das Virus)" getan. In seiner Rede an die Nation zum ersten Lockdown endete jeder zweite Satz mit „nous sommes en guerre". Aber auch virale Sprüche für das jüngere Publikum wie „stay the fuck at home". Ein weiteres Begriffsduo, das wahlweise tief in die Volksemotion einsickern soll: wir leben in einer „neuen Realität" oder „neuen Wirklichkeit". Man nehme mal kurz 2m Abstand und überlege sich aus etwas Distanz, ob die Realität einfach so erneuert und von Staatschefs angeordnet werden kann. Nein, so geht's wohl nicht. Aber genau dies hämmert eine beständig laufende PR-Maschinerie aus Fernsehkanälen, Radios, Internet-portalen und sogar Plakaten auf uns ein. Ein weiterer Gedanke der in Angst versetzen soll, ist die Verbreitung des Virus. Die Verbreitungsrate und neue Ansteckungen werden ununterbrochen publiziert, diskutiert und als beängstigend dargestellt, unabhängig davon wie klein ihre Zahl gemessen an der Bevölkerung ist. Was dabei untergeht und das ist das Schlimmste: die Gefährlichkeit des Virus in seinem Verhältnis zur Bevölkerung wird überhaupt nicht thematisiert. Es werden einzelne Todesfälle oder Genesene, die schwer erkrankt waren, gebracht und unter einem Lupeneffekt dargestellt, so daß diese Fälle im Verhältnis zum Ganzen überdimensional erscheinen. Na ja, die Medien sind halt so, sie übertreiben, schreiben sich gegenseitig ab, wobei durch die ständige Wiederholung dieser Wortschöpfungen neue Slogans entstehen – ist halt Zufall. Wirklich?

## Die PR-Agenturen

Das BAG arbeitet mit einem 12-köpfigen Team unter der Leitung von Adrian Kammer an der Corona Kommunikation. Das reicht offenbar nicht, denn zusätzlich haben sie die PR-Agentur Rod angestellt, um eine Corona Kampagne durchzuführen. Schauen wir, wie Rod über sich selbst schreibt. Ihr Slogan „a bigger bang for the buck“, einen größeren Knall fürs Geld. Das ist ihr Job, damit verdienen sie Geld. Wenn es um T-Shirt Werbung, Pepsi oder Coca-Cola geht ok, aber sollte die Regierung ihre Bevölkerung so informieren oder geht es gar nicht um Information?

Folgendes versprechen sie auf ihrer Homepage:

*„Wir graben tiefer. Wir beschäftigen uns intensiv mit den Menschen, die wir erreichen wollen. Um die eine Botschaft zu finden, die etwas in ihnen zum Schwingen bringt. Um den kommunikativen Zugang zu ihnen zu finden. So machen wir das: Quantitativ, indem wir in alle Quellen einsteigen, die uns zur Verfügung stehen. Und qualitativ, indem wir uns aufmachen, das echte Leben da draußen zu untersuchen.“*

Das mag oberflächlich ja gut tönen, sie graben tiefer, nehmen es also seriös, wollen keinen schnellen Pfusch liefern. Was ist die wirkliche Bedeutung dahinter? Tiefer graben und kommunikativen Zugang finden, bedeutet in diesem Zusammenhang Microtargeting, es wird uns später nochmals begegnen. Microtargeting nutzt die spezifischen und persönlichen Daten über Dich, welche im Netz vorhanden sind, um von Dir ein Persönlichkeitsprofil zu erstellen. So werden für Dich individuelle Nachrichten erzeugt, welche Dich mit höchster Wahrscheinlichkeit ansprechen (sie lassen etwas schwingen in Dir). Diese Nachrichten kommen nicht als Werbung oder Massen Popups daher. Es sind Nachrichten wie von einem nahen Freund, die höhere Aufmerksamkeit erreichen und sich besser in Dir festsetzen. Es sind Techniken wie sie bei der Trump Wahl zum Einsatz kamen, was zum Cambridge Analytica Skandal führte. Facebook kam damals ziemlich unter Druck, weil es ein wichtiger Kanal für die Microtargeting Nachrichten war. Diese Technik kam in der Schweiz beispiels-weise bei den letzten Parlamentswahlen zur Anwendung.[7]

Bei der Abstimmung über die zweite Gotthardröhre (Tunnel) wurde die Schweizer Firma Enigma eingesetzt, um mit Mikromarketing Technik den Abstimmungskampf zu gewinnen.[8]

Die Zürcher Datenschutzbehörde schreibt dazu:

*„Die Online-Kommunikation bietet für Wahl- und Abstimmungskampagnen neue Möglichkeiten. Die Aktivitäten von Parteien, Interessenverbänden aber auch öffentlichen Akteuren verschieben sich immer mehr von den klassischen in die sozialen Medien, denn durch Microtargeting und Profilbildung ist es hier kostengünstig möglich, Stimmberechtigte mit gezielten Botschaften anzusprechen. Informationen zu weltanschaulichen und politischen Ansichten sind jedoch besonders schützenswerte Daten. Zudem haben Stimmberechtigte ein Recht zu wissen, aufgrund welcher Methoden und Technologien sie bestimmte Informationen angezeigt bekommen."*

Der Datenschutz findet Microtargeting also kostengünstig, der Wähler müsse halt wissen aufgrund welcher Technologie er informiert werde. Als ob das der Wähler in der Tiefe verstehen könnte, falls er sich damit überhaupt auseinandersetzen würde. Es gibt so viele Informationen, die täglich auf einem einprasseln, daß auch ich mich nicht mit Microtargeting und personalisierter Information befassen würde, wenn es die Thematik hier nicht erfordern würde.[9]

Ein weiterer wichtiger Aspekt ist die Einsetzung von sogenannten Botschaftern. Die Social-Media-Kampagne wurde offiziell mit Alain Berset, Roger Federer und Christa Rigozzi eingeläutet. Gefolgt von wichtigen Influencern darunter die SRF-Moderatoren Nik Hartmann, Sandro Brotz, Susanne Wille oder Arthur Honegger, MySports-Programmchefin Steffi Buchli oder Blick-TV-Chef Jonas Projer. Somit wird auch klar, weshalb in der Schweizer Tagesschau die Gefährlichkeit von COVID-19 besonders stark betont wurde.[10]

Dann nahm man mehr als 50 Persönlichkeiten aus Wirtschaft, Kultur und Unterhaltung dazu, die für die Kampagne „Gemeinsam" aktiviert wurden. Es wurden Spots, bestehend aus vielen Statements (Testimonials), ausgestrahlt und die Flagge Nous-Wir-Nus-Ion (in Schweizerkreuzform) wurde omnipräsent.[11]

Zu guter Letzt gab man sich kritikfähig. Rod Kampagnenchef David Schärer stellte sich der Schweizer Sendung Arena. Moderator Brotz, den wir (weiter oben) als Kampagnen Influencer kennen, moderierte die Sendung. Das SRF als Staatsfernsehen führte lange einen Disclaimer des Bundesrates vor ihren Nachrichten, ein Großteil der Moderatoren lässt sich für die Kampagne einspannen. Kann SRF noch glaubwürdig kritisch sein? Die Frage wird in den Raum gestellt, ob die Medien einen einseitigen Corona Job gemacht haben. David Schärer lobte die Bemerkung weg, sie hätten eine großartige Arbeit geleistet. Nationalrat Alfred Heer warf ein, daß die „freien" Medien vom Staat mit CHF 57.5 Mio. gekauft würden. Entkräften durfte dies Kampagnen-Moderator Brotz gleich selbst, er würde sich nie ein Wort in den Mund legen lassen.[12] Was auch nicht notwendig ist, wenn er die Kampagne als Influencer mitträgt.

Somit wurde der Bevölkerung verkauft, daß die ganze COVID-19 Berichterstattung kritisch begleitet wird und eventuelle Falschinformationen oder Übertreibungen sofort kritisch publiziert würden. „Die vierte Gewalt funktioniert", war die Botschaft! So stelle ich mir Pressefreiheit und Meinungs-vielfalt nicht vor!

Rod gibt auf ihrer Homepage an, daß die Eigner Verantwortung übernehmen für ihr Tun. Die Gründer verkauften Rod zwar 2019 an Farner, eine größere, ältere, etabliertere Agentur, sie sind dennoch bei Rod operativ tätig und müssen als verantwortlich angesehen werden. Diese sind namentlich: Regula Bührer Fecker, Pablo Koerfer Geschäftsleitung und David Schärer. Pablo Koerfer ist in der Agenturenwelt sehr präsent und nennt sich politisch aktiv. Interessant ist, was Kampagnenleiter David Schärer über sich preisgibt. Nichts bereitet ihm mehr Freude, als eine gewaltige mediale Lawine loszutreten. Darüber hinaus sei er Vorstandsmitglied der Operation Libero. Diese Organisation setzt sich ein für das EU-Rahmenabkommen mit der EU ein, ist für die Personenfreizügigkeit und hat ein EU-Manifest verfasst. Gleichzeitig hat Rod auch schon Aktionen für Operation Libero durchgeführt. Da sind also Leute für die Corona Kampagne tätig, die eine klare politische Agenda haben, welche einem gefallen kann oder eben nicht. Man kann sich dann aber auch fragen, ob es zufällig ist, daß die Agenda mit derjenigen der COVID-19 führenden Bundesräte Berset und Sommaruga übereinstimmt. Denn eine ordentliche Ausschreibung der Kampagne konnte aus zeitlichen Gründen nicht stattfinden. Es war ein beschleunigtes Verfahren. Rod klärte dies nach eigenen Angaben mit dem Verband, so daß es angeblich kein böses Blut unter den Mitbewerbern gab. Das Volumen der Kampagne umfasste 2.5 Mio.[13] Was dieser Betrag genau umfasste wollte Rod auf meine Anfrage nicht bekannt geben. Es scheint jedoch klar, daß damit eine Landesweite Plakataktion, Radio- und Fernsehspots, Zeitungs-inserate, Flyer, etc. über eine Dauer von mehreren Monaten kaum finanziert werden kann.

## Agentur Fischer Appelt

In Deutschland führt die Agentur Fischer Appelt die Corona Kampagne. Offen deklariert sie auf ihrer Homepage Partnerschaften mit Wirtschaft und Medien. Darunter ZDF, Stern, Spiegel, Handelsblatt, Journalist, Wirtschafts-Woche und andere. Wer jetzt noch meint, von den Medien neutral informiert zu werden, muss sich ernsthaft fragen, wie dies möglich sein solle, wenn die Kampagnen-Agentur mit ihnen das Ziel verfolgt, ganz klare Meinungen und ein neues Verhalten in der Bevölkerung zu implementieren.

Bill Gates taucht immer wieder im Zusammenhang mit der COVID-19 Krise auf. In der deutschen ARD durfte er als „Experte“ ein fast 10-minütiges Interview geben. Auch im Zusammenhang mit sogenannten Verschwörungen taucht sein Name immer wieder auf. Er wird uns später wieder begegnen. Es ist jedoch wichtig an dieser Stelle festzuhalten, daß die Bill & Melinda Gates Foundation direkt deutsche Medien finanziell unterstützt. Unten stellevertretend die Zeit (mit $ 297`124) und Spiegel Online (mit $ 2`537`294). Medien, welche großzügige finanzielle Hilfe erhalten, wird es schwerfallen, kritisch über ihren Gönner zu berichten. Das hat nichts mit Verschwörung zu tun, das liegt einfach in der Natur der Sache.

(Ich werde hier – wie auch weiter vorne – die Spenden direkt von der Webseite der Gates Foundation abbilden. Somit ist der Link ersichtlich und eine Quellenangabe, bzw. Suche erübrigt sich.)

https://www.gatesfoundation.org/How-We-Work/Quick-Links/Grants-Database/Grants/2019/12/INV-003042

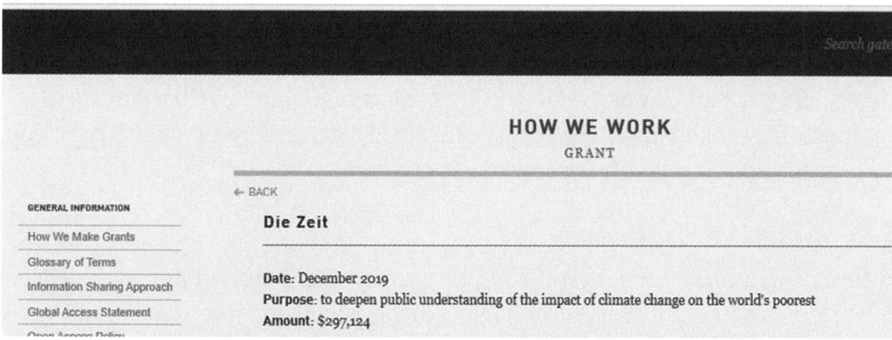
Search gates

HOW WE WORK

GRANT

← BACK

GENERAL INFORMATION

How We Make Grants

Glossary of Terms

Information Sharing Approach

Global Access Statement

**Die Zeit**

**Date:** December 2019

**Purpose:** to deepen public understanding of the impact of climate change on the world's poorest

**Amount:** $297,124

https://www.gatesfoundation.org/How-We-Work/Quick-Links/Grants-Database/Grants/2018/12/OPP1203082

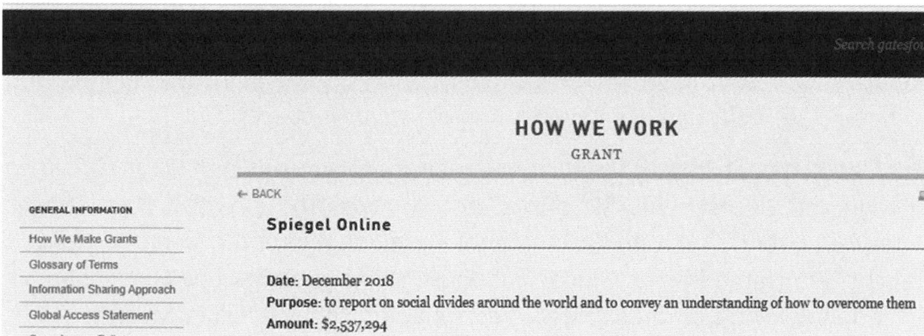
Search gatesfour

HOW WE WORK

GRANT

← BACK

GENERAL INFORMATION

How We Make Grants

Glossary of Terms

Information Sharing Approach

Global Access Statement

**Spiegel Online**

**Date:** December 2018

**Purpose:** to report on social divides around the world and to convey an understanding of how to overcome them

**Amount:** $2,537,294

## Das Strategiepapier aus dem Bundesministerium des Innern

Anfangs April 2020 wurde aus dem deutschen Bundesinnenministerium das Strategiepapier „Wie wir COVID-19 unter Kontrolle bekommen“ geleakt, welches bis dahin unter Verschluss war und den Behörden, als Szenario und Dienstanleitung für das Krisenmanagement bei Pandemien gelten sollte. Liest man dieses Dokument entsteht der Eindruck, daß dies die Arbeit eines Thinktanks ist.

Darin ist Erstaunliches zu lesen und wer zwischen den Zeilen zu lesen vermag, wird daraus einige Zusammenhänge erkennen können. Hier soll auszugsweise daraus zitiert und einige Hintergründe erklärt werden. Das ganze Strategiepapier findet der Leser im Quellenverzeichnis:[14]

Es werden verschiedene Szenarien besprochen:

**Worstcase:** Worstcase bedeutet „größter anzunehmender Fall“, werden 1.2 Mio. Tote prognostiziert.

**Dehnung:** Dieser Terminus bedeutet, daß man durch verschiedene Isolationsmaßnahmen die Ansteckungsraten senken möchte. Man rechnet mit 220`000 Toten.

**Hammer & Dance:** Betitelt eine Strategie, die bedeutet, daß vom Staat immer wieder Maßnahmen ergriffen, Tests durchgeführt und Anpassungen vorgenommen werden. Es wird von 12`000 Toten gesprochen.

Sollten die Maßnahmen sowie die schnellstmögliche Eindämmung der Ansteckungsrate nicht greifen, wird vom Szenario „Kernschmelze“ ausgegangen.

**Kernschmelze:** Ein Wirtschaftseinbruch jenseits der 20% mit einem Zusammenbruch des Systems, der die Gesellschaft bis hin zur Anarchie führt.

Es fällt auf, daß die Zahlen, welche für die Szenarien herbeigezogen werden (z.B. Todesraten, Spitalbelegung, künstliche Beatmung), alle deutlich zu hoch angesetzt sind. Die tatsächlichen Zahlen müssen den Behörden Anfang April 2020 bekannt gewesen sein. Es ist davon auszugehen, daß die Bundesbehörden alle relevanten Informationen als Erste erhalten, in ihrer Gesamtheit auswerten und diese Auswertung auch Eingang in dieses „Strategiepapier für den Dienstgebrauch" findet. Denn ein solches Szenarienpapier muss „leben", damit es ein relevantes Werkzeug zur Krisenbewältigung bleibt. Man vergleiche dazu auch Kapitel 4, „Medizinische und wissenschaftliche Erkenntnisse während der COVID-19 Pandemie" dieses Buches mit dem Strategiepapier. Ebenfalls meldeten sich schon früh Intensivmediziner mit dem Einwand, daß Intubation viel zu oft eingesetzt wird und häufig falsch sei. Diese Erkenntnisse erhärteten sich im Laufe des Aprils 2020 und hätten eine Auswirkung auf die damals verwendeten Zahlen und Statistiken haben müssen.

Jetzt stelle sich der Leser das Militär und die Polizei-Behörden vor. Sie haben keine Ahnung von Medizin und dem wissenschaftlichen Umgang mit Daten. Das gehört nicht zu ihrem Job. Sie müssen sich darauf verlassen, daß die von den Behörden bereitgestellten Daten auf seriöse und fundierte Art und Weise verarbeitet worden sind. Nun erhalten sie ein Dienstpapier mit vier Schreckens-szenarien, wovon die Maßnahmen, welche zum mildesten Verlauf führen sollen, umgesetzt werden müssen. Es liegt auf der Hand, daß kaum einer der involvierten Soldaten und Polizisten nicht zutiefst überzeugt ist, mit dem Bestrafen von Parkbank-Sitzern, Menschengruppen und „Abstands-Ignoranten" das absolut Notwendige und Richtige zu tun, um zur Bewältigung der Pandemie-Krise beizutragen. Wenn sie von ihren Vorgesetzten die Erklärung erhalten, daß es darum ginge, das Schlimmste zu vermeiden, dies von höchster Regierungsstelle mit allen wissenschaftlichen Weihen versehene Dienstpapier und den Befehl, dies entsprechend umzusetzen, erhalten, werden sie sich vermutlich in ihrem Handeln auch moralisch legitimiert fühlen.

## Für die Bevölkerung kommt jetzt der Holzhammer

### Das Volk soll mit einer Schocktherapie in Angst versetzt werden. Auszüge:

*„Der Worst Case ist mit allen Folgen für die Bevölkerung in Deutschland unmissverständlich, entschlossen und transparent zu verdeutlichen."*

*„Um die gesellschaftlichen Durchhaltekräfte zu mobilisieren, ist das Verschweigen des Worst Case keine Option."*

Das Volk soll sowohl mit dem Betriff „Worst Case", nicht nur dem Wort, sondern auch mit entsprechend ausgemalten Szenarien, in Schrecken versetzt werden.

Das Social Distancing, Home-Schooling und Versammlungsverbote ungeachtet des Infektionsstatus müssen jetzt durchgesetzt werden. Nach Ostern sollten schrittweise Lockerungen zugelassen werden, welche auch eingetreten sind. Jedoch waren diese Lockerungen verbunden mit der Absicht, Impfpflicht, Gesundheitspass und Tracking einzuführen, worüber zur Zeit der Niederschrift dieses Buches noch in der Öffentlichkeit debattiert wird.

Nun folgen wirtschaftliche Szenarien:

1. Schnelle Kontrolle: Wenn es mit dem Holzhammer getan ist, wird mit einer Einbuße des BIP von 4% gerechnet. Ein Ausmaß das dem der Weltwirtschaftskrise 2009 ähneln würde.
2. Rückkehr der Krise: Sollte im zweiten Halbjahr die Epidemie nochmals ausgerufen werden, bedeutet das für die Gesamtwirtschaft 11% Rückgang, für die Industrie sogar 19%.
3. Langes Leiden: Ein schnelles Eindämmen gelingt nicht und die Maßnahmen müssten bis zu den Sommerferien verlängert werden. Dies bedeute für die Gesamtwirtschaft 9% und für die Industrie 15% Rückgang.
4. Abgrund: Eine Eindämmung gelingt nicht und die Ausgangssperren gelten bis Ende Jahr. Dies würde zu einem gesamtwirtschaftlichen Einbruch von 32% und für die Industrie von 47% führen, was eine weitere Abwärtsdynamik auslöst. Ein wirtschaftlicher Zusammenbruch mit unabsehbaren Folgen für Gesellschaft und Politik wären die Folgen.

Mit diesen Szenarien gewinnt man die Militär- und Polizeibehörden und gedenkt auch die Justiz zu überzeugen. Vielleicht erklärt dies ein Stück weit das Eingreifen bei den „Hygienemärschen“ und die Urteile mancher Richter.

## Auszüge aus dem Strategiepapier kursiv - mit Kommentaren

*„Worst Case verdeutlichen! Wir müssen wegkommen von einer Kommunikation, die auf die Fallsterblichkeitsrate zentriert ist. Bei einer prozentual unerheblich klingenden Fallsterblichkeitsrate, die vor allem die Älteren betrifft, denken sich viele dann unbewusst und uneingestanden:*

*„Na ja, so werden wir die Alten los, die unsere Wirtschaft nach unten ziehen, wir sind sowieso schon zu viele auf der Erde, und mit ein bisschen Glück erbe ich so schon etwas früher“.*

*Diese Mechanismen haben in der Vergangenheit sicher zur Verharmlosung der Epidemie beigetragen."*

Dieser Auszug verdeutlicht, daß der Bürger von der Regierung moralisch abgewertet wird. Von einer Regierung, die gezeigt hat, daß sie sich gerade der Rentner eher schlecht angenommen hat. Es ist aus medizinischer Sicht sachlich falsch, wenn die Älteren und Risikopatienten nicht als Hauptbetroffene der Pandemie dargestellt werden. Die Tatsache aber, daß das Leben endlich ist, fällt hier völlig außer Acht.

*„Um die gewünschte Schockwirkung zu erzielen, müssen die konkreten Auswirkungen einer Durchseuchung auf die menschliche Gesellschaft verdeutlicht werden:*

*1) Viele Schwerkranke werden von ihren Angehörigen ins Krankenhaus gebracht, aber abgewiesen, und sterben qualvoll um Luft ringend zu Hause. Das Ersticken oder nicht genug Luft kriegen ist für jeden Menschen eine Urangst. Die Situation, in der man nichts tun kann, um in Lebensgefahr schwebenden Angehörigen zu helfen, ebenfalls. Die Bilder aus Italien sind verstörend.*

*2) "Kinder werden kaum unter der Epidemie leiden": Falsch. Kinder werden sich leicht anstecken, selbst bei Ausgangsbeschränkungen, z.B. bei den Nachbarskindern. Wenn sie dann ihre Eltern anstecken, und einer davon qualvoll zu Hause stirbt und sie das Gefühl haben, Schuld daran zu sein, weil sie z.B. vergessen haben, sich nach dem Spielen die Hände zu waschen, ist es das Schrecklichste, was ein Kind je erleben kann.*

*3) Folgeschäden: Auch wenn wir bisher nur Berichte über einzelne Fälle haben, zeichnen sie doch ein alarmierendes Bild. Selbst anscheinend Geheilte nach einem milden Verlauf können anscheinend jederzeit Rückfälle erleben, die dann ganz plötzlich tödlich enden, durch Herzinfarkt oder Lungenversagen, weil das Virus unbemerkt den Weg in die Lunge oder das Herz gefunden hat. Dies mögen Einzelfälle sein, werden aber ständig wie ein Damoklesschwert über denjenigen schweben, die einmal infiziert waren. Eine viel häufigere Folge ist monate- und wahrscheinlich jahrelang anhaltende Müdigkeit und reduzierte Lungen-kapazität, wie dies schon oft von SARS-Überlebenden berichtet wurde und auch jetzt bei COVID-19 der Fall ist, obwohl die Dauer noch nicht abgeschätzt werden kann."*

Hier wird maßlos übertrieben, ein schlechtes Gewissen gemacht und bezüglich Verbreitung durch Kinder gelogen (siehe Kapitel 4).

*Auch in diesen Auszügen aus dem Strategiepapier wird deutlich, daß die Szenarien maßlos übertrieben werden. Es soll den Menschen ein schlechtes Gewissen gemacht werden, und hinsichtlich Verbreitung der Krankheit durch Kinder wird gelogen (Details dazu siehe Kapitel 4).*

*„Außerdem sollte auch historisch argumentiert werden, nach der mathematischen Formel: 2019 = 1919 + 1929."*

*Dieser Auszug bedeutet, daß die Bevölkerung mit einer Kombination aus Spanischer Grippe und Weltwirtschaftskrise in Angst und Schrecken versetzt werden soll.*

*Man braucht sich nur die oben dargestellten Zahlen zu veranschaulichen bezüglich der anzunehmenden Sterblichkeitsrate (mehr als 1% bei optimaler Gesundheitsversorgung, also weit über 3% durch Überlastung bei Durchseuchung), im Vergleich zu 2% bei der Spanischen Grippe, und bezüglich der zu erwartenden Wirtschaftskrise bei einem Scheitern der Eindämmung, dann wird diese Formel jedem einleuchten.*

Diese Aussage ist aus medizinischer Sicht klar falsch. Die Mortalität von COVID-19 liegt bei allen seriösen Auswertungen bei etwa 0.08 – 0.28% und damit weit weg von der Spanischen Grippe und klar im Bereich normaler bis starker Grippewellen.

## Weitere Tipps, um die PR-Panik aufrecht zu halten

*„Es ist wichtig, gleich von Anfang an klarzustellen und offensiv zu kommunizieren, daß erfolgreiche Maßnahmen sich erst mit erheblicher Verzögerung auf die Anzahl gefundener Neuinfektionen und die Anzahl der Todesfälle auswirken werden.*

*Neben umfassender Information und Aufklärung von Seiten staatlicher Behörden ist der Staat in besonderer Weise auf die zivilgesellschaftliche Solidarität angewiesen. Dieses „Zusammen" muss mitgedacht und mitkommuniziert werden. Dazu braucht es ein gemeinsames Narrativ (#wirbleibenzuhause, oder „gemeinsam distanziert" – „physische Distanz – gesellschaftliche Solidarität") und im besten Fall viele Gesichter (Prominente,*

*Politikerinnen und Politiker, Wissenschaftlerinnen und Wissenschaftler), die sich mit der Kampagne identifizieren."*

Man erinnere sich hier an die Schweizer Influencer und Botschafter, welche die PR Agentur Rod unterstützten: Nachrichtensprecher, Moderatoren, Prominente aus Sport, Gesellschaft und Wirtschaft.

Zu guter Letzt heißt es in dem Strategiepapier kryptisch:

*„Nur mit gesellschaftlichem Zusammenhalt und gemeinsam distanziert voneinander kann diese Krise nicht nur mit nicht allzu großem Schaden überstanden werden, sondern auch zukunftsweisend sein für eine neue Beziehung zwischen Gesellschaft und Staat."*

Eine neue Beziehung zwischen Gesellschaft und Staat? Wie diese neue Beziehung aussehen soll, wird in dem Strategiepapier nicht mitgeteilt. Ob diese veränderte Beziehung zwischen Gesellschaft und Staat gewünscht ist, fragen der oder die Autoren des Strategiepapiers nicht. Ob diese neue Beziehung positiv ausgestaltet wird, darf nach der Beschreibung der Einschüchterungs-Maßnahmen bezweifelt werden.

Ich hoffe, es ist gelungen, dem Leser einen Eindruck zu vermitteln, daß das, was die Schweizer Bevölkerung in den Zeitungen und im Fernsehen über COVID-19 erfahren, wenig mit sachlichen Information und ausgewogener journalistischer Berichterstattung (Analyse: Stimme, Gegenstimme; Synthese, Meinung/ Einordnung) zu tun hat. Wir alle sind einer Kampagne von PR-Agenturen, Thinktank-Strategien und einem medial verengten Blickwinkel ausgesetzt.

Es wird Zeit, uns mit den medizinisch-wissenschaftlichen Fakten zu beschäftigen.

# Medizinische und wissenschaftliche Erkenntnisse während der COVID-19 Pandemie

## Einleitung

Bei COVID-19 handelt es sich um ein medizinisch-, wissenschaftliches Thema. Medien und Politiker operieren mit Zahlen und Aussagen, welche von einem Großteil der Bevölkerung nicht kritisch beurteilt und eingeordnet werden können. Deshalb ist es mir wichtig, dieses wissenschaftliche Kapitel sorgfältig und thematisch breit zu analysieren, um dem Leser eine fundierte Antwort anbieten zu können. Es wird teilweise etwas anspruchsvoll, es lohnt sich jedoch, die Arbeit mit dem Text auf sich zu nehmen.

## Situationsvergleich Grippewellen vs. COVID-19

Die COVID-19 Welle ist durch. Der Stand Schweiz vom 16.05.2020, Abend: 30`587 Infizierte, 1603 Tote gemäß BAG. Die Erstinfektion wurde am 25.02.2020 gemeldet. Man muss davon ausgehen, daß es schon früher Infizierte gab, da in Italien und Frankreich 1 Monat früher Ersterkrankungen auftraten.

Die folgende Graphik zeigt, daß eine Grippewelle ca. 4 Monate dauert.[15]

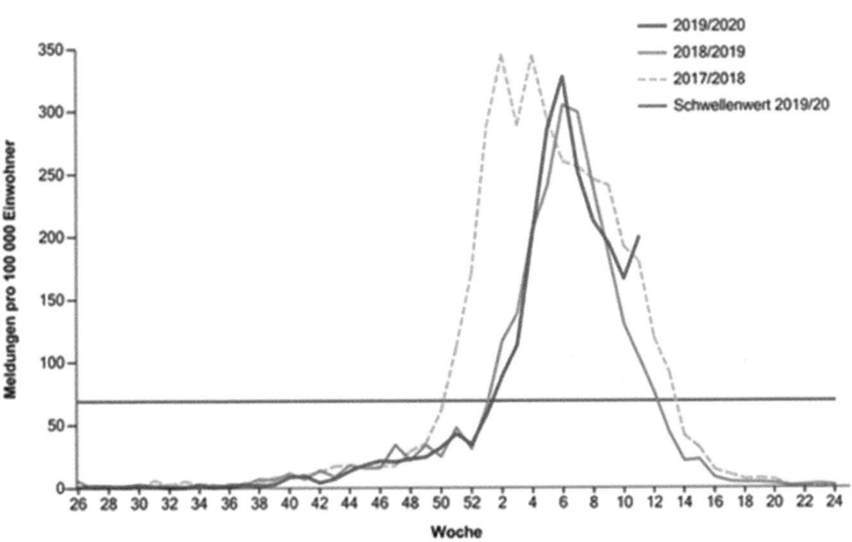

Unter demselben Link findet sich Folgendes, Zitat:[16]

*„Die starke Grippewelle im Frühjahr 2015 hat etwa 2500 Todesfälle und die Hitzewelle im Juli etwa 500 Todesfälle zusätzlich zur normalerweise erwarteten Zahl bewirkt. Außerdem sterben jedes Jahr infolge der zunehmenden Zahl alter Menschen in der Schweiz etwa 500 Personen mehr. 2015 ging sogar die Lebenserwartung vorübergehend und geringfügig zurück, was seit 1990 nicht mehr vorkam. Sie betrug 80,7 Jahre für die Männer und 84,9 Jahre für die Frauen. Im Jahr 2016 nahm die Zahl der Todesfälle wieder auf 64.964 ab…“*

2019 starben in der Schweiz total 67.307 Personen.[17]

2015 starben pro Monat 625 Menschen an der Grippe, ohne das besondere Maßnahmen ergriffen wurden. Das ist der gemittelte Wert.

Es ist wichtig, daß wir COVID-19 in Beziehung zu anderen Erkrankungen und Ereignissen setzen. Dabei gibt es nichts Naheliegenderes als COVID-19 mit anderen Grippeereignissen zu vergleichen.

Für viele ist dies jedoch bereits eine Hürde. Man kann/darf COVID-19 nicht mit einer Grippe vergleichen. Wir erkennen hier die Macht der PR. Viele befinden sich hier in einer kognitiven Dissonanz (die ich ja auch hatte). Denn wenn sich die Zahlen relativieren würden, wäre das Handeln der Politik unter Umständen ungeheuerlich. Wir haben große Mühe, diese Möglichkeit in Betracht zu ziehen.

In der Medizin werden Krankheiten oft symptomatisch bezeichnet. COVID-19 gleicht symptomatisch der Grippe. Damit ist nicht gesagt, daß es ein Influenza Virus ist. Es bleibt ein Corona Virus.

Nach zwei Monaten und etwa 3 Wochen haben wir nun 1603 Todesfälle, was doch ein Stück unter der Grippewelle von 2015 mit 2500 Toten liegt. Die Kurven der täglich Infizierten und Verstorbenen mit COVID-19 sehen bis zum 16.05.2020 wie folgt aus:

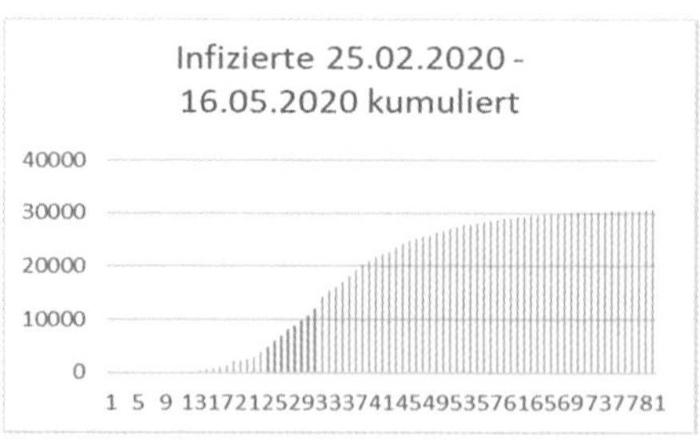


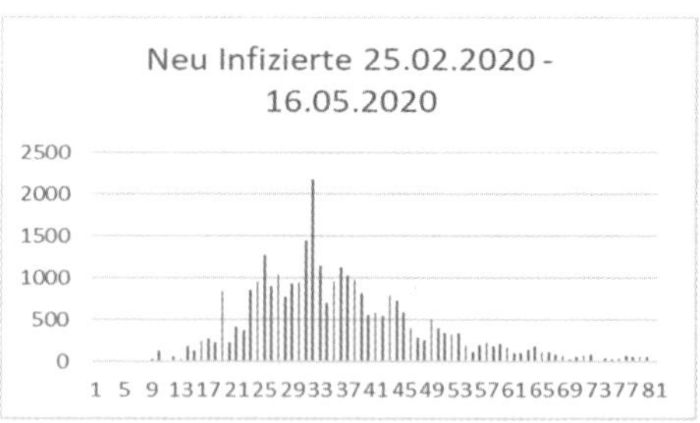

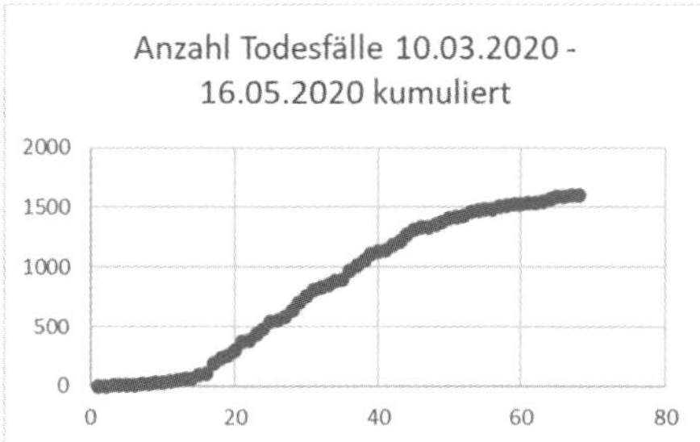


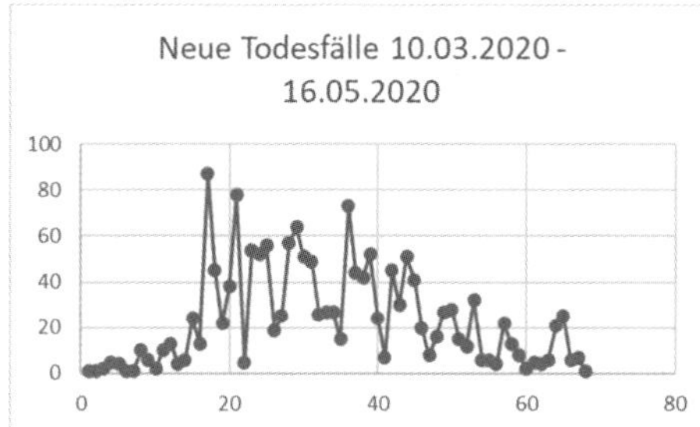


Die Verläufe der Neuinfizierten zeigen, daß die COVID-19 Welle eigentlich kurz war, unter 2 Monaten. Die exponentielle Zunahme kumuliert dauerte mit etwa 2 Wochen nur sehr kurz. Dabei ist hier ein Bias enthalten, der noch diskutiert werden muss. Die Zahlen der getesteten Infizierten wurden immer medial verkündet. Jedoch nahm auch die Anzahl Tests zu. Die korrekte Größe wäre der Anteil der positiv Getesteten. Also wie viele sind positiv auf 100 Tests, 1000 Tests oder 10 000 Tests. Genau dies wurde nicht getan. Es liegt jedoch auf der Hand, daß ich mehr Infizierte habe, wenn ich 10 000 Personen teste, als wenn ich 100 teste.

### Einfluss der Maßnahmen

Die in der Schweiz und weltweit ergriffenen Maßnahmen und Sonderbehandlungen im Zusammenhang zeigen sicherlich Auswirkungen in den Verbreitungskurven und werden es in Zukunft schwierig machen die Verbreitungsrate von COVID-19 mit denjenigen anderer Grippewellen zu vergleichen. Trotz dieser jetzt schon klaren Mängel müssen wir die vorhandenen Zahlen in einen Vergleich setzen, um wenigstens ein ungefähres Bild von COVID-19 zu erhalten. Die Gefährlichkeit von COVID-19, welche die politischen Maßnahmen rechtfertigen würden, ist an dieser Stelle noch gar nicht angesprochen.

In einem früheren Review schrieb ich:

*„Geht man bei COVID-19 ebenfalls von einer Dauer von 4 Monaten aus, wird die Mortalität wahrscheinlich nicht höher als 2015 sein. Zu den Todeszahlen muss noch angemerkt werden, daß es sich um Tote mit COVID-19 handelt. Wir wissen nicht, ob die Ursache COVID-19 war oder der Verstorbene u.a. an COVID-19 erkrankt ist.“*

Inzwischen hat sich gezeigt, daß die COVID-19 Welle deutlich kürzer war und weniger Todesopfer gefordert hat. Was zu bemängeln ist, daß keine Zahlen publiziert werden, wie viele dieser COVID-19 Verstorbenen zusätzlich mit dem saisonalen Influenza Virus infiziert waren. Denn Grippe Tote scheint es in dieser Saison nicht zu geben. Dieses Thema wird nochmals aufgegriffen.

Anfangs April, als die COVID-19 Panik noch in ihrer vollen Blüte war und alle Maßnahmen in voller Wirkung, wurde folgende Graphik aus dem Schweizer Bundesamt für Statistik im Tagesanzeiger veröffentlicht:[18]

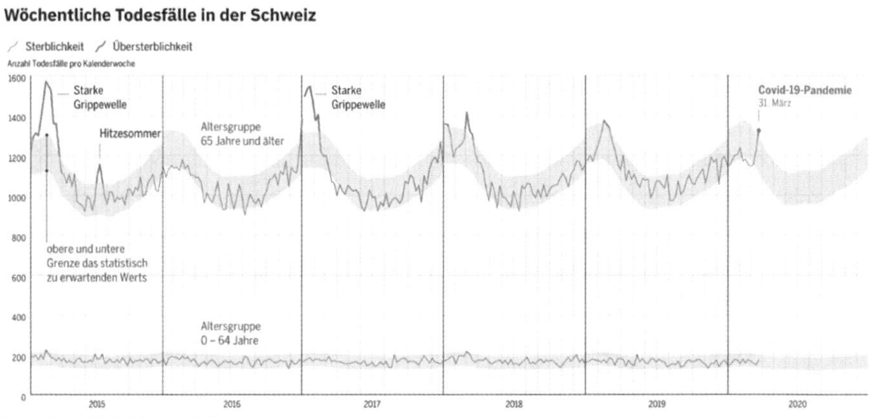


Am gezeigten 31. März war die Todesfallrate noch längst nicht so hoch, wie zu mehreren anderen Jahren der jüngeren Zeit. Dabei fehlen, wie bemerkt, die Influenza Toten. Gibt es die im Jahr 2020 nicht? Die Zahl der Neuansteckungen mit COVID-19 – trotz der steigenden Anzahl an Tests – ging von da an stetig zurück.

Das britische „Proportion Project" hat begonnen COVID-19 ins Verhältnis zu anderen Grippefällen zu setzen.[19]

## Hier einige Charts:

Bis zum 20.06.2020 ist in England & Wales weder die Gesamtsterblichkeit höher als 2018 noch die Todesrate an respiratorischen Todesfällen. Die unterste Kurve zeigt den Anteil der respiratorischen Todesfälle mit COVID-19 Beteiligung. Eindeutig zeigt dies, daß COVID-19 die üblichen Todesfälle an Lungenentzündung nicht erhöht.

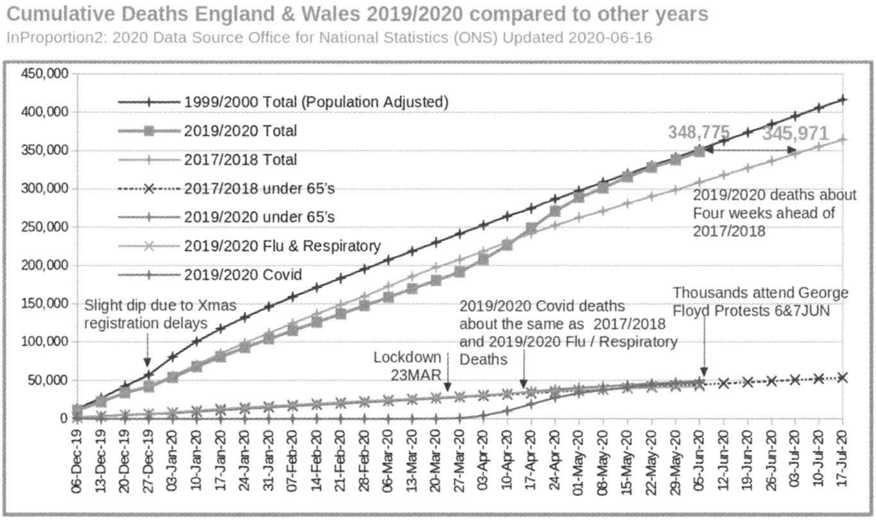


Interessant ist dieser Vergleich vom 19.05.2020 zwischen Großbritannien, Schweden und Japan. Hier wird richtig die Todesfallrate bezogen auf 1 Mio. Einwohner gezeigt und nicht einfach – wie beim Medienkapitel erwähnt – Länder direkt miteinander verglichen. Trotzdem sind direkte Ländervergleiche mit Vorsicht zu geniessen. Mehr dazu später.

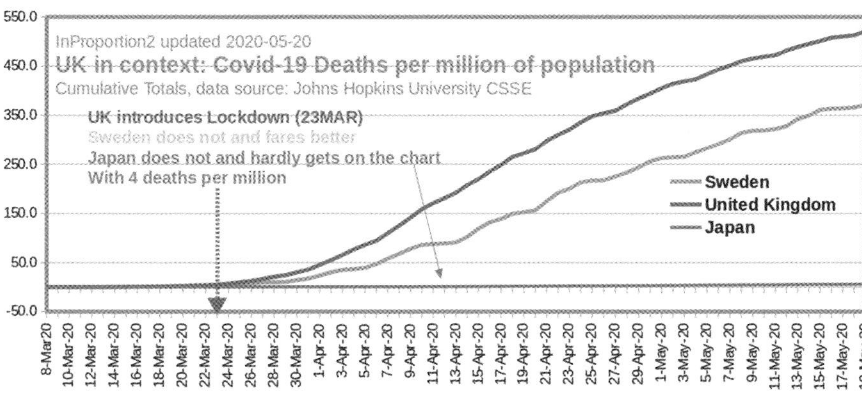


Am 21.04.2020 veröffentliche Proportion Project die Gesamtmortalität während starker Grippewellen im Vergleich zu COVID-19. Hier möchte ich dem Leser ins Bewusstsein rufen, daß eine Grippewelle in der Realität nicht einen fixen Start und ein fixes Ende hat, wie z.B. Start: 25.11.2017, 08.00 Uhr/

Ende: 07.03.2018, 17.00 Uhr. Wer Anfang und Ende einer Welle bestimmt, bestimmt somit auch ob es mehr oder weniger Todesfälle in der Statistik gibt. Bei der COVID-19 Welle ist in allen Bereichen der politische Einfluss groß, und ich weise darauf hin, daß bis zum 20.06.2020, an dem ich diese Zeilen schreibe, die Pandemie in keinem Land für beendet erklärt worden ist, obwohl die Ansteckungs- und Todesrate gegen null tendiert.

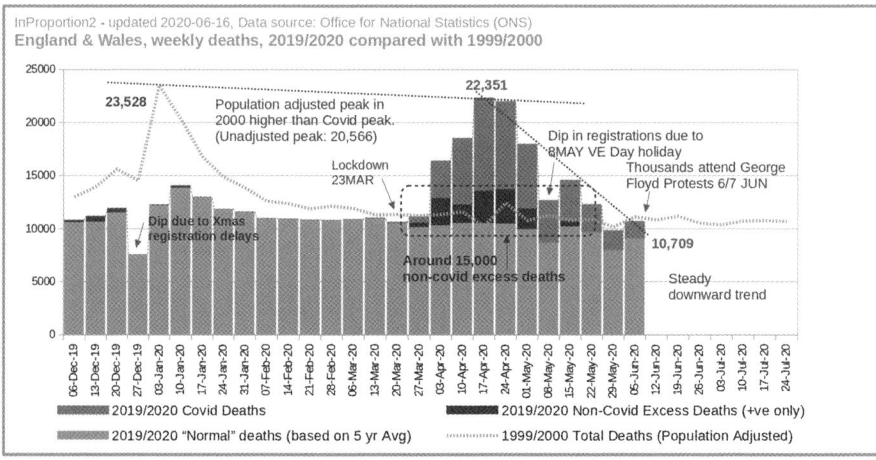


Am 13.05.2020 schreibt Prof. Paul Moynagh, Immunologe an der „National University of Ireland“:

*„Wenn ich mir die Auswirkungen der Sperrung ansehe - ich bin überrascht und enttäuscht über die relativ geringen Auswirkungen der Sperrung ... Also in Bezug auf die Wirksamkeit der Sperrung und die Rechtfertigung, die gesamte Wirtschaft zu schließen - Ich denke, es muss eine Diskussion geben.“*

Und am 05.06.2020 schreibt Moynagh:

*„Langfristig wird es einen enormen Preis für die Sperrung in Bezug auf die Schädigung der Wirtschaft und die Auswirkungen auf Gesundheit und Sterblichkeit geben. Jeder erwartet das. Es kann jedoch sein, daß die Auswirkungen der Sperrung bereits messbare negative Auswirkungen auf die Sterblichkeit haben!“*

### Todesursachen global im Verhältnis zueinander

Um die COVID-19 Zahlen in einen Weltmaßstab zu setzen, hier einige Zahlen, die hoffentlich das künstliche Vergrößerungsglas, unter dem COVID-19 steht, etwas korrigieren:[20]

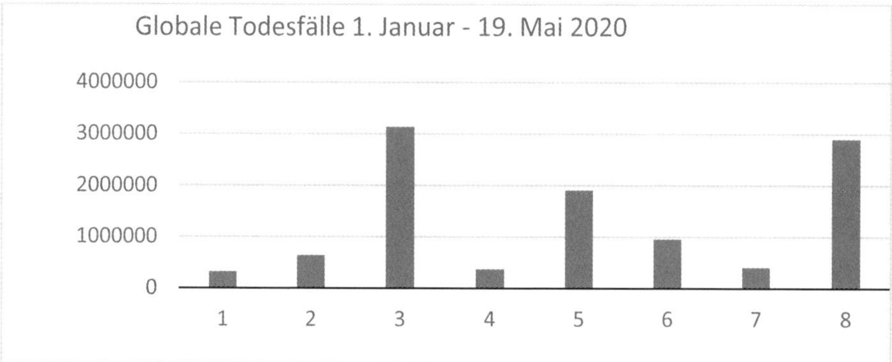


| Todesursachen | Anzahl | Todesursachen | Anzahl |
|---|---|---|---|
| 1. Corona | 320.368 | 5. Zigaretten | 1.908.931 |
| 2. HIV/AIDS | 641.926 | 6. Alkohol | 955.069 |
| 3. Krebs | 3.136.172 | 7. Selbstmord | 409.488 |
| 4. Malaria | 374.559 | 8. Kinder u. 5 Jahre | 2.902.551 |

Bis zum 17.05.2020 sehen die Todesraten in der Schweiz, Italien, Deutschland und Frankreich wie in den Graphiken gezeigt aus (gem. Zahlen der Tabelle unten).

Am 29.03.2020 hat die Fallzahl der COVID-19 angerechneten Verstorbenen der Schweiz und Italien die Todesrate der Multiresistenten Spitalkeime (MRS) überholt, in Frankreich am 03.04.2020 und in Deutschland am 09.04.2020. Zu diesen Zeitpunkten herrschte in allen Ländern der Lockdown und z.T. härtere Maßnahmen. Die MRS Zahlen sind jedoch seit Jahren ein wiederkehrendes Problem, dem man sich nie in der Vehemenz angenommen hat. Da COVID-19 Patienten häufiger hospitalisiert werden als Grippepatienten, müssten dazu der Zusammenhang zwischen COVID-19 und Spitalinfekten wie MRS und die nosokomialen Ansteckungen untersucht werden. Denn an COVID-19 allein stirbt kaum jemand, jedoch mit COVID-19. Deshalb müssten weitere virale und bakterielle Infekte unbedingt gescreent und pathologisch beurteilt werden. Offenbar geschah dies in großen Teilen nicht, es wurde aber darüber gestritten. Mehr dazu später. (Quellen der folgenden Grafiken: [21, 22, 23, 24])

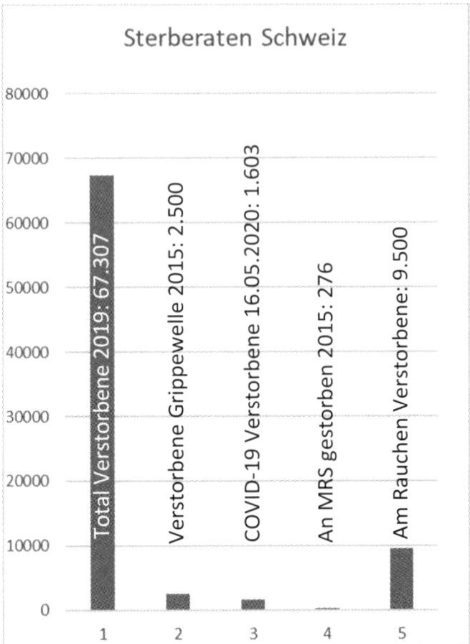


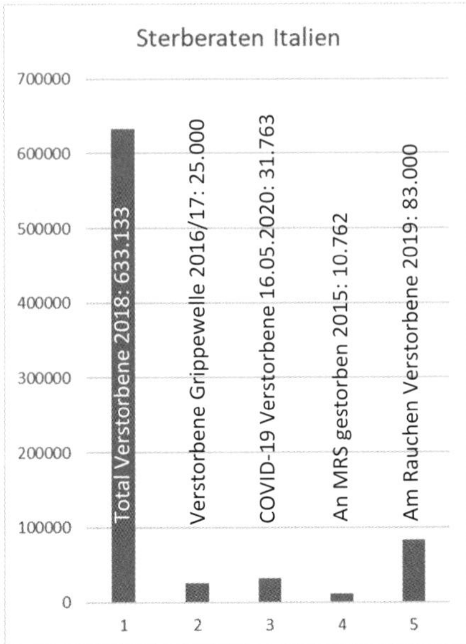


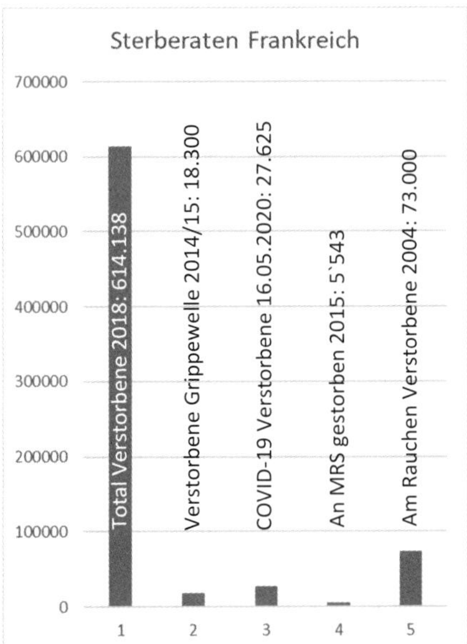


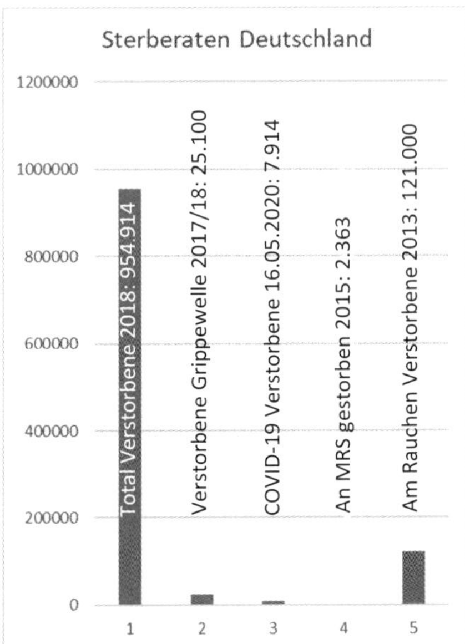

## Spitalauslastung

Wie auch in den Medien, zwar reichlich spät aber immerhin, darüber berichtet wurde, ist es in der Schweiz, Deutschland, Österreich und vielen anderen Ländern nie zu einer Überlastung der Spitäler gekommen, sondern im Gegenteil zu Kurzarbeit, Abbau von Überstunden und verordnetem Urlaub.

Die NZZ online berichtet am 31.03.2020, daß diverse Kliniken in der Schweiz, darunter Universitätsspitäler und auch Spitäler des Kantons Tessin noch Kapazitäten für COVID-19 Patienten oder andere hätten. Generell sei es sehr ruhig in den Spitälern.[25]

Um mir persönlich ein Bild von der Lage zu machen, ging ich am 02.04.2020 zum Universitätsspital Zürich. Es war für Besucher gesperrt mit Eingangskontrolle. Ich habe 3 Pflegekräfte gesehen, die gerade rauskamen. Auf meine Fragen meinten sie, daß es zurzeit sehr ruhig sei und auch nicht mehr jeder wegen jedem Wehwehchen kommt. Eine weitere Anekdote dazu: Eine Schweizer Krankenschwester eines Kinderspitals berichtet, daß in ihrer Intensivstation Plätze für erwartete COVID-19 Patienten reserviert wurden, die nie gekommen sind.

Auch in Italien, Spanien und Frankreich waren die Überlastungen nur sehr lokal. Deshalb lohnt es sich, ein paar Aspekte in diesem Zusammenhang anzuschauen.[26]

### Nocebo Effekt

Durch das Handeln der Regierungen und die teilweise panische Berichterstattung der Medien, wird ein Nocebo Effekt in der Bevölkerung ausgelöst. Nocebo ist das Gegenstück zu Placebo. Während bei Placebo eine positive Wirkung eintritt, auch bei einem Medikament ohne Wirkstoff, tritt bei Nocebo eine negative Wirkung auf in Folge einer negativen Erwartungshaltung. Dies kann psychische wie physiologische Ursachen haben. Daten zu Nocebo in einer vergleichbaren Situation wie COVID-19 gibt es nicht. Deshalb können nur beispielhaft Daten aus anderen Nocebo Untersuchungen betrachtet werden, um eine Idee zu bekommen, welchen Einfluss Nocebo bei COVID-19 haben könnte:

**Bsp. Migränepatienten:** Daten aus einem klinischen Guide zeigen bei Migränepatienten 18% Nocebo Effekt, bei Multiple Sklerose Patienten bis 74%.[27]

**Bsp. Betablockerpatienten:** Bei Betablocker konnte der Nebenwirkungseffekt von 3,1% auf 31,2% durch die Kommunikation (=Nocebo) erhöht werden. Bei einer Prostatahypertrophie konnte bei der Abgabe des Medikaments die Erektionsstörung fast verdreifacht werden, wenn über das mögliche Problem gesprochen wurde. Geschlussfolgert wird (Zitat): *Wortwahl und Kontext bestimmen die Stärke des Nocebo-Effekts.*[28]

**Bsp. Studentenversuch:** Studenten wurden bei einem Versuch Elektroden an den Kopf angeschlossen und ihnen gesagt es würde etwas Strom durchfließen (was nicht stimmte), was zu Kopfschmerzen führen könnte. 2/3 verspürte tatsächlich Kopfschmerzen, obwohl kein Strom floss. Weitere Beispiele sind unter dieser Quelle zu finden:[29]

Durch die erwähnte starke Kommunikation seitens Regierungen und Medien dürfte der Nocebo Effekt im oberen Bereich der hier gezeigten Werte liegen.

**Bsp. aus der Realität:** Ein eindrückliches Beispiel zum Nocebo Effekt ist die Arjenyattah-Epidemie: 1983 beschwerte sich eine 17-jährige Schülerin über Atemnot. Es wurde der Geruch fauler Eier wahrgenommen, weitere Schüler beklagten sich über Unwohlsein. Drei Stunden später wurde die Schule geschlossen. Tags darauf befanden sich 60 Schüler im Krankenhaus, eine weitere Welle führte zu 367 Betroffenen und eine dritte Welle zu 949. Es konnten in Labortests keine Auffälligkeiten gefunden werden. Die Ursache wurde als psychische Störung betrachtet. Detaillierter findet man die Geschichte unter [30]

Diese Geschichte soll den Nocebo Effekt illustrieren, nicht den COVID-19 Virus negieren!

**Prof. Peter Gotzsche** war Direktor beim Nordic Cochrane Center. Die Cochrane Collaboration ist ein internationales wissenschaftliches Netzwerk, welches Übersichtsartikel und Metaanalysen erstellt, die in der Medizin höchstes Ansehen genießen. Er gehört, was Studien und Daten korrekt designen, verstehen und interpretieren betrifft, international sicher zu den führenden Kompetenzen. Gotzsche bezeichnet COVID-19 als Epidemie einer Massenpanik.[31]

Der politisch und medial erzeugte Nocebo Effekt führte, in einem bestimmten Zeitfenster von COVID-19, zu einem größeren Andrang in den Spitälern.

### Mehr Aufwand für COVID-19

In den SRF Hauptnachrichten vom 22.03.2020 wurde exemplarisch ein Patient gezeigt, der COVID-19 überstanden hat. Dieser, wie auch diverse andere Beiträge zeigen, daß COVID-19 Patienten deutlich aufwändiger behandelt werden, als dies bei allen anderen Grippewellen der Fall war. Deutlich mehr Patienten werden im Spital behalten und für diese ist der Aufwand wegen der Isolation und der Schutzbekleidung der Ärzte und des Pflegepersonals deutlich größer.[32]

### Spitalkapazitäten

**Schweiz:** Von 2008 – 2018 ist die Bettenzahl bei Grund- und Zentrumsversorgung zusammengenommen bei etwa 25.000 gleich geblieben. Die Bevölkerung ist jedoch von 7.7 Mio. auf 8.54 Mio. gestiegen. 2008 hatte es für 308 Bewohner 1 Spitalbett, 2018 noch 1 Bett für 342 Bewohner. Die Anzahl der Pflegenden hat sich von 2010 (1 Pflegefachkraft für 137 Einwohner) bis 2018 auf 1 Pflegefachkraft pro 128 Einwohner verbessert. Da der administrative Aufwand jedoch stetig zunimmt, muss hinterfragt werden, ob dies den Patienten zugutekommt. Die Abnahme der Bettenzahl könnte zur Überlastung der Spitäler beitragen, werden doch COVID-19 Patienten länger und aufwändiger im Spital behandelt und behalten als Grippe Patienten.[33]

**Deutschland:** Von 2000 – 2015 hat die Anzahl Pflegepersonal 3.4 % um abgenommen. Die Anzahl Spitalbetten hat zwischen 1991 – 2017 um ein Viertel abgenommen.[34]

Was Deutschland unter den hier aufgeführten Ländern am meisten betrifft: Pflegepersonal aus Osteuropa fehlt zunehmend im Westen zu einem guten Teil wegen der Corona-Maßnahmen. Sie können nicht nach Deutschland zurückreisen oder verlassen Deutschland bewusst.[35]

Dennoch hat Deutschland 50% mehr Spitalbetten und doppelt so viele Reanimationsbetten bezogen auf die Einwohner wie Frankreich. Dies erklärt (u.a.), weshalb die Todesraten der Länder so auseinander gehen, meldet Le Monde Diplomatique April 2020, Seite 17.

**Frankreich:** Die Spitalbetten wurden in den letzten 9 Jahren um 17.500 reduziert, was natürlich schnell zu einer Aus-, bzw. Überlastung der Spitalkapazitäten führt.[36]

Gemäß Le Monde Diplomatique vom April 2020, Seite 17, wurden in den letzten 10 Jahren 70.000 Spitalbetten gestrichen. Die Differenz erklärt sich daraus, daß die 70.000 Betten Reha, bzw. alle Betten einschliessen und die 17.500 der Reduktion bei den Akutbetten entspricht.

**Italien:** Steht im europäischen Vergleich an 5.-letzter Stelle der Spitalbetten mit 262.5 Betten pro 100.000 Einwohner. (Interessant: Spanien, UK, Schweden und Dänemark haben noch weniger).[37]

Norditaliens Gesundheitssystem kollabierte nicht erst bei COVID-19. Schon bei der Grippewelle 2018 berichtete der Corriere della Sera, daß die Grippe Intensivpatienten in verschiedenen Kliniken in der Lombardei an ihre Kapazitätsgrenzen brachte. Chirurgische Operationen mussten verschoben werden, mehr als ein Viertel der Betten seien durch schwere Lungenentzündungspatienten belegt.[38]

### Beispiel Schweiz

In den Hauptnachrichten SRG vom 28.03.2020 berichtet Daniel Koch, Leiter Task Force BAG (Bundesamt für Gesundheit), daß derzeit 280 Patienten an der Lungenmaschine sind. Mitte März berichteten Medien und auch die Politik panisch, es gäbe in der Schweiz nur 800 – 850 Lungenmaschinen.[39] Die Erleichterung war groß, als die Schweizer Armee mitteilte, ebenfalls über 200 Beatmungsgeräte zu verfügen.[40]

Nun verfügen wir also über 1050 Lungenmaschinen, wovon 280 in Betrieb sind. Die ganzen Maßnahmen bezüglich Ladenschließungen und Distanzverordnungen wurden begründet mit „Kapazitäten der Spitäler“ nicht überlasten. Natürlich beinhalten die Kapazitäten nicht nur die Anzahl Geräte, sondern auch die personellen Ressourcen. Nur wird über den COVID-19 Extra-Aufwand im Vergleich zu üblichen Grippewellen nicht berichtet. Die Isolation, das Prozedere mit den Patienten und vieles mehr erfordert einen höheren zeitlichen Aufwand pro Patient. Dazu erinnere ich an den selbst gemachten Nocebo Effekt. Am 07.04.2020 zählte man dann 412 Patienten, die an ein Beatmungsgerät angeschlossen waren (SFR 4, 17.00 Uhr). Dies ist immer noch deutlich unter der Hälfte der verfügbaren Beatmungsgeräte.

Diese Fakten begründen, weshalb die Kapazitätsgrenzen je nach Andrang schnell erreicht sein könnten und zeigen auch, daß es unter den Ländern recht bedeutende Unterschiede gibt, weshalb es eben nicht klug ist Länder zu stark miteinander vergleichen zu wollen. Weiteres folgt.

Ähnliches wie in Italien könnte über Spanien/Madrid und die maroden Gesundheitssysteme in UK und New York berichtet werden.

## Tests

Bei einer globalen Pandemie wäre es wichtig zuverlässige Informationen zu erhalten, so denn die Pandemie gefährlich ist. Sollte sie hingegen ungefährlich sein, muss auch die Progression nicht verfolgt werden. Zur Gefährlichkeit komme ich noch. Testet man jedoch, ist es wichtig, daß die Tests zuverlässig positiv oder negativ sind. Rund um die Testerei treten jedoch gehäuft diverse bedenkliche Meldungen auf.

### Zuverlässigkeit der Tests

Es gibt diverse Meldungen über die Unzuverlässigkeit der Tests. Davon sollen folgende beispielhaft aufgeführt werden: Einige der verwendeten Tests für COVID-19 werden als nur zu 30 % sensitiv (das heißt zu 30 % richtig) beurteilt.[41]

Gewisse COVID-19 Viren Test-Kits sind bereits mit COVID-19 kontaminiert. Dies führt zu Falschresultaten und unter Umständen auch zu Ansteckungen.[42]

Die Tests in der Schweiz sind offenbar auch nicht sehr zuverlässig. Eine Patientin wurde drei Mal mit Abstrich getestet, Resultat negativ. Nachdem das Lungenbild dennoch verdächtig aussah, wurde der Auswurf getestet. Resultat COVID-19 positiv.[43]

Prof. Vernazza stellt die PCR Testerei auf COVID-19 in Frage. Jeder Test kostet CHF 200.00. Wer soll das bezahlen? Es ist eine äußerst teure Angelegenheit, verbunden mit hoher Ungenauigkeit und kaum einem Nutzen in der häufigen Anwendung. Dabei gibt es viele falsch positive, der Autor hört auch von falsch negativen Resultaten. Vernazza sagt, man soll es wie bei der Grippe halten. Bei moderaten Symptomen geht man nach Hause und bleibt da, bis man gesund ist. Gesundheit sei auch Signal genug, daß das Virus besiegt wurde und nicht mehr ansteckend ist. Bei ganz leichten Symptomen sitzen schlussendlich auch die falsch positiv Getesteten zu Hause in Isolation.[44]

Eine weitere Studie zeigt, daß nebst falsch positiven auch viele Patienten falsch negativ getestet werden (RT-PCR Test). Dazu fällt der Test bei symptomatischen Patienten negativ aus und z.T. bei denselben Patienten einmal positiv, einmal negativ.[45]

Das British Journal of Medicine publiziert am 12.05.2020 eine neue Untersuchung, daß es detaillierte Auskunft zur Zuverlässigkeit der COVID-19 Tests gibt. Es wird bei RT-PCR-Tests von Fehlerquoten zwischen 2 – 29 % berichtet. 93 % für bronchoalveoläre Lavage (Bronchoskopie, was eher selten gemacht wird), 72 % für Sputum (Auswurf), 63 % für Nasentupfer und nur 32 % für Rachenabstriche. Das Fehlen eines eindeutigen „Goldstandards" ist eine Herausforderung für die Bewertung von COVID-19-Tests. Pragmatisch gesehen kann die klinische Beurteilung der beste verfügbare „Goldstandard" sein, basierend auf wiederholten Abstrichen, Anamnese und Kontakt mit Patienten, von denen bekannt ist, daß sie COVID-19 Röntgenaufnahmen des Brustkorbs und Computertomographie-Scans haben.[46]

Das Problem ist jedoch, daß COVID-19 keine eindeutigen klinischen Symptome zeigt, welche andere viralen Infektionen nicht aufzeigen. Die allerwenigsten Patienten werden im Rahmen von COVID-19 dermaßen ausführlich abgeklärt.

Im Hinblick auf eine schon früh diskutierte zweite Welle berichten Medien immer wieder von Zweitansteckungen. Forscher zeigen nun, daß es falsch positive nicht infektiöse Virenfragmente sind. Diese sogenannten Zweitinfektionen bleiben bis anhin symptomfrei. Dies unterstreicht die Meldungen von immer wieder fehlerhaften Tests.[47]

Was das Vertrauen in die Tests ebenfalls nicht erhöht, ist die Tatsache, daß die Test-Hersteller ihre Zertifizierung in einem bestimmten Rahmen selbst vornehmen können. Mehr dazu im Kapitel „Wer profitiert?".

Daß eine hohe Zahl der positiv getesteten COVID-19 Patienten noch mit anderen Infekten zusätzlich infiziert sind (22,6 %), der Anteil dieser Co-Infekte an der Symptomatik und Letalität der als COVID-19 deklarierten Erkrankten und Verstorbenen, jedoch nicht weiter untersucht wird, ist ebenfalls eine sträfliche Unterlassung, die letztlich die medizinische Kenntnis über die tatsächliche Gefährlichkeit von COVID-19 verfälscht.[48]

### Anzahl COVID-19 Infizierter steigt mit der Anzahl Tests

Das deutsche Robert-Koch-Institut veröffentlicht Infektions- und Testanzahl, welche zeigen, daß die „explosionsartige" Zunahme der Infizierten nicht mit der starken Verbreitung des Virus, sondern mit der Zunahme der Tests zu tun hat. In KW 12 wurde etwa dreimal so oft getestet, wie in KW 11. Es wurden entsprechend etwa dreimal so viele COVID-19 positive Ergebnisse erzielt. Die

Statistiken, welche durch die Medien verbreitet werden, zeigen jedoch nur die Zunahme der Infizierten. Korrekt wäre, wenn die Anzahl Positiver bezogen auf die Anzahl Tests ausgewiesen würde, welche sich bei etwas über 6 % bewegen.[49]

Die Graphik (aus den USA) links zeigt, daß vor allem die Tests (braune Balken) exponentiell zunehmen. Die blauen Balken, also die positiv getesteten Patienten, nehmen nicht einmal exponentiell zu. In der rechten Kurve sieht man, daß die Anzahl positiv getesteter Patienten gleichbleibt. D.h. 10 - 20 % der Test sind positiv egal, ob man 1000 oder 100.000 Tests vornimmt.[50]

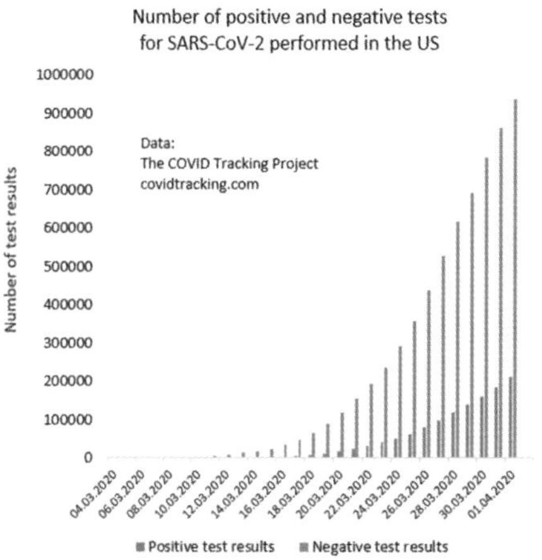


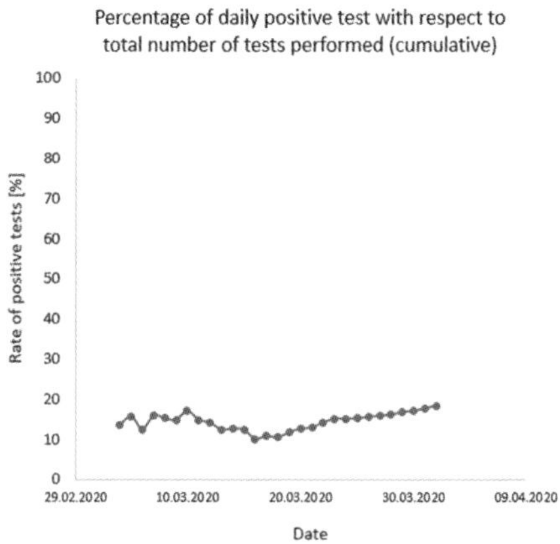


Anfangs April veröffentlichte Felix Scholkmann auf Twitter, daß die COVID-19 positiv Getesteten in verschiedenen Ländern nicht exponentiell steigen, wenn man die Testanzahl berücksichtigt.[51]

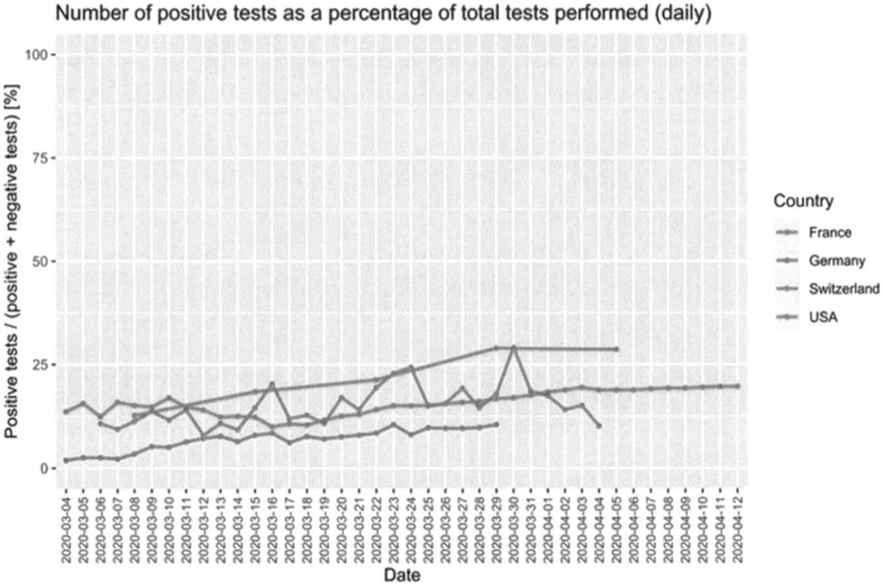


Dazu berichtet ein Schweizer Sanitätssoldat, daß an seinem Einsatzort die Abstriche zu 5 – 25 % positiv waren. Nicht steigend, sondern je nach Tag mal höher, mal tiefer.

## Testverfahren der körpereigenen Immunabwehr

Die Firmen Synlab und Immundiagnostik melden einen IgG und IgM Test für COVID-19 zu haben.[52]

Dies ist bedeutsam, weil damit die Immunabwehr bei Trägern des Virus getestet wird. Es wird zurzeit intensiv auf Impfstoffe hingearbeitet. Die Zulassung erfolgt unter besonderen Bedingungen, will heißen beschleunigte Verfahren, wobei die Zulassungshürde gesenkt wird. Mehr zum Thema folgt. Der oder die Impfstoffe werden Nebenwirkungen haben. Das lässt sich bei keinem Medikament verhindern. Beim Schweinegrippe-Impfstoff wurde aufsteigende Lähmung (Guillain-Barré Syndrom) und einige Todesfälle festgestellt. Beim damals verwendeten Impfstoff Pandemrix (war ein Skandal) wurden 5069 schwere Nebenwirkungen gemeldet bei 72 Mio. Impfdosen.[53]

Setzt man dies ins Verhältnis zu den, bis Mitte Mai 2020, gemeldeten Todesfällen mit COVID-19 (noch nicht unterschieden zwischen „mit" und „an" COVID-19 Verstorbenen), sind in Deutschland in etwa gleich viele Menschen mit COVID-19 verstorben und in der Schweiz nur wenige mehr. Deshalb sollte nicht einfach flächendeckend geimpft werden. Geimpft sollte nur dann werden, wenn das Nutzen/Risiko Verhältnis klar zugunsten des Nutzens ausschlägt. Demnach kommen Impfungen für Menschen mit erhöhtem Risiko, welche nicht Träger von COVID-19 sind, wie Betagte, Lungenpatienten, etc. in Frage, so sie nicht einem erhöhten Risiko der Nebenwirkungen des Impfstoffs ausgesetzt sind. Diese Immunabwehrtests wären also interessant, um festzustellen, bei welchen Menschen gar nicht über eine Impfung nachgedacht werden muss.

## Zählart

Die wenigen Virologen, die auf der Linie der Politik waren, fanden dann bei den Regierungen auch Gehör. Bei genauerem Hinsehen gibt es jedoch sehr viele Virologen, die Kritik am politischen Vorgehen übten und kein Gehör fanden. Epidemiologen fanden gerade in der Schweiz unverhältnismäßig Gehör. Sie beeinflussten maßgebend die Maßnahmen, welche die Regierung im Zusammenhang mit COVID-19 trafen.

### Was ist ein Epidemiologe?

Ein Epidemiologe arbeitet mit Zahlen, Statistiken und Computermodellen. Ihr Studiengang beinhaltet oft Mathematik, Computerwissenschaften oder Biologie. Sie können medizinisch ausgebildet sein, müssen es aber nicht. Jedenfalls sind sie keine Ärzte mit Erfahrung am Patienten und der realen Begegnung mit Erkrankten, wie es sich der Laie vorstellen würde. Sie entscheiden aufgrund von Statistiken und Computermodellen, die durch die Fütterung von Zahlen, die sie selbst ermittelt haben, entstehen. Fairerweise muss erwähnt werden, daß auch eine große Anzahl von Epidemiologen Kritik an den Maßnahmen und den Modellen ihrer einflussreicheren Kollegen übten.

### Wer zählt zu den an COVID-19 verstorbenen?

Wer mit COVID-19 stirbt, wird zu den Corona Todesfällen gezählt, egal ob die Todesursache Herzinfarkt, Leukämie oder ein Unfall ist.

Das gilt für: Österreich,[54] die Schweiz,[55] Deutschland[56]. So wie die WHO die COVID-19 Pandemie führt, wird weltweit dasselbe Erfassungsregime angewendet.

Das RKI in Deutschland bittet bei den Pathologen darum, bei COVID-19 Verstorbenen keine Obduktion vorzunehmen. Das bedeutet: Es wird nicht nach der Todesursache gesucht![57]

Derweil wird in diversen Ländern von unklaren Todesfällen in Alters- und Pflegeheimen berichtet. Patienten, die keine Symptome zeigen, teils nicht getestet wurden, schlafen einfach friedlich ein und rutschen dann in die COVID-19 Statistik.[58]

Erste Kehrtwendung von der Mortalitätsstatistik – jeder Todesfall mit COVID-19 kommt in die Corona Todesfallstatistik – wird anfangs April vermeldet. Schweden verkündet als weltweit erste Regierung künftig zwischen „mit“ und „an“ COVID-19 verstorbenen Patienten zu unterscheiden.[59]

Ebenso wird aus Hamburg gemeldet, daß zwischen „mit“ und „an“ COVID-19 verstorbenen Patienten unterschieden wird und gelangt darüber mit dem RKI in einen Zwist.[60]

Diese Einzelinitiativen führen jedoch nicht zu einer flächendeckenden Änderung der Mortalitätsstatistik. Es gab schon frühzeitig Studien, die darauf hinwiesen, daß die Mortalität von COVID-19 voraussichtlich deutlich tiefer ausfallen wird als postuliert.[61]

Während der ganzen Pandemiezeit und es muss davon ausgegangen werden auch danach, hatten keine Regierungsstellen das Interesse, korrektere Zahlen und damit positivere Meldungen anzuhören und daraus auch Konsequenzen zu ziehen.

### Statistik der Infizierten

Die RKI eigenen Zahlen zeigen, daß die Anzahl neuer COVID-19 Infizierter langsamer fortschreitet als in den Medien und den RKI Pressekonferenzen dargestellt. Das Plus der Infizierten ist der großen Anzahl Tests zuzuschreiben. In der ersten Graphik dunkel dargestellt die positiv Getesteten und hell die Anzahl Tests. Die zweite Graphik zeigt den Anteil in % (0.2 entsprechen 20 %). Beide Graphiken zeigen, daß die Zunahme der COVID-19 Ansteckungen ab Mitte März gleichbleibt.[62]

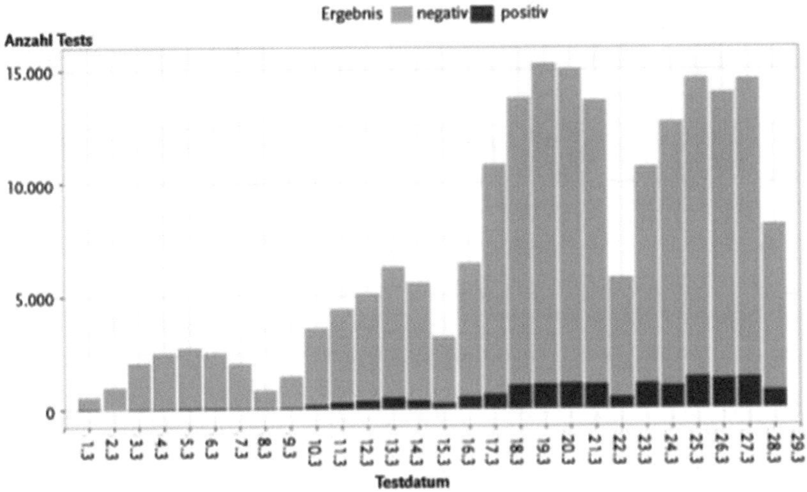


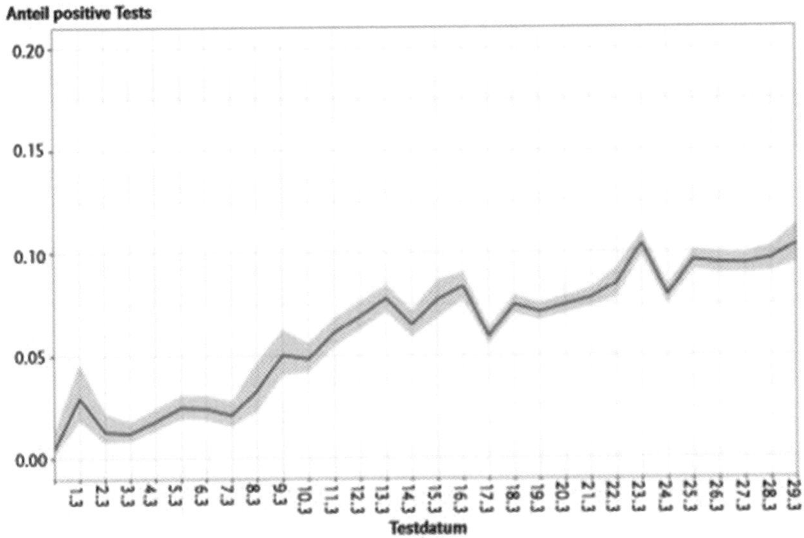


In Deutschland vermeldet das RKI am 03.04.2020, ab sofort werde gemäß WHO Empfehlung jeder als COVID-19 positiv gewertet, bei dem irgendein Corona Virus nachgewiesen wird. Hier der exakte Wortlaut, welcher an die Institute ging:

*„Geändertes Befundlayout der SARS-CoV2 PCR-Ergebnisse: ab sofort geben wir auf unseren Befunden nur noch das Ergebnis positiv oder negativ aus. Bisher*

*erhielten Sie in Abhängigkeit vom verwendeten Test zwei Ergebnisse. Falls die Probe mit dem Verfahren der Fa. Roche analysiert wurde, haben wir die Messergebnisse für beide Zielsequenzen der PCR (ORF1- und E-Gen) getrennt angegeben. Das ORF1-Gen ist dabei für SARS-CoV-2 spezifisch, während das E-Gen auch in anderen Coronaviren vorkommt. Die Fälle, in denen nur das ORF-Gen amplifiziert wurde, haben wir auch bisher schon positiv bewertet. Wenige Fälle mit isoliert positivem E-Gen wurden als fraglich eingestuft und führten deshalb immer wieder zu Rückfragen und Problemen hinsichtlich des weiteren Managements betroffener Patienten. Unter Berücksichtigung der epidemiologischen Situation und der insgesamt gestiegenen Positivenrate*[A] *folgen wir ab sofort der WHO-Empfehlung und geben ein Ergebnis bereits dann als „positiv" heraus, wenn nur das E-Gen amplifiziert wurde. Um den Befund zu vereinfachen, erscheint deshalb zukünftig nur noch ein Gesamtergebnis (positiv oder negativ). Ein Ergebnis ist positiv, wenn mindestens eine der beiden Zielsequenzen des SARS-CoV-2 im Abstrichmaterial nachgewiesen wurde.*[B] *Falls die Probe mit Verfahren von rBiopharm oder TibMolbiol analysiert wurde, haben wir bisher getrennte Screening- und Bestätigungstests durchgeführt. Analog zum oben beschrieben Vorgehen beschränken wir uns aufgrund des hohen positiven Vorhersagewerts bei steigender COVID-19-Prävalenz auf den bisherigen Screeningtest, der auf das E-Gen zielt."*[63]

Ein weiterer Grund weshalb es 1. schwierig ist, die Zahlen verschiedener Länder zu vergleichen, aber 2. auch die COVID-19 Daten derselben Länder mit ihren eigenen Influenza-Daten, zeigt dieser Bericht aus dem Schweizer Tages Anzeiger:

*„In Belgien erscheinen nicht nur jene Toten in der Statistik, die positiv auf das Coronavirus getestet wurden. Sondern auch all jene, bei denen nur ein Verdacht besteht, es könnte einen Zusammenhang mit dem Virus geben. So waren von den 178 Heimbewohnern, die am Mittwoch neu in der Statistik auftauchten, lediglich 13 Prozent Coronapositiv. Der Rest wurde nicht getestet, aber trotzdem mitgezählt. Manche, weil sie Symptome hatten, die zu Corona passen könnten. Andere, weil in ihrer Einrichtung vorher ein anderer an dem*

[A] Das ist falsch, zu diesem Zeitpunkt stieg die Zahl der positiv Getesteten, weil dies einfach eine Liste ist, bei der jeder neue Fall dazu gezählt wird. Die Rate wäre der prozentuale Anteil der Positiven an der Anzahl Tests

[B] Die Tests werden also als positiv gewertet, wenn irgendein Virus der grossen Corona Familie gefunden wurde und nicht nur das SARS-Cov-2.

*Virus gestorben war. Wie viele Corona-Tote es in Belgien also tatsächlich gibt, weiß derzeit niemand. Deshalb ist über die Frage der Zählung ein Streit entbrannt. Premierministerin Sophie Wilmès sagt, die belgische Art zu zählen, sei schlicht transparenter. Die flämische Tourismusministerin Zuhal Demir hingegen kritisiert, die hohe Todesrate werfe ein schlechtes Licht auf das Land."*[64]

Nach diesen Informationen kann man endgültig schlussfolgern, daß es in Zukunft nur unter Vorbehalten möglich sein wird, die sogenannte COVID-19 Pandemie mit anderen Grippewellen zu vergleichen. Es sind zu viele Eingriffe vorgenommen worden: die politischen Lockdown Maßnahmen, die medizinischen Standards, die geändert wurden, die Art der Todesfallzählung. All das wird verhindern, sich ein präzises Bild von COVID-19 machen zu können. Im Wissen all dieser Ungenauigkeiten muss dennoch die Relation zu anderen Grippewellen gezogen werden, um die Verhältnismäßigkeit der politischen Reaktion zu beurteilen. Es würde nicht wundern, wenn diese Ungenauigkeiten eingebaut wurden in der Voraussicht, sich der Verantwortung entziehen zu können, sollten die Entscheide genauer untersucht werden.

## Gefährlichkeit

### Mortalität

Erste Auswertungen aus Wuhan (Stand 13.03.2020) kommend zeigen eine Mortalitätsrate zwischen 0.04 – 0.12%. Dies wäre eine absolut unbedeutende Größenordnung.[65]

Das WHO Factsheet vom 17.03.2020 sagt, daß die Mortalität sich im Bereich 3 - 4% bewegt. Dies sind jedoch die Todesfälle im Verhältnis zu den getesteten COVID-19 Menschen. Gemessen an der Gesamtzahl der Infizierten, die statistisch ermittelt wird, wird die Mortalität deutlich unter den 3 - 4% liegen. Als Standard für die Mortalität wird jedoch auf die Gesamtpopulation (Gesamtbevölkerung) Bezug genommen.[66]

Prof. Dr. med. Pietro Vernazza, Infektiologe am Kantonsspital SG sagt (Zitat, 22.03.2020*):*

*„Rund 85 Prozent aller Infektionen sind erfolgt, ohne daß jemand die Infektion bemerkt hat. 90 Prozent der verstorbenen Patienten sind nachweislich über 70 Jahre alt, 50 Prozent über 80 Jahre. „Die Infektion ist für junge Menschen*

*mild."* Was ist nun mit dem solidarischen Schutz für die Betagten und chronisch Kranken? Zitat: *Wenn fast 90 Prozent der Infektionen unbemerkt bleiben, mache es keinen Sinn alle Leute zu testen.* Und: *Wenn aber viele immun werden, wird sich die Krankheit viel langsamer ausbreiten. „Und Kinder werden nicht schwer krank und sterben nie an der Krankheit." Aufgrund der neuen Erkenntnisse zeige sich, daß viele der Maßnahmen vielleicht sogar kontraproduktiv seien."*

Man kann sich fragen, ob denn das BAG und die Bundesräte auf so gegenteilige Informationen seitens der Wissenschaftler stoßen, aber nein (Zitat*):*

*„Seine Nachfrage beim BAG habe gezeigt, daß die Entscheidung nicht auf wissenschaftlicher Basis erfolgt sei, sondern weil die anderen Länder diese auch durchgeführt haben."* [67]

Die schweizerischen Entscheide sind also nicht medizinisch/wissenschaftlich begründet, sondern die Politik folgt in ihren Entscheidungen den politischen Entscheidungen anderer Länder. Und wenn die ersten, also die Chinesen, falsch reagiert haben? Diese Frage ist durchaus berechtigt, wenn man die aktuellen Auswertungen aus Wuhan (siehe oben) berücksichtigt.

Dazu passen meine Erfahrungen in einigen Schweizer Spitälern zwischen dem 11. und 13. März 2020, also unmittelbar vor dem Lockdown. Die Vorbereitungen der ersten Maßnahmen wurden getroffen und ich fragte, ob dies medizinisch oder politisch begründet sei. Die Spitalangestellten antworteten: politisch.

Das Robert-Koch-Institut meint (Zitat):

*„Bis die für einen Rückgang der Ansteckungen erforderlichen 60 bis 70% Infizierten erreicht seien, könne es tatsächlich Jahre dauern. Zudem hänge die Dauer der Pandemie auch davon ab, wann ein Impfstoff verfügbar werde und wie viele Menschen dann damit geimpft würden."* [68]

Es benötigt also, wie Prof. Vernazza oben sagt, viele die immun werden, damit die Ansteckungen zurückgehen. Die globalen Maßnahmen gegen die Verbreitung des Virus wären demzufolge falsch. Daraus kann abgeleitet werden, daß die Menschheit möglichst schnell mit dem Virus infiziert werden sollte und gefährdete Gruppen sich schützen sollten. COVID-19 wird als noch nicht so bekannt bezeichnet wie die üblichen Grippen. Allerdings haben

„gewöhnliche“ Grippen immer wieder durch ihre Variation überrascht. So ist es sicher gerechtfertigt, wenn die gefährdete Gruppe sich besonders schützt. Allerdings muss auch hier Zwangsschutz infrage gestellt werden.

Prof. Gerd Antes, wissenschaftlicher Vorstand der renommierten Cochrane Colaboration Deutschland, stimmt damit Anfangs April überein.

*„Wir wissen noch nicht, wie tödlich das neue Coronavirus im Vergleich zur Grippe ist.“*

Er meint, je mehr durchgemachte COVID-19 Fälle nachgewiesen werden, desto besser.

*„Denn jeder unbemerkte Fall lässt den Anteil der schweren Erkrankungen unter allen Infizierten schrumpfen.“* [69]

Eine Studie vom 24.03.2020 aus Oxford führt in dieselbe Richtung.

*„Unsere Simulationen stimmen mit anderen Studien überein, wonach die derzeitige Epidemiewelle in Großbritannien und Italien ohne Interventionen eine ungefähre Dauer von 2 - 3 Monaten[C] haben sollte, wobei die Anzahl der Todesfälle im Vergleich zu den Gesamtinfektionen zeitlich zurückbleibt. Wichtig ist, daß die hier vorgestellten Ergebnisse darauf hindeuten, daß die anhaltenden Epidemien in Großbritannien und Italien mindestens einen Monat vor dem ersten gemeldeten Todesfall begonnen haben und bereits zu einer Anhäufung signifikanter Herdenimmunitäten in beiden Ländern geführt haben.“*

Diese Daten sind nicht abschließend. Die Wissenschaft sollte das weiter untersuchen und die Politik sich inzwischen etwas zurückhalten.[70]

Ein Abstract vom 02.04.2020 des British Medical Journal (BMJ) zeigt aktuelle Auswertungen aus China. 78% der COVID-19 Infizierten bleiben symptomfrei![71]

Anfang April wurde eine Pilotstudie von Prof. Streeck et al veröffentlicht. Sie kommt zu vorläufigen Ergebnissen, die bei COVID-19 Infizierten ein Sterberisiko von 0.37% zeigt und bezogen auf die ganze Bevölkerung ein Mortalitätsrisiko von 0.06%.[72]

---

[C] Die Graphik S.27 rechts, welche die Schweizer Infektionszahlen zeigt, bestätigt, daß die COVID-19 Welle tatsächlich deutlich kürzer ist (unter 2Mt.), als eine durchschnittliche Grippewelle (etwa 4 Mt.) siehe Graphik S.26.

Eine Studie aus Colorado (USA) zeigt, daß die Mortalität 5 – 20-mal kleiner ist als bisher angenommen.[73] Mitte April wurden in Boston 397 Obdachlose getestet. Von ihnen waren 146 COVID-19 positiv. Keiner zeigte Symptome. Es gibt einen ähnlichen Bericht aus Chelsea (Boston) über 200 Obdachlose, von welchen ebenfalls rund ein Drittel positiv getestet wurde, jedoch symptomfrei blieb.[74]

Die weltweit als Kapazitäten anerkannten Stanford Professoren Ioannidis und Atlas geben am 02.05.2020 beide ein Interview und betonen, daß COVID-19 keine gefährliche Erkrankung ist. Für die meisten Menschen sei sie ähnlich einer milden Grippe. Der richtige Umgang damit sei, gefährdete Menschen zu schützen. Dies sei nichts Neues in der Medizin. Dazu seien sie in der Lage. Durch die ganzen Massnahmen habe man die Herdenimmunität verhindert bzw. reduziert, was schlecht ist. Auch die grossflächigen Tests seien unnötig.[75]

Diverse Studien bestätigen gegen Ende der COVID-19 Welle, was anfangs der Welle schon von diversen Experten dargelegt wurde. Die Mortalität von COVID-19 muss deutlich nach unten korrigiert werden. In Dänemark auf 0.08% für unter 70-jährige und im Iran 0.08 – 0.12%. Der Median aller PCR und Antikörperstudien kommt auf eine Mortalität von 0.27%. Die Japaner kommen zum Ergebnis, daß 400 - 800-mal mehr Menschen mit COVID-19 infiziert waren als bisher angenommen, was die Mortalität entsprechend reduziert.[76] Da die Mortalität sich nicht von anderen Grippewellen wesentlich unterscheidet, hat Großbritannien COVID-19 am 26.03.2020 von der Liste der gefährlichen Infektionskrankheiten genommen.[77]

### Durchschnittsalter der Verstorbenen

In Deutschland liegt das Durchschnittsalter der COVID-19 Verstorbenen bei 81 Jahren. Dies entspricht der durchschnittlichen Lebenserwartung in Deutschland. Für die Schweiz liegt der Median bei 84 Jahren, was, will man pingelig sein, sogar über der durchschnittlichen Lebenserwartung liegt. In Italien lag das Alter der COVID-19 zugeschriebenen Todesfälle bei 81 Jahren, was wenig unter der durchschnittlichen Lebenserwartung liegt.

### Vergleich zwischen GB mit Lockdown und Schweden ohne Lockdown

Schweden wird gegen Ende der COVID-19 Welle zunehmend als Negativ-Beispiel dargestellt, wie schlecht sein Nicht-Lockdown war. Dazu werden Vergleiche ausschließlich mit Ländern herbeigezogen, die eine kleinere Mortalität hatten. Wie später noch behandelt wird, sind Ländervergleiche mit äußerster

Vorsicht vorzunehmen. Hier ein Vergleich mit Großbritannien welches einen Lockdown wie die meisten europäischen Länder durchführte. Hier sehen wir zwei Charts, welche die Anzahl Neuinfektionen und Anzahl der COVID-19 zugeschriebenen Todesfälle pro Mio. Einwohner miteinander vergleicht: [78]

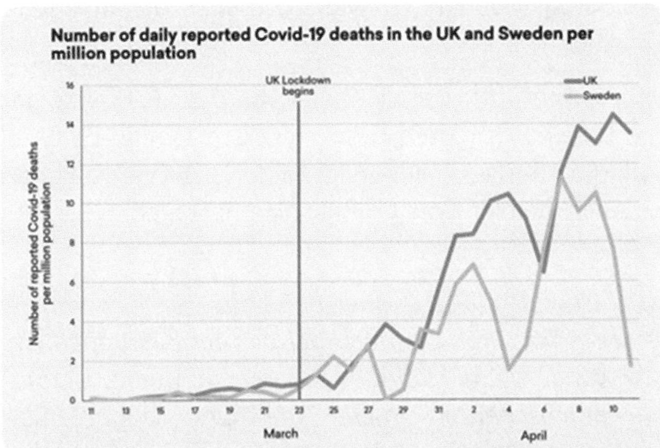


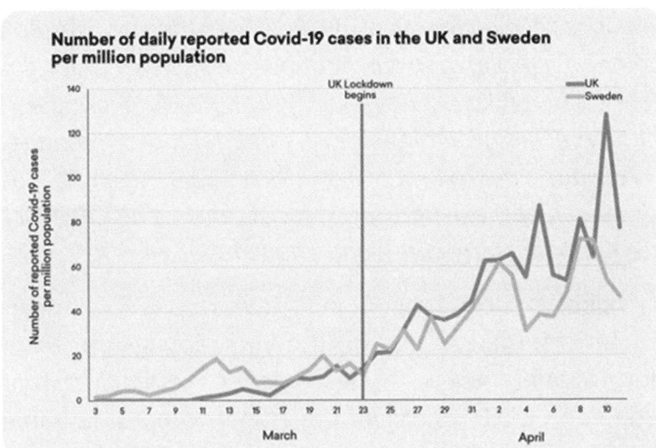


## Übertragbarkeit

Schon Ende März zeigte die Gruppe um Prof. Streeck, daß COVID-19 kaum als Schmierinfekt übertragen wird. Das heißt, Oberflächen, Türklinken etc. führen kaum zu Ansteckungen (es sei denn man niest sich in die Hand und berührt direkt die Türklinke).[79]

Mitte April konnte die Nicht-Übertragbarkeit durch Schmierinfektion von COVID-19 durch weitere Untersuchungen von Prof. Streeck erhärtet werden.[80] An dieser Stelle kann es nicht unterlassen werden, zu erwähnen, daß nach den Lockerungen in den Schweizer Restaurants, als diese Daten vorlagen, es trotzdem verboten wurde Zeitungen und Zeitschriften für die Gäste aufzulegen, wegen angeblicher Infektionsgefahr. Dies zeigt in eklatanter Weise, wie weit weg Maßnahmen von den wissenschaftlichen Notwendigkeiten entfernt sind.

Am 25.04.2020 wurde Prof. Detlef Krüger Interviewt. Er war der ehemalige Chef von Prof. Christian Drosten, dem heutigen COVID-19 Chefberater der deutschen Regierung. Krüger hält COVID-19 durchaus vergleichbar mit einigen Grippewellen. Auch hält er von großflächigem Tragen eines Mundschutzes nichts. Einige Zitate:

*„In vieler Hinsicht kann man das aber durchaus vergleichen, sowohl bei der Übertragungsweise der Viren als auch bei den Risikogruppen, wobei bei der Grippe noch Schwangere und Kinder hinzukommen. Und es ist nun mal so, daß wir jedes Jahr durchschnittlich mehr Tote durch Grippe haben, als dies zumindest bis heute durch das neue Coronavirus der Fall ist, jedenfalls in Deutschland. Das jetzt plötzlich von der Politik entdeckte Tragen von ‚Mund-Nasen-Schutz' halte ich dagegen für Aktionismus. Es sollte klar sein, daß man sich damit nicht schützen kann, weil man weiter die Umgebungsluft ungefiltert atmet. Es gibt hierbei lediglich einen gewissen Effekt, wenn man selbst infiziert und damit Virusausscheider ist. Der ‚Mund-Nasen-Schutz' gaukelt eine Sicherheit vor, die nicht existiert und er ist eher eine ‚Keimschleuder' für verschiedenste Krankheitserreger, wenn er unsauber wird."*[81]

Die WHO hält selber in ihren Fragen und Antworten (Q&A) Informationsseite fest: Influenza hat eine deutlich schnellere Verbreitungsrate als COVID-19! In Berichten der Medien wird immer wieder erzählt, daß gerade die Übertragbarkeit von COVID-19, bevor die Träger Symptome haben, das Virus so einzigartig und gefährlich macht. Auch dies ist falsch, denn auch Influenza kann, bevor Symptome ausbrechen, bzw. auch von Trägern, welche gar nie Symptome aufweisen, übertragen werden. Betroffen bei Influenza sind Kinder, Schwangere, immunsupprimierte Menschen. Gerade diese Gruppe ist durch COVID-19 nicht bedroht. Alte Menschen, chronisch Kranke (Herz-, Lungen-, Nierenpatienten) und Menschen mit weiteren Infektionen haben durch ihre zugrunde liegende Pathologie das Risiko mit COVID-19 schwerere Symptome zu entwickeln. Für sie ist die Influenza jedoch genauso Risiko behaftet.[82]

## Gesamtmortalität Schweiz

Wenn wir das Total der Verstorbenen in der Schweiz anschauen, tritt während der COVID-19 ebenfalls keine Auffälligkeit auf, wie diese Graphik zeigt:[83]

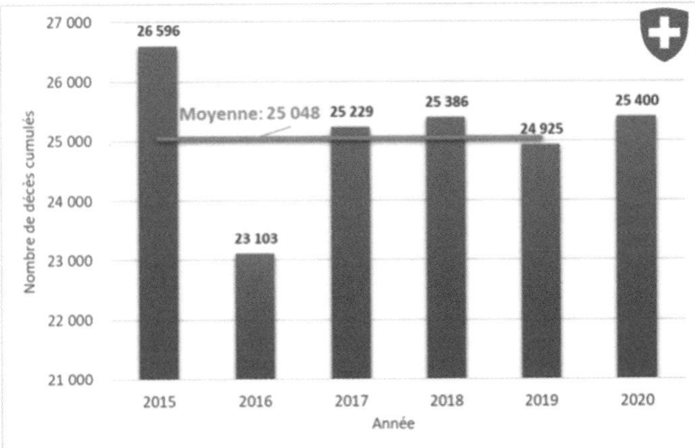


***Fig. 1: Nombre de décès cumulés en Suisse, durant les 18 premières semaines des années 2015-2020****, toutes causes confondues*

*(Source des données : OFS, 12.05.2020)*

## Diamond Princess

Das Kreuzfahrtschiff Diamond Princess war am 20. Januar für 17 Tage unter COVID-19 Quarantäne. Hier eine Auswertung der Ansteckungsrate:

Am 27.04.2020 veröffentlicht das BMJ auch noch einen Bericht zur Diamond Princess[84]. Die zusätzlichen Informationen daraus: Das Virus wurde nicht mittels Aircondition oder Wassersysteme verteilt, allerdings haben sich einige Passagiere in der Quarantäne frei bewegt und somit zur Verbreitung beigetragen. Dr. Haas wird zitiert, der darauf hinweist, wie wichtig Vorsichtsmaßnahmen sind. Seine Aussage wird jedoch durch die Auswertung der Graphik unten infrage gestellt.[85]

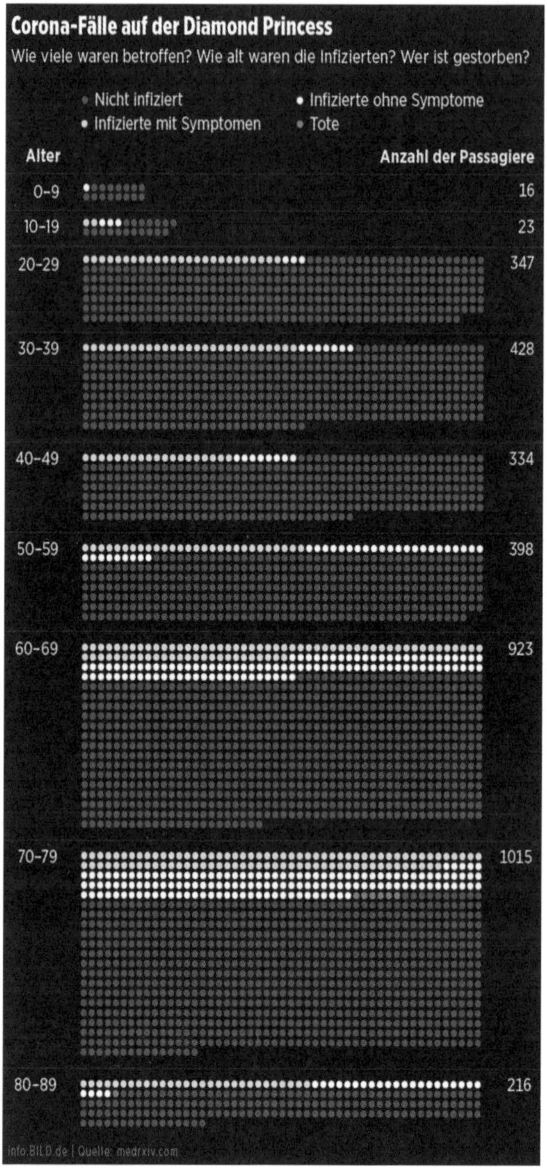


Ausgewertet wurde dies von Timothy Russel, London School of Hygiene and Tropical Medicine.

Gemäss dieser Population, deren Altersdurchschnitt deutlich über demjenigen jedes Staates liegt, ist die Rate der Ansteckungen bei 20% und die Gesamtmortalität liegt bei 0.19%.

Es ist an dieser Stelle korrekt von Gesamtmortalität zu sprechen, da es sich um eine abgeschlossene Population handelt und die nicht Infizierten mitgezählt werden. Bei den Medien wird bis zu diesem Zeitpunkt die Sterberate meist auf die getesteten COVID-19 Patienten bezogen und publiziert, was zu deutlich höheren „Mortalitätsraten" führt.

## Weiteres

Es ist kurzzeitig die Meldung aufgetaucht, daß Menschen mit Blutgruppe A signifikant höhere und solche mit Blutgruppe 0 signifikant tieferer Ansteckungsgefahr ausgesetzt sind.[86]

Dies mag für den Einzelnen eine wichtige Information sein. Es trifft jedoch auf diverse Erkrankungen zu, daß die Blutgruppe einen Einfluss haben kann.[87]

## Italien

Italiens Bevölkerung ist weltweit die zweit älteste und in Europa die älteste. Wenn es um die Mortalität geht, dürfte dies bei jeder bakteriellen oder viralen Infektionswelle ins Gewicht fallen. Gerade das Alter der Verstorbenen in Italien scheint dies zu bestätigen. Es gibt jedoch nebst den länderspezifischen Unterschieden noch weitere Einflüsse, die in Italien und spezifisch der Lombardei den sehr lokalen Hotspot an Mortalität erklären können.[88]

### Extrem schlechte Luftqualität kombiniert mit COVID-19

Schon am 31.02.2020 wurde berichtet, daß Norditalien die schlechteste Luftqualität Europas hat.[89]

Dies wäre ein Hinweis, weshalb Alte und Risikopatienten gerade dort mit einer kräftigen bis letalen Lungenentzündung konfrontiert sind, wenn sie sich mit COVID-19 anstecken. Zahlreiche weitere Hinweise in diese Richtung folgen, wie dieser vom 13.03.2020.[90]

Auch am bisher angenommenen Ausgangsort Wuhan wurde am 01.02.2020 darauf hingewiesen, daß die extreme Luftverschmutzung, wie in Nord-Italien, kombiniert mit einer COVID-19 zu einer Erhöhung schwerer Lungenentzündungen führt.[91]

In diesem Zusammenhang ist es auch wichtig zu erwähnen, daß die Luft in Wuhan so schlecht ist, daß die Bevölkerung schon Mitte 2019 gegen eine geplante Müllverbrennungsanlage in der Umgebung demonstrierte, weil sie einfach nicht bereit waren, eine noch schlechtere Luftqualität in Kauf zu nehmen.[92]

Ebenso stellten Wissenschaftler aus den USA in einer Studie einen Zusammenhang zwischen erhöhter Feinstaubbelastung und der Sterblichkeit mit COVID-19 fest. Was auch eine Erklärung für den Hotspot in New York sein könnte, nebst dem ziemlich maroden Gesundheitswesen dort.[93]

### Legionellen

Eine weitere mögliche Erklärung für die regional beschränkte erhöhte Sterblichkeit in der Lombardei könnten Legionellen sein. Vor 2 Jahren tauchte in Brescia das Problem auf, daß das Sterium Legionella pneumophila in Verdunstungskühlanlagen durch Aerosolbildung verbreitet wurde, was zu vermehrten Lungenentzündungen führte. Eine Kombination von Legionella pneumophila und COVID-19 wäre eine Erklärung für vermehrt schwere Verläufe einer Lungenentzündung.[94]

### Lombardische Spitäler wurden zu Virenschleudern

Der Schweizer Ständerat Marco Chiesa, der im Tessin mehrere Altersheime führt, bringt ein weiteres Argument für die erhöhte Sterblichkeit in der Lombardei:

*„In der Lombardei haben sie den Großteil der Erkrankten in die Spitäler geschickt, im Veneto nicht. Die lombardischen Spitäler wurden zu eigentlichen Virenschleudern.“* [95]

### Antibiotikaresistenz

Ein italienischer Artikel berichtet, daß in Italien die höchste Antibiotikaresistenz Europas herrscht. Ein Drittel aller Todesfälle Europas aufgrund Antibiotikaresistenz verzeichnet Italien. Da, wie gezeigt, jeder Verstorbene mit COVID-19, an COVID-19 gestorben ist, steigt die entsprechende Statistik an. Hingegen dürfte die Todesursache aufgrund Antibiotikaresistenz etwas sinken (man wird sehen). Bakterielle Lungenentzündungen sind in der Regel schwerwiegender als virale. Wenn jetzt Lungenpatienten mit Pneumonia Bakterien und COVID-19 befallen sind, die Antibiotika nicht wirken und sie sterben, steigt die Todesrate per se. Unterlässt man jetzt die Autopsie wie berichtet, treibt man die Statistik der COVID-19 Verstorbenen automatisch in die Höhe.[96]

### Untersterblichkeit

Im Zusammenhang mit COVID-19 wird häufig von der Übersterblichkeit berichtet. Zahlen für das erste Quartal zeigen, daß in Italien 2020 insgesamt weniger Menschen gestorben sind als in den Jahren 2019, 2018 und 2017. Dies könnte dem milden Winter gedankt sein, der weniger Grippeopfer forderte. Hier spricht man von einer Untersterblichkeit. Diese könnte möglicherweise durch die später eintreffende COVID-19 Welle korrigiert worden sein.[97]

Im April zeigen dann neuste Zahlen aus Italien, daß die Sterberate der über 65-jährigen Italiener leicht höher ist als in den vier Jahren zuvor.[98]

Das ist interessant, denn in den vier Jahren davor gab es keine Untersterblichkeit vor den Grippewellen. Hingegeben gab es vor der COVID-19 Welle der Jahres 2020 eine Untersterblichkeit.

Was diese „natürliche" Kompensation unterstreicht ist die Tatsache, daß 99% der Verstorbenen in Italien mindestens eine Vorerkrankung hatten[99] und das Alter der Verstorbenen der Lebenserwartung entsprach, wie wir noch sehen werden.

Nur 12% von den Verstorbenen sind ursächlich an COVID-19 gestorben![100]

### Behörden geben falsche Empfehlungen

Prof. Pietro Vernazza zitiert:

*„Lorenzo D'Antiga vom Transplantationszentrum in Bergamo, dem Epizentrum der COVID-19 Erkrankung in Italien, bestätigt nun im Journal Liver Transplantation die bisherigen Beobachtungen. Immungeschwächte Personen, Krebskranke, Transplantierte aber auch Personen mit anderen Ursachen einer Immunschwäche, welche sonst bekannterweise bei gewissen Infektionskrankheiten als besonders gefährdet gelten, sind bei der COVID-19 Infektion nicht besonders gefährdet. Über 200 Patienten mit Organtransplantationen waren nicht besonders gefährdet. Auch bei Kindern mit Immunschwächezuständen fand sich kein schwerer Verlauf. Diese große Erfahrung deckt sich mit den Beobachtungen aus China."*

An selber Stelle weist Vernazza darauf hin, daß der Bund für entsprechende Patientengruppen Falschempfehlungen macht, die keine Evidenz haben und geändert werden müssen.[101]

Prof. Axel Finckh, Rheumatologe HUG, Schweiz an einer Videokonferenz vom 02.04.2020 betonte, daß immunsupprimierte Patienten ihre Therapie nicht absetzen sollen. Dies könne sogar kontraproduktiv sein. Zusammengenommen bedeuten diese Informationen, daß COVID-19 für gewisse, sonst zur Risikogruppe gehörende Patienten, weniger gefährlich ist als andere Influenza Viren. Als Erklärung dazu hat man herausgefunden, daß bei COVID-19 bestimmte entzündungsfördernde Zytokine erhöht vorkommen (es wird von Zytokinsturm gesprochen). Diese werden durch die Immunsuppressiva gehemmt, was die Beobachtung erklärt.

### Vermutete Ansteckungsrate falsch

Es wird berichtet, In der Lombardei sei die Ansteckungsrate 10-mal höher als vermutet. Sie liege bei 22%. Dies würde den richtigen Umgang gemäß Prof. Vernazza und vielen anderen im Review genannten Spezialisten untermauern, daß es die beste Strategie wäre, COVID-19 durch die Bevölkerung „gehen" zu lassen, so daß eine COVID-19 Trägerrate von 60-70% entsteht (siehe Kapitel Gefährlichkeit, Mortalität). Und es würde auch zeigen, daß der Lockdown falsch war, da diese Rate nicht erreicht wird und eine zweite Welle somit erzwungen wird.[102]

### Krematorien überfordert

Die Behandlung von COVID-19 Verstorbenen bei der Bestattung ist deutlich aufwendiger. Die Bestatter mussten sich mit einer Ausrüstung (PSA) schützen, die Särge wurden extra gekennzeichnet. Dazu wurde Kremation empfohlen in einer Kultur, in der Erdbestattung praktiziert wird. Dies hat regional in Bergamo zu einer kurzfristigen Überlastung der Krematorien geführt. Medienwirksam gingen Fotos durch die Nachrichtensender von Särgen, die sich ansammeln und Militärlastwagen, die eingesetzt werden mussten. Die Militärlastwagen transportierten die Särge in die nahe gelegenen Nachbarregion Emilia Romagna. Dies reichte aus, um die Kapazitäten der Krematorien auszugleichen.[103]

### Fazit

Gerade Italien zeigt an der COVID-19 Krise sehr exemplarisch, daß medial und politisch mit einer „riesigen Lupe" auf COVID-19 gezeigt wurde. Das Virus erschien übergroß und war für alles verantwortlich und ursächlich. Andere Einflüsse, Zusammenhänge zwischen dem Virus und anderen Interaktionen wie der erwähnte Smog, Pneumonia Legionellen, infektiöse Krankenhäuser etc. wurden völlig außer Acht gelassen.

Es ist bildlich etwa vergleichbar mit einem Toten und der Anwesenheit der Polizei. Wenn die Polizei anwesend ist, ist es immer ein Mord. Alles andere wird ausgeschlossen. Weshalb die Polizei dort ist spielt keine Rolle. Ein Unfall, ein Anruf an die Polizei anstatt die Rettungssanität, eine Anwesenheit von Amtes wegen spielt alles keine Rolle. Polizei gleich Mord.

## Länder sind untereinander schlecht vergleichbar

Schon im 1. Abschnitt Situationsvergleich in den vier Graphiken auf Seite 38 wurde gezeigt, daß die Grippewellen, welche die meisten Todesopfer forderten in jedem Land (Schweiz, Italien, Frankreich, Deutschland) in einem anderen Jahr, bzw. einer anderen Saison stattfanden. Man kann also von einer schlimmen Saison in einem Land nicht automatisch auf ein anderes Land schliessen. Ebenso sind die Anteile der Todesfälle auf Grund MRS (Multi Resistente Spitalkeime) sehr unterschiedlich zwischen den Ländern, was wiederum auf die Qualität der Gesundheitssysteme schliessen lässt.

### Todesfälle an Lungenentzündung

In den Graphiken unten sehen wir, daß der Anteil an Todesfällen durch Lungenentzündung von 1990 - 2017 in Italien am steilsten stieg, gefolgt von Deutschland und Spanien, während der Anstieg in den USA und Frankreich moderat ausfällt und in der Schweiz, Österreich und Schweden sogar ein Rückgang zu verzeichnen ist Großbritannien nach einer Abnahme wieder eine Zunahme erfährt. Dies zeigt, daß sich die Todesursachen in verschiedenen Ländern durchaus unterscheiden können. Natürlich darf man hier erwarten, daß ein Erreger, der sich verstärkt durch Lungensymptome manifestiert, für Länder mit einer höheren Prävalenz an Lungenentzündung, auch mehr Opfer fordert. Weshalb es klug wäre, im Verhalten nicht zu sehr auf das Tun anderer Länder zu schauen, sondern die eigenen Stärken und Schwächen zu analysieren und spezifisch angepasste Vorkehrungen zu treffen. Als Beispiel hier die Entwicklung der Todesfälle an Lungenentzündung zwischen 1990 – 2017.[104]

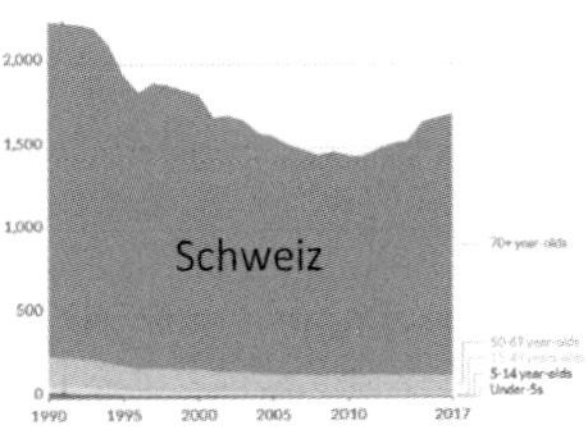


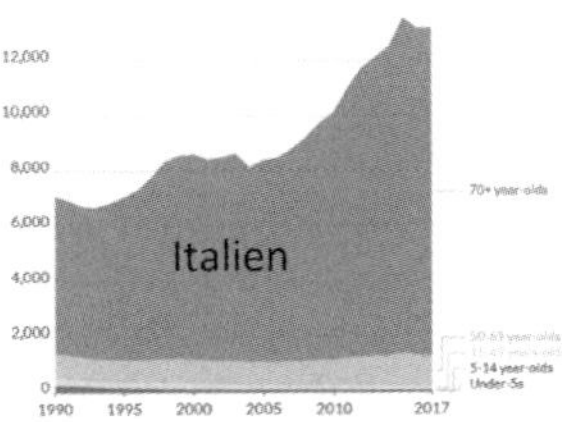


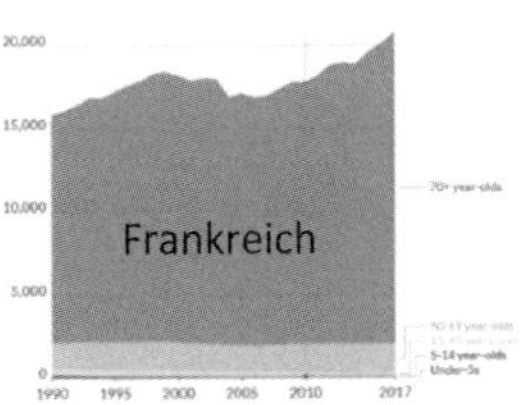

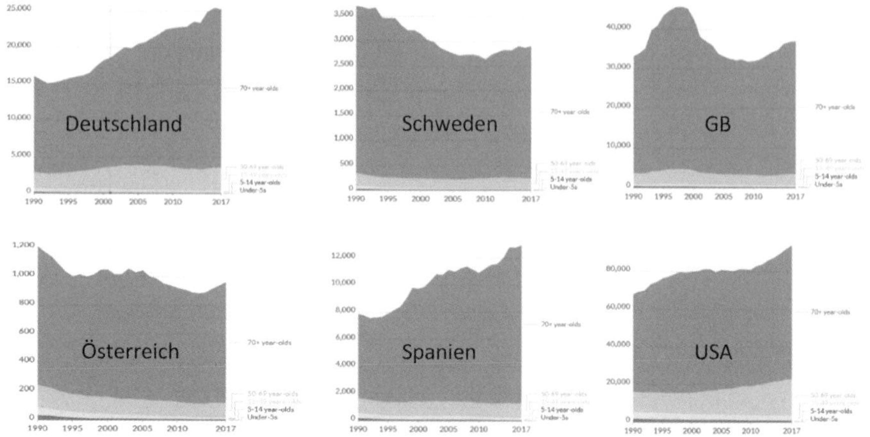


## Nosokomiale Infekte

Nosokomiale Infekte sind Ansteckungen verschiedener Art, die durch Krankenhaus Aufenthalt erworben wurden. Sie beinhalten MRS (Multiresistente Spital Keime), schliessen jedoch gut behandelbare Erreger mit ein.

Für **Deutschland** gibt das RKI z.B. an, daß sich pro Jahr 400.000 – 600.000 Patienten mit Spitalinfekten anstecken. Dagegen gibt es bis zum 23.05.2020 lediglich 177.850 COVID-19 Ansteckungen.[105]

In **Frankreich** werden 750.000 Spitalinfekte gezählt, was gemessen an der Bevölkerungszahlt etwa 1,5 - 2-mal mehr Ansteckungen als in Deutschland sind. Mit COVID-19 haben sich bis zum 23.05.2020 dagegen nur 144.566 angesteckt.[106]

**Italien** hat zwischen 2003 bis 2016 einen Anstieg von Todesfällen aufgrund der Spitalinfekte von 18.668 auf 49.301, was deutlich mehr Tote als die bis zum 23.05.2020 gezählten 32.735 Todesfälle welche COVID-19 angerechnet werden, sind.[107]

In der **Schweiz** werden die jährlichen Healthcare-assoziierten Ansteckungen auf 70.000 geschätzt, was ebenfalls deutlich mehr als Deutschland wäre. Bis zum 23.05.2020 zählt die Schweiz 30.725 Ansteckungen mit COVID-19.[108]

## Unterschiedliche Zählart

Vergleiche nochmals den Text des Schweizer Tages Anzeigers auf Seiten 50 und 51. Hier nochmals der Link, der zeigt, daß die Länder ihre Toten, welche in der COVID-19 Statistik erfasst werden, durchaus unterschiedlich zählen.[109]

## Länderdaten und Interpretationen

Das europäische Mortalitätsmonitoring zeigt bis zur Woche 14/2020 keine höhere Sterblichkeitsrate als in vorherigen (schweren) Jahren: weder für Europa, Italien noch für die 65-Jährigen.[110]

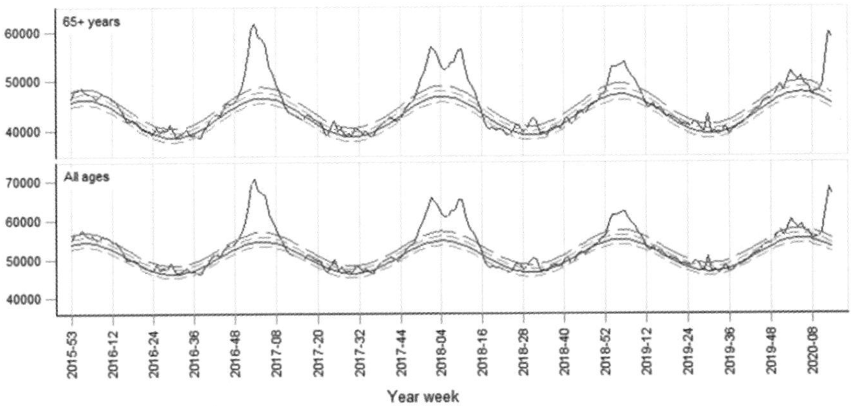


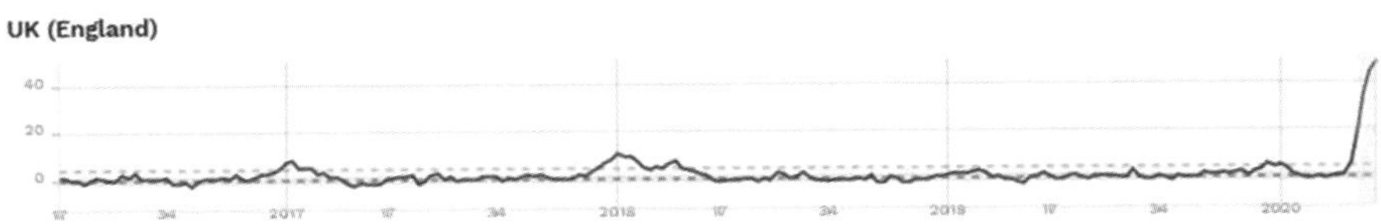


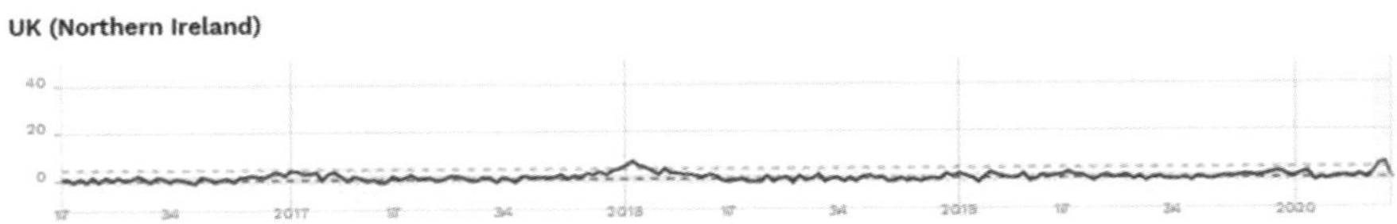


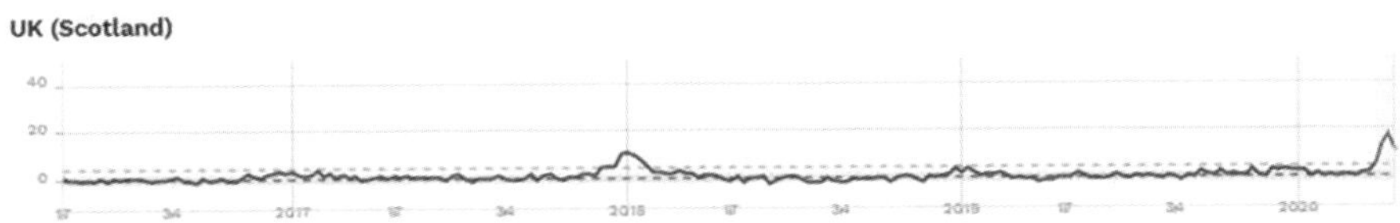


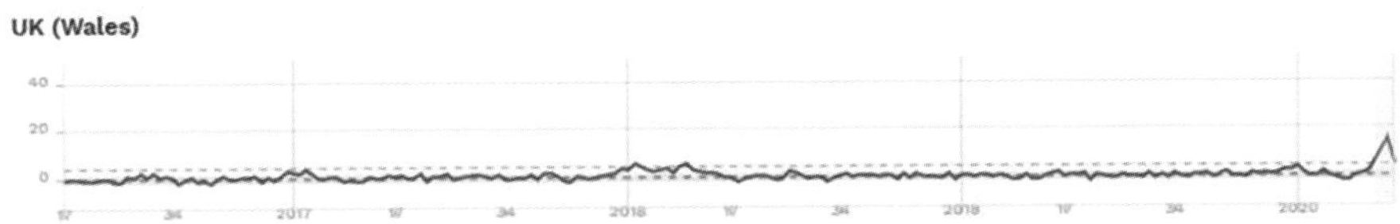

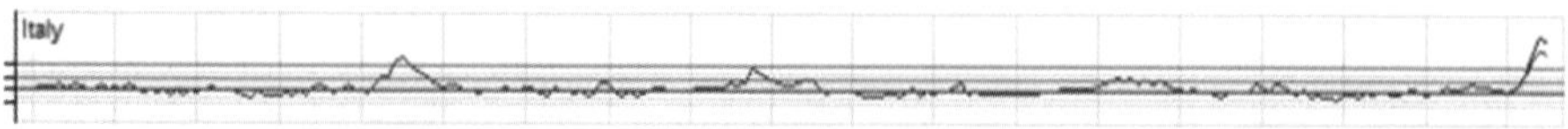


Island testet, als einziges Land, repräsentativ auf COVID-19. Am 03.04.2020 waren demnach 17.900 Personen und damit gut 5% der Bevölkerung getestet. Etwa 1% war mit COVID-19 infiziert. Damit war Island sehr schwach betroffen. Von den Infizierten waren 50% symptomfrei, was deutlich weniger waren als in anderen Erhebungen. Auch hier zeigt sich wiederum die Unterschiede der Länder.[111]

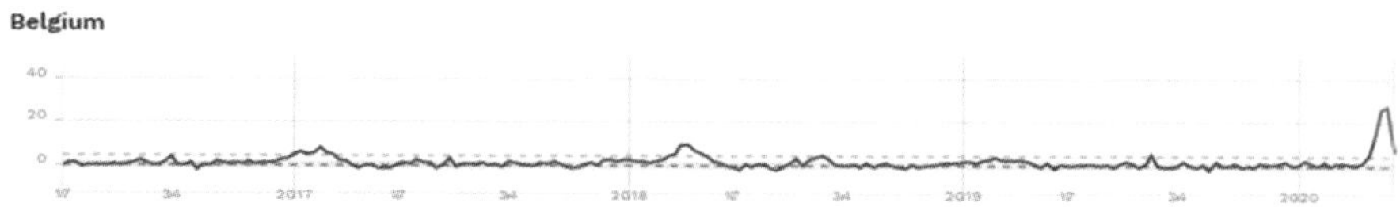


Ende April beginnen Medien zu berichten, daß das Euro-Mortalitäts-Monitoring nun doch einen eindeutigen Peak in der Sterblichkeit wegen der COVID-19 Pandemie nach oben zeigt. Dies stimmt jedoch nur für einige Länder, die hier aufgeführt sind. Andere Länder weisen diese erhöhte Mortalität nicht auf. Man schaue sich zuerst die Graphiken an. Dann werde ich einen alternativen Erklärungsversuch zu dem COVID-19 zugeschriebenen Mortalitätsanstieg aufzeigen.

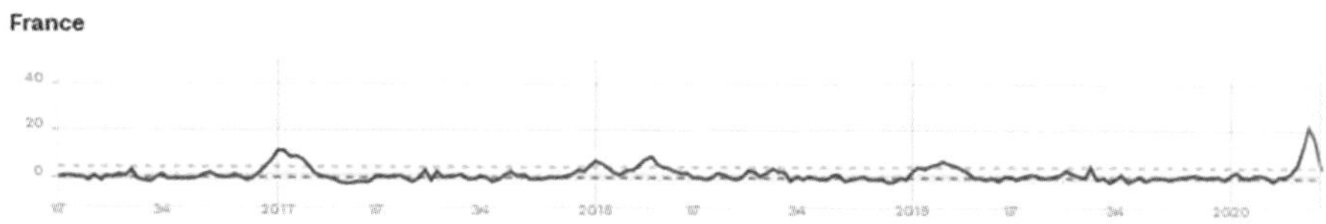


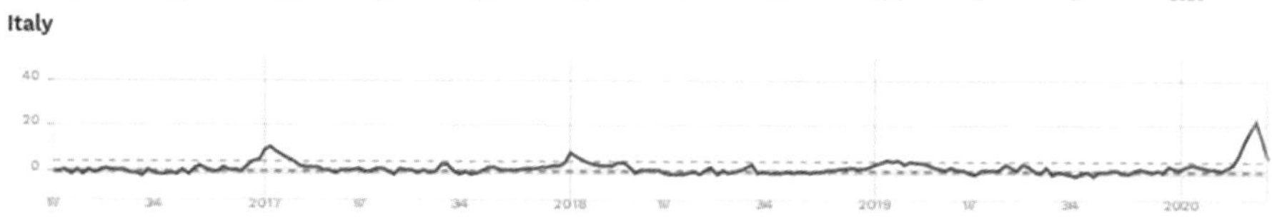


Italien und Frankreich haben nach meinem Dafürhalten einen nicht so hohen Ausschlag, aber das ist subjektiv und da sie im besonderen Fokus in Europa stehen, dürfen sie nicht fehlen. UK ist sehr stark aufgeteilt, was zeigt, daß sogar innerhalb der Länder Unterschiede auftreten. Auch innerhalb der Schweiz traten Unterschiede zwischen Tessin, dem Welschland und der Deutschschweiz auf.

Mit dem gezeigten Mortalitäts-Peak wird medial der Frame gesetzt:

*„Das sind die COVID-19 Toten."*

Das ist der Rahmen in dem die erhöhte Todesrate zu sehen oder allenfalls weg zu argumentieren ist. Diesen Frame (Denkrahmen) kann man auch verlassen und sagen:

Der Anstieg der Gesamtmortalität, kann sehr wohl mit den COVID-19 Maßnahmen zu tun haben. Es handelt sich oben nämlich alles um Länder, welche einen besonders harten Lockdown mit Ausgangssperren, einem besonders rigiden Vorgehen der Polizeikräfte und außerdem ein, für Europa, überdurchschnittlich marodes Gesundheitswesen haben. Wie man bereits in vielen Medien lesen kann, verkümmern Alte in Pflegeheimen und sterben aus psychosozialen Gründen (sie verlieren einfach den Lebensmut in ihrer Isolation). Die Selbstmordrate allgemein steigt. Viele Leute trauen sich nicht mehr ins Spital aus Angst vor den Polizei-Maßnahmen oder einer Infektion. Diese Zahlen liegen nicht im Detail vor und ob sie das je tun, wird sich zeigen. Sie spielen jedoch eine Rolle, die sich mit Sicherheit in diesen Graphiken niederschlägt.

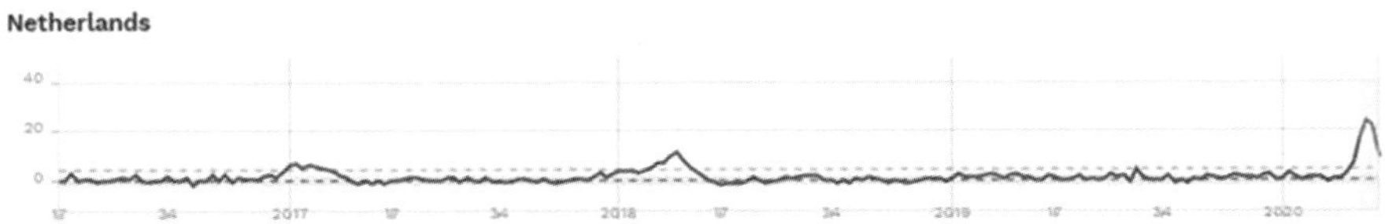


Die Niederlande haben keinen strengeren Lockdown als Deutschland, die Schweiz oder Österreich. Aus meiner Sicht ist der Peak nicht überragend. Das Gesundheitssystem wird als gut beschrieben. Es könnten aber auch hier psychosoziale Gründe, Selbstmord etc. eine Rolle spielen, da die Wirtschaft (z.B. Blumenindustrie) extrem eingebrochen ist. Ansonsten wären die Niederlande das einzige Land mit einer Spitze der Mortalität in Europa, ohne besondere Erklärung. Einzelne Ausreißer sind jedoch nicht ungewöhnlich.

Germany (Berlin)

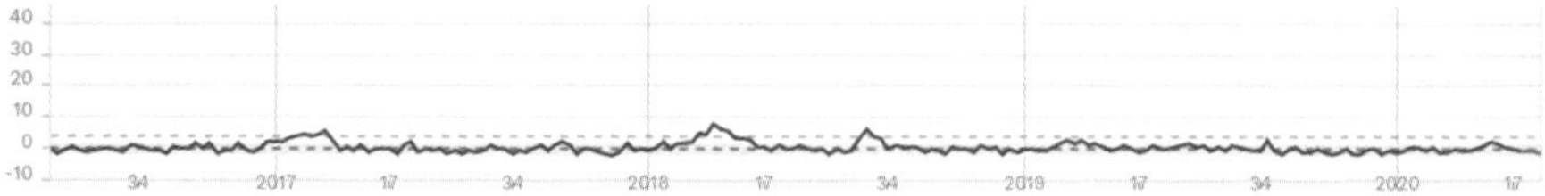


Germany (Hesse)

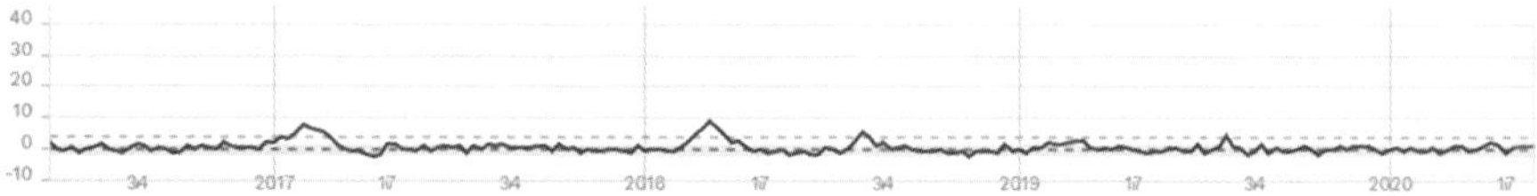


Denmark

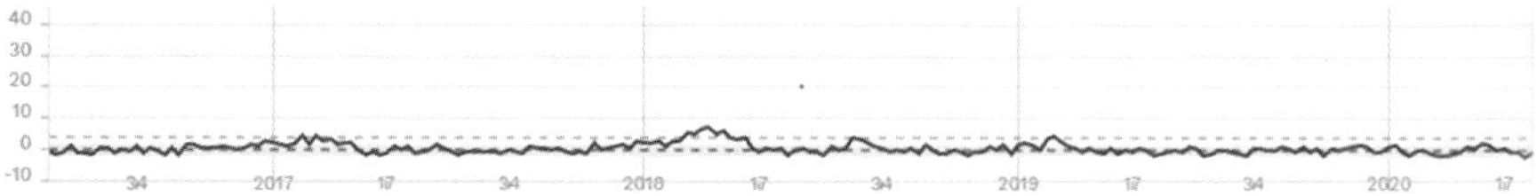


Switzerland

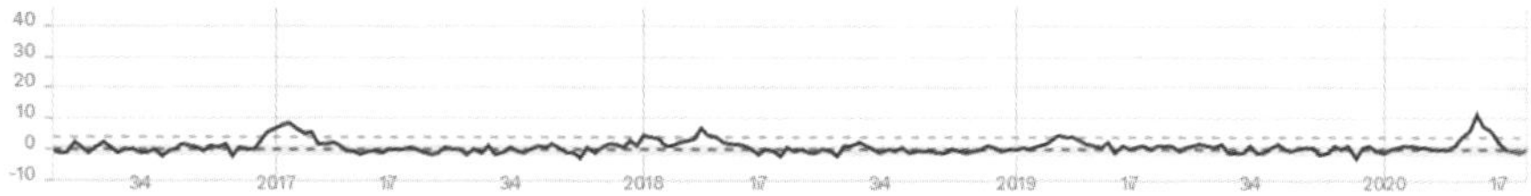


Wie die Graphiken aus den Ländern oben zeigen, gab es keinen oder kaum einen Peak in der Mortalität. Diese Länder haben einen deutlich weniger drastischen Lockdown betrieben, wie diejenigen mit dem Mortalitäts-Peak.

## Schweden

Schweden wird am Ende der COVID-19 Krise in Europa dargestellt, als wäre der Entscheid keinen Lockdown durchzuführen falsch gewesen. Die COVID-19 Verstorbenen werden als hoch bezeichnet, am liebsten wird der Vergleich zu Deutschland gezogen. Am besten ist es, wenn man die Daten eines Landes in seinen eigenen Kontext setzt.

Es geht jeweils um den Zeitraum vom 1. Januar – 29. Mai. Schweden hat interessanterweise 2019 eine Untersterblichkeit von – 5.8% (absoluter Wert). Dies kommt nahe an die nun, 2020 postulierte Übersterblichkeit von 6.2%. Wenn man anerkennt, daß sich der Tod nicht ewig aufschieben lässt, so kann dies durchaus als Kompensation betrachtet werden. 2019 war also bezüglich Sterblichkeit ein sehr „mildes" Jahr und 2020 gleicht aus.

Weitere Einflüsse:

- 2020 ist ein Schaltjahr.
- Jedes Jahr wird die Bevölkerung älter, d.h. der Altersdurchschnitt steigt leicht an. In der Schweiz zählen wir dadurch ca. 500 Tote mehr pro Jahr. In Relation zu Schweden könnte man durch die ca. 1.7 Mio. mehr Einwohner von jährlichen zusätzlich 600 Toten ausgehen.

Diese Graphik veranschaulicht sehr gut das Beschriebene:[112]

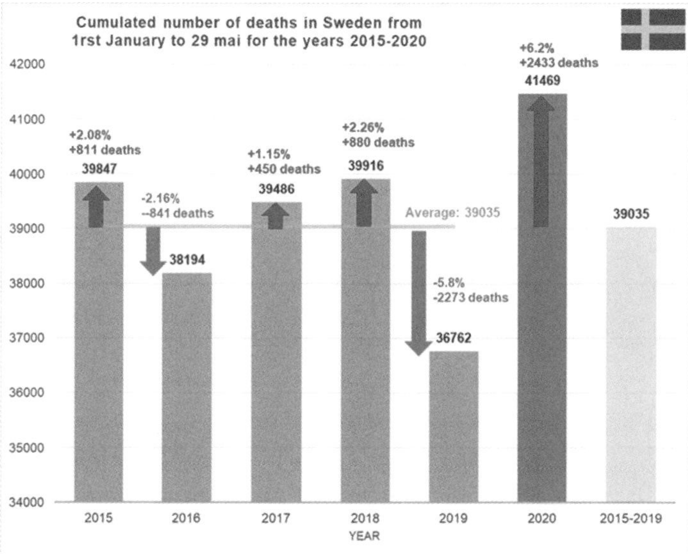


Von Schweden sind zwar noch nicht die Daten des Durchschnittsalters oder des Medians, der mit COVID-19 Verstorbenen, zu erhalten (Stand 04.06.2020). Es gibt jedoch Daten, welche zeigen, daß 91.98% der Verstorbenen über 70 Jahre und 72.12% über 80 Jahre alt waren.[113]

Eine weitere Untersuchung von Daten aus den Jahren 2017 und 2018 zeigt, daß der Anteil von Verstorbenen an Influenza über 65 Jahren bei 93% liegt. Dies deckt sich mit dem oben erwähnten Sterbeanteil der über 70-jährigen.[114]

Wikipedia zeigt die erste Graphik unten und suggeriert damit, daß die wöchentlichen Todesfälle in Schweden wegen COVID-19 außerordentlich hoch sind im Vergleich zu früheren Jahren.[115]

Geht man allerdings weiter zurück, erkennen wir, daß wöchentliche Sterberaten um die 2500 immer wieder vorkamen (1994, 1996, 2010). In beiden Fällen geht es um die Gesamtsterblichkeit pro Woche.[116]

(Graphik oben 2016 – 2020 / Graphik unten 1994 – 2010)

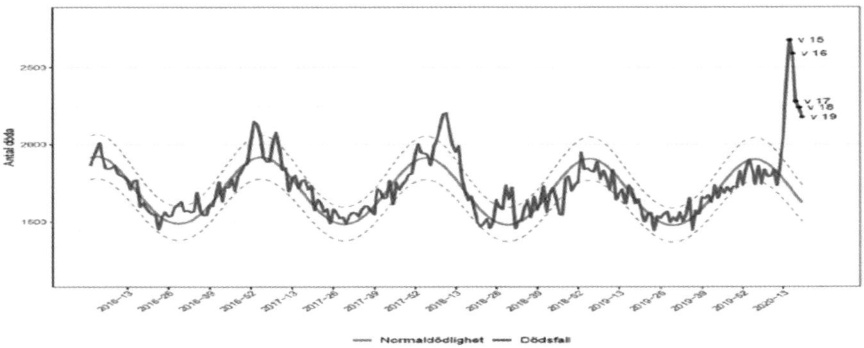


Figure 7. Crude Weekly Mortality, Weekly Influenza Diagnoses, and Estimated Mortality Without Influenza-related Excess, 1994-2010

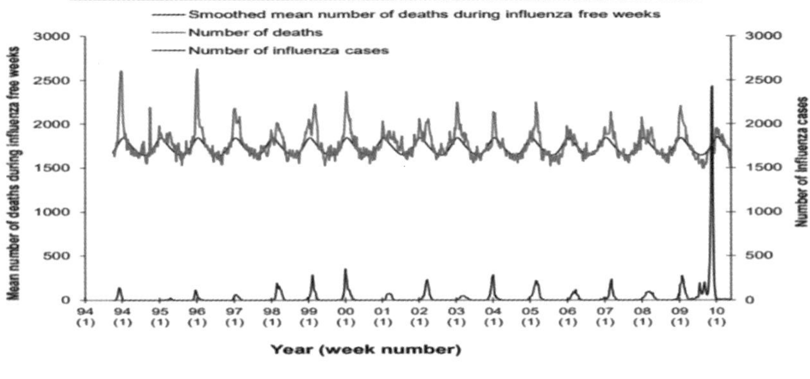


In Anbetracht dieser Zahlen und Überlegungen, schließe ich mich nicht der Meinung an, daß Schweden ohne Lockdown schlechter gefahren ist als Länder mit Lockdown.

## Intubation

Anfangs April melden sich immer mehr Pneumologen und Intensivmediziner, daß viel zu häufig, ja fast standardmäßig intubiert werde. Patienten die zu tiefe Sauerstoffwert haben, würden fälschlicherweise als Lungenversagen interpretiert. Diese Methode richte mehr Schaden an, als sie nützt. Dagegen zeige eine sanfte Sauerstofftherapie sehr gute Erfolge.[117]

Auch Amerikaner vermelden, daß das bisherige Therapieschema zur Behandlung von COVID-19 mittels Intubation falsch sei. Der Pneumologe und Chefarzt Paul Marik, MD ruft dringend dazu auf Intubation zu vermeiden und empfiehlt eine Stufentherapie, mit einem milden Ansatz bis zu einer Sauerstoffbeatmung. Das von ihm referenzierte COVID-19 Management Protokoll wird regelmäßig überarbeitet.[118]

Ohne sich explizit gegen die Leitlinie der Intubation bei COVID-19 Patienten auszusprechen, berichtet auch DocCheck kritisch über die Intubation. Die Sterberate ist mit 86% extrem hoch. Das Lungengewebe ist auch bei überstandener Intubation nachhaltig geschädigt. Die mechanische Belastung und der Überdruck sind hohe Belastungen für das empfindliche Lungengewebe, welches eine sehr lange Regenerationszeit erfordert. Dies hat nichts mit einer Schädigung durch eine COVID-19 Infektion zu tun, was die Medien ebenfalls sehr häufig so und damit falsch, darstellen.[119]

Das Lancet veröffentlicht ebenfalls einen Artikel über den zweifelhaften Nutzen der Intubation. Er setzt sich mit der kritischen Situation auseinander, daß die Intubation primär zum Schutz des Spitalpersonals erfolgt, welches sich von einer Ansteckung durch Aerosole fürchtet, jedoch für den Patienten keinen Nutzen – eher eine Schädigung – bringt. Es soll nicht darum gehen, das Spitalpersonal anzuklagen. Es hat ein Recht darauf, sich zu sichern. Die Unterlassungen[120], die hier erwähnt werden müssen, sind:

1. Untersuchung des Risikos der Übertragbarkeit der Aerosole
2. Genügend Schutzausrüstung für das Personal
3. Schonendere Behandlung der Patienten

## Kritik an Maßnahmen

Es soll hier im Wesentlichen um Maßnahmenkritik aus medizinischer Sicht gehen. Die Maßnahmen sind eine Zumutung für die Menschen. Schon Ende März warnte der argentinische Virologe Prof. Pablo Goldschmidt vor völlig übertriebenen totalitären Maßnahmen.[121]

Mitte April berichtet die englische „The Times“, daß durch die COVID-19 Maßnahmen deutlich mehr Menschen sterben als durch COVID-19 selbst:

*„Die Zahl der Todesfälle über dem Fünfjahresdurchschnitt lag mit mehr als 6.000 weit über der Zahl der Todesfälle im Zusammenhang mit Coronaviren (3.475).“* [122]

Die deutsche Initiative für Pflegeethik kritisiert die Isolation und Intensivpflege von Pflegebedürftigen. Die Isolation lässt sie verkümmern und depressiv werden, dies erhöht die Sterblichkeit. Ebenso die Intensivpflege diene nicht dem Wohl der Patienten. Diese Maßnahmen seien gefährlicher als COVID-19.[123]

In Österreich droht die Ärztekammer einem Kollegen mit Berufsverbot, der COVID-19 für nicht schlimmer als eine Grippewelle hält. Österreich zählt halb so viele Todesfälle wie die Schweiz, ist demnach weit von einer besorgniserregenden Lage entfernt. Trotzdem wird gegenüber anders Denkenden knallhart reagiert. Es muss sich jedoch nicht einmal die Regierung die Finger schmutzig machen, die „Kollegen“ übernehmen scheinbar die „Eingliederungsmaßnahmen“ in den Commonsense selber.[124]

### Maßnahmen verhindern den Aufbau einer Immunität

Zitat aus der Hamburger Morgenpost:

*„Kitas und Schulen sollen möglichst bald wieder geöffnet werden, damit Kinder und ihre Eltern durch eine Ansteckung mit dem Coronavirus immun werden können. Das fordert der UKE-Infektiologe Dr. Ansgar Lohse in der „Bild“-Zeitung. Die Fortdauer der strikten Maßnahmen würde zu einer Wirtschaftskrise führen, die ebenfalls Menschenleben kostet, so der Mediziner.“* [125]

Wer COVID-19 überstanden hat, hat eine Immunabwehr erworben! Zunehmend wollen Medien und Politiker dies in Abrede stellen. Prof. Vernazza zeigt aber ganz klar auf, daß die Abwehr funktioniert. Was ist denn mit den Berichten, daß Patienten, die COVID-19 überstanden haben, erneut an COVID-19 erkranken? Diese Patienten zeigen im Labor nachweisbares COVID-19, jedoch keine Symptome. Das zeigt also, daß nach erneuter Ansteckung die Immunabwehr funktioniert. Die Frage sei an dieser Stelle erlaubt, weshalb die Politiker so darauf drängen, Ansteckungen in der ganzen Bevölkerung (nicht nur für die Gefährdeten) zu verhindern, bis ein Therapeutikum oder ein Impfstoff da ist? Wer profitiert von dieser WHO Strategie?

Am 21.04.2020 zeigt die Schweizer Tagesschau ab Minute 5, daß die Ansteckungsrate vor dem Lockdown bei 1 stand. Prof. Vernazza erklärte, daß dies durch die einfachen Hygiene-Maßnahmen gelang. Tanja Stadler, eine

Mathematikerin der ETH, die sich mit Zahlen und Computermodellen beschäftigt, durfte widersprechen. Der Virologe wird also von der Theoretikerin ausgestochen.[126]

Auf seinem Blog bekräftigt Prof. Vernazza nochmals, daß wir praktisch real-time sehen, was mit der Infektion passiert, daß die Hygienemaßnahmen ausreichen und auch die Spitalkapazitäten für weitere Infizierte genügen würden.[127]

Eine neue Modellrechnung aus der Princeton University wurde publiziert. Sie zeigt, daß die fehlende Immunität – durch Lockdown und Ausgangssperren verschuldet – der Bevölkerung unter Umständen einen Rückgang von COVID-19 im Sommer verhindert. Berücksichtigt wird dabei neben der Immunität auch die Luftfeuchtigkeit. Höhere Luftfeuchtigkeit würde die Verbreitung eindämmen, gemäß diesem Modell spielt jedoch die fehlende Bevölkerungs-Immunität die wichtigere Rolle.[128]

### Maßnahmen führen zur Übersterblichkeit?

Ich möchte hier mein Erklärungsmodell wiederholen, bei dem die Maßnahmen Grund für eine erhöhte Mortalität sein können. Die Medien berichten ja, daß das Euro-Mortalitäts-Monitoring (euromomo.eu) einen eindeutigen Peak nach oben in der Sterblichkeit wegen der COVID-19 Pandemie zeigt. Das stimmt für einige Länder in Europa. Der kausale Zusammenhang mittels Verstorbenen an COVID-19 wurde jedoch nicht nachgewiesen.

Die auf den Graphiken Seiten 65 und 66 aufgeführten Länder haben alle einen besonders harten Lockdown mit Ausgangssperren und einem besonders rigiden Vorgehen der Polizeikräfte durchgeführt. Sie weisen eine besonders niedrige Zahl an Intensivbetten und in den letzten Jahren einen hohen Abbau von Pflegepersonal auf.

Wie man es in den Medien lesen konnte, uns jedoch auch aus persönlichen Quellen zugetragen wurde, verkümmern alte Menschen in Pflegeheimen und sterben, weil sie verständlicherweise den Willen zum Leben verlieren. Die Selbstmordrate allgemein steigt. Viele Leute trauen sich nicht mehr ins Spital aus Angst vor der restriktiven Polizei, Infektion oder beidem. Diese Zahlen liegen nicht im Detail vor. Der Beweis, daß die erhöhte Mortalität an COVID-19 Verstorbenen liegt, fehlt jedoch ebenfalls. Die zunehmenden Berichte aus diversen Medien sowie die inhärente Logik der Sachlage, überzeugen mich, die Übersterblichkeit den zahlreichen Auswirkungen der Maßnahmen zuzuschreiben. Im Moment liegt keine Evidenz vor, welche meine Schlussfolgerung als falsch darlegen würde.

## Kinder sind nicht ansteckend

Kinder sind nicht gefährdet durch COVID-19. Sie sind keine Überträger, eher im Gegenteil. Sie werden von Erwachsenen angesteckt. Dies stellt die WHO selbst fest.[129]

Den Kindern wurde durch die COVID-19 Maßnahmen insbesondere Schaden zugefügt. Ihre natürliche Bewegungsfreiheit und ihr Bedürfnis mit anderen Kindern zu spielen wurde eingeschränkt, obwohl von Anfang an klar war, daß sie weder gefährdet noch Verbreiter sind. Ein exemplarisches Beispiel:

Ein Kind mit COVID-19 hatte zu 172 Menschen Kontakt. Alle Personen wurden getestet und sämtliche waren COVID-19 negativ.[130]

Leider gibt es Alarmisten wie Prof. Drosten, welche das ausschließliche Gehör bei der deutschen Regierung genießen. Just in dem Moment, als Schulen wieder geöffnet werden, publiziert Prof. Drosten Beobachtungsdaten, welche bei allen Bevölkerungsgruppen eine ähnliche Virenlast (Virenkonzentration) zeigen, also auch bei Kindern. Der Schweizer Infektiologe Prof. Vernazza kritisiert Drostens Publikation wie folgt:

*„Der erste Kritikpunkt ist, daß in COVID-19 die nicht Peer-Reviewten Veröffentlichungen explodieren. Studien müssen von Fachkollegen/Spezialisten kritisch gegengelesen und Schwächen diskutiert werden, was man Peer-Review nennt. Dies war in Drostens Veröffentlichung nicht der Fall."*

Dann kommt die Interpretation Drostens, der von der Virenlast direkt auf die Infektiosität schließt. Gemäß Prof. Vernazza spielen für die Infektiosität jedoch noch viele andere Faktoren eine Rolle. Als Spezialist in dem Bereich mit langjähriger Forschungserfahrung auf dem Gebiet HIV, weiß er, wovon er spricht.[131]

Hier lassen wir nochmals den Infektiologen Dr. Ansgar Lohse zu Wort kommen: Kitas und Schulen müssen möglichst schnell geöffnet werden, damit Kinder und Eltern auf natürliche Weise eine COVID-19 Immunität erwerben![132]

## Symptome spezifisch?

Die Medien versuchen immer wieder COVID-19 spezifische Symptome wie besonders schwere Lungenentzündung mit bleibenden Schäden zu vermitteln, was, wie wir gesehen haben, der Intubation geschuldet ist. Dann berichten sie, daß COVID-19 neurologische Störungen wie Geruchs- oder Geschmacksverlust auslöst. Manchmal wird noch erwähnt, daß dies temporär ist. Tatsache ist jedoch, daß diverse virale Infekte, z.B. Herpes-, Polio-, Adeno-, Parainfluenza Viren und viele mehr diese vorübergehenden nervlichen Störungen auslösen können.[133]

Ein Artikel aus dem Lancet zeigt, daß es für COVID-19 nicht nur akutes Lungenversagen als Todesursache gibt, sondern diverse Organversagen.[134]

Eine Fachärztin kommentiert dies wie folgt:

*„Die Patienten versterben an allen möglichen Organversagen. Das ARDS (acute respiratory disease syndrome) macht da nur einen sehr kleinen Teil aus, was die Menge der benötigten Beatmungsplätze relativiert. Eine Endotheliitis ist bei viralen Infekten gang und gäbe. Das macht COVID-19 nicht besonders. Die meisten viralen Erkrankungen, allen voran die schwerwiegenderen wie Influenza, EBV, CMV etc. verursachen Hepatitis, Konjunktivitis, Enteritis, Tonsillitis, Nephritis, Pneumonie, Endokarditis etc. und neurologische Störungen von Geruchs- über Geschmacksstörungen bis hin zu Paresen (teilweise Lähmung). Eine spezifische Behandlung gibt es nicht. Die Menge an unterschiedlichen Substanzen, die ausprobiert wurden (ohne Studiendesign, Ethikkommission etc.) ist beeindruckend. Falls dabei etwas Brauchbares gegen COVID-19 gefunden wird, wird es wahrscheinlich auch bei allen anderen Virusinfekten einen Effekt zeigen. Das wäre zumindest ein positiver Aspekt. Ein weiterer ist, daß das Verständnis der Pathogenese und der Endothelfunktion für sämtliche Gefäßerkrankungen ein Game Changer werden könnte."*

Es gibt kein Symptom, das zweifelsfrei auf COVID-19 schließen lässt. Es sind die Virentests, deren Genauigkeit von schlecht bis geht so reichen. Es sind bestimmte Zytokin Werte, die erhöht sind, die aber auch andere Ursachen haben können. Kurz, COVID-19 ist nicht so aussergewöhnlich, einmalig und neu, wie man uns glauben machen will.

## Impfentwicklung

Am 16.03.2020 entschieden die G7, den globalen Fonds der Weltbank zur Bekämpfung von AIDS, Tuberkulose und Malaria zugunsten der COVID-19 Impfforschung anzuzapfen. Weitere Sponsoren, nebst dem Weltbank Fonds, stammen aus philanthropischen Mitteln (gemeint ist die Bill & Melinda Gates Stiftung) und privaten Zuwendungen. Die Impfungen sollen dann unter Notfallbestimmungen in den verschiedenen Ländern zur Anwendung kommen. Diese Formulierung lässt offen, ob diese Notfallbestimmungen die Zulassungsanforderungen senken, Zwangsimpfungen oder beides meinen.[135]

Später wird klar, daß die Freigabekriterien zu Studien gesenkt wurden, wie auch die Zulassungshürden für die Impfungen.

Pfizer und Biontech haben klinische Studien mit 4 RNA-Impfstoffkandidaten am Paul-Ehrlich-Institut (PEI), Deutschland gestartet (Genehmigung 22.04.2020 erteilt). Dank intensiver wissenschaftlicher Beratung seitens Biontech konnte das Paul-Ehrlich-Institut Prüfverfahren zur Studienzulassung in vier Tagen abschließen! Dies ist der Unterschied zu DNA-Impfstoffen, sie werden nicht in den Zellkern transportiert und sollen genauer dosierbar sein. Die Firmen hoffen, bald hunderte von Millionen Impfdosen herstellen zu können.[136]

Die Immunologie Seite Trillium berichtet folgendes über RNA-Impfstoffe:

*„Darüber hinaus können sich mRNA-Vakzine nicht ins Wirtsgenom integrieren. Im Vergleich zu viralen Vektoren generieren mRNA-basierte Impfstoffe keine infektiösen Partikel und sind aufgrund ihres Designs nicht in der Lage, eine Immunantwort gegen den Vektor zu induzieren [5, 7]. Jedoch sind auch im Feld der mRNA-Vakzine noch einige Hürden zu überwinden. So ist z.B. nackte mRNA sehr instabil und muss vor Verabreichung noch formuliert werden. Für viele dieser Formulierungskomponenten wurden bislang keine klinischen Toxizitätsprofile publiziert. Zudem ist die Rolle der angeborenen Immunantwort bei mRNA-basierten Impfstoffen sehr komplex. Während eine ausgewogene mRNA-induzierte systemische Typ-1-Interferonantwort eine starke adaptive Immun-antwort fördert, kann sich eine übermäßige Induktion negativ auf die Expression und Immunogenität der mRNA auswirken [3, 5, 8].“*[137]

Bis dato sind keine mRNA-Impfstoffe auf dem Markt, gemäß meiner Nachfrage am Kantonsspital St. Gallen, Abteilung Infektiologie. Der COVID-19 mRNA-Impfstoff wird demnach ein globaler Feldversuch mit einer komplett neuen Wirkweise eines Impfstoffes sein!

Was auch bekannt sein sollte, ist, daß mRNA Impfstoffe zusammen mit DNA- und Vektorimpfstoffen zu den genbasierten Impfstoffen gehören. Gensequenzen des Virus werden dem Immunsystem präsentiert, welches dann Antigene produziert. Da das Immunsystem dann diese Antigene selber wie eine Kopiermaschine produziert, kann man unter dem *„Gentechnikgesetz oder der Biostoffverordnung unter reduzierten Sicherheitsbedingungen arbeiten"*, so Prof. Dr. rer. nat. Klaus Cichutek, Präsident des Paul-Ehrlich-Instituts (PEI) in Langen.[138]

Man müsste jedoch eine Bevölkerung, welche genmanipulierte Lebensmittel bis anhin ablehnte, nach einer transparenten Information fragen, ob sie nun flächendeckend mit genbasierten Impfstoffen behandelt werden will. Ebenso ob dies mit der schweizerischen oder deutschen Gesetzgebung kompatibel ist. Weiter muss der Impfstoff mit Substanzen versetzt werden, welche die instabile mRNA zu stabilisieren vermögen und Adjuvantien, welche eine Immunantwort auslösen. Über diese Zusatzstoffe und deren Verträglichkeit ist bis dato nichts bekannt. Das Thema wird uns im Kapitel „Wer profitiert?" nochmals begegnen. Ähnliche Impfentwicklungsprogramme laufen noch bei diversen anderen Firmen wie GlaxoSmithKline, Sanofi, Merck, etc.

## Hat der Lockdown die Bevölkerung geschützt?

Es ist klar, daß die Regierungen angesichts der Dimension und der Kosten wirtschaftlicher, demokratischer und freiheitlicher Natur nichts anderes behaupten können. Auch die Wissenschaftler und Medien, welche diese Richtung vertreten, werden kaum etwas anderes argumentieren können.

Können Ansteckungen reduziert werden, indem man Menschen isoliert, sie auf Abstand zueinander hält, den Kontakt untereinander reduziert? Die einfache Antwort lautet ja, und dies ist dem Laien auch plausibel vermittelbar, es ist nachvollziehbar, es ist der saure Apfel, in den man beißen muss.

Die einfache Rechnung wäre: Wenn wir schon mit Lockdown so viele Tote haben, wie bei einer schweren Grippewelle, so hätten wir ohne Maßnahmen das Vielfache an Todesfällen gehabt.

Zu diesem Argument sei an die Zählweise der COVID-19 Verstorbenen erinnert, die mäßige Zuverlässigkeit der Tests, aber auch an jene Toten, welche den Maßnahmen geschuldet sind.

Alle müssen ihre Bewegungsfreiheit einschränken, um die Gefährdeten zu schützen! So wurde es uns verkündet. Die Aussage kann man auch umdrehen. Was haben Gefährdete davon, wenn sich die anderen einsperren? Können sie sich dadurch freier bewegen? Die Antwort ist klar nein! Wer eine Ansteckung mit COVID-19 vermeiden will, muss sich in Selbstisolation begeben, denn jeder Kontakt mit anderen Menschen birgt ein Ansteckungsrisiko. Wie die bisher aufgeführten Daten und Expertenerklärungen zeigen, ist sogar das Gegenteil der Fall. Durch den Lockdown wurde die gesunde Bevölkerung zu wenig immunisiert, was eine wiederkehrende größere Verbreitung des Virus erleichtern würde.

### Flatten the Curve

Das Argument, die Ansteckungen zu glätten (niedrig halten und in die Länge ziehen), daß durch eine schnell ansteigende Zahl an Infizierten das Gesundheitssystem kollabieren würde, hat sich in diversen Ländern verflüchtigt. Die Spitäler in den deutschsprachigen Ländern waren zu keinem Zeitpunkt überlastet, und praktisch alle mussten Kurzarbeit anmelden oder konnten Überstunden abbauen. Nur in wenigen Regionen (Lombardei, Madrid, einigen Spitälern in Frankreich) kam es kurzzeitig zu Überlastungen. Die Ursachen wie Abbau im Gesundheitswesen, schon frühere Überlastungen haben wir benannt. Überlastungen konnten durch regionalen und internationalen Ausgleich (Patientenverlegung) bekämpft werden. Die Spitalärzte sagen, daß ein vorsorgliches Zurückfahren des Spitalbetriebs unnötig ist. Wenn es plötzlich zu Überlastungen kommt, können sie sehr schnell unnötige Operationen verschieben, nicht akute Patienten nach Hause schicken und ambulant betreuen. Diese Situationen seien bekannt, damit könne man umgehen.

### Reproduktionszahl R

Die Ansteckungsrate R (Reproduktionszahl des Virus) wurde als wichtiges Kriterium für den Lockdown genannt. Man will die Ansteckungen senken, weil das Virus gefährlich sei und man eben die Spitalüberlastung vermeiden will.

Das Robert Koch-Institut (RKI), wissenschaftliche Instanz in Deutschland für COVID-19, veröffentlichte in seinem Epidemiologischen Bulletin, daß Mitte März, als Deutschland seine Schulen schloss und ein paar Tage später, als die

Restaurants und Läden geschlossen wurden, die Reproduktionszahl 1 bereits erreicht war[139] (siehe Graphik). Ein Patient steckt nur noch eine weitere Person an. Dies ist entscheidend wichtig! Denn somit wurde die Verbreitung durch den Lockdown kaum mehr gestoppt, das Thema „Flatten the Curve“ ist damit ebenfalls abgehakt. Man hätte sich auf Händewaschen, Ellbogenniesen beschränken und dem Leben seinen Lauf lassen können. Die Kräfte der Regierung und der Gesundheitsinstitute hätten sich dem Virus widmen können, dessen Gefährlichkeit besser untersuchen und allfällige kleine Verbesserungen im Gesundheitswesen vornehmen können.

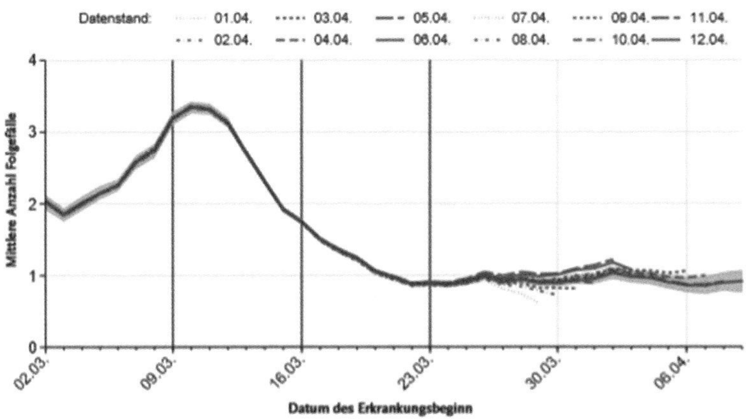


Abb. 5 | Vergleich der Schätzung der effektiven Reproduktionszahl R für eine angenommene Generationszeit von 4 Tagen zu unterschiedlichen Datenständen. Die schwarz hervorgehobenen vertikalen Linien kennzeichnen den Start der in Tab. 1 (S. 15) genannten Maßnahmen am 9. März, 16. März und 23. März 2020.

In der Schweiz liegen die genau gleichen Zahlen vor. Die Reproduktionszahl R lag am 13. März bei 1, der Lockdown setzte am 17.03.2020 ein. Unglücklich nur, daß die ETH, von der diese Berechnung stammte, titelte „Die Maßnahmen zeigen Wirkung“. Richtig wäre „Dank der niedrigen Reproduktionszahl machen wir einen Lockdown“. Nur würde das keinen Sinn ergeben. Die ETH reichte später eine neue Berechnung nach, bei der R am 17.03.2020 noch bei 1,2 lag, dafür anschließend deutlich auf etwa 0,7 fiel. Man darf dies als Gefälligkeit an die Regierung betrachten.[140] Zu sehen in den beiden Graphiken unten.

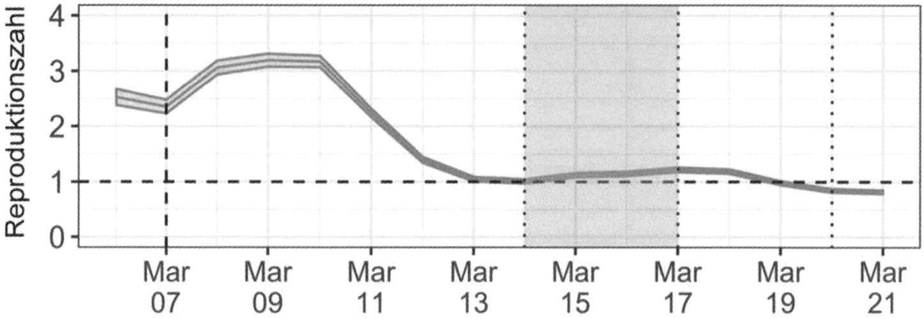


**Die Entwicklung der effektiven Reproduktionszahl**
So viele Personen steckt ein Infizierter an

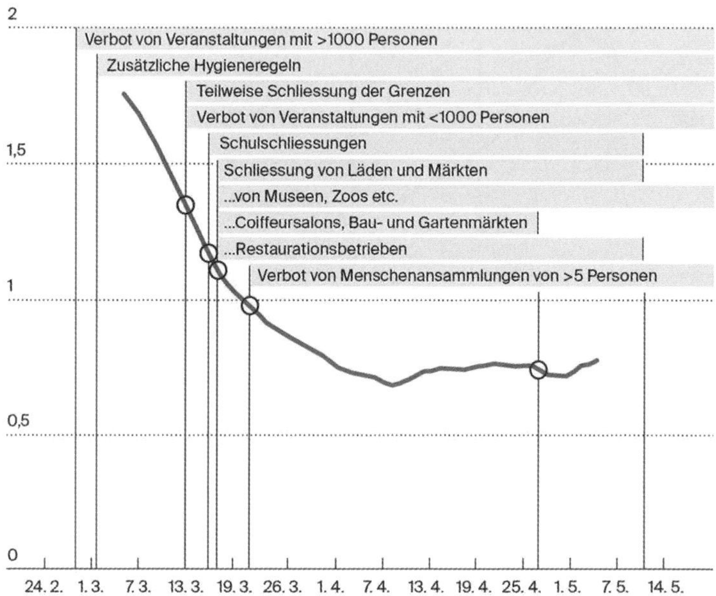


Neuinfektionen werden nach etwa zehn Tagen festgestellt. Diese Verzögerung ist in der effektiven Reproduktionszahl rechnerisch berücksichtigt. Sie zeigt den Stand der Epidemie am jeweiligen Tag an.

Quelle: ETH-Studie; Redaktion: mau; Grafik: lsi

## WHO Manual

Interessanterweise liegt ein WHO Dokument vor, welches sämtliche angewendeten Maßnahmen enthält und deren Wirkung auf die Verbreitung eines Virus bewertet, sprich ob es Beweise für deren Wirksamkeit gibt. Die meisten Maßnahmen werden bewertet mit „es bringt kaum etwas“ oder „Evidenz nicht vorhanden“ (Slides 13 - 18). So kann einem die Realität vorkommen wie eine globale Studie der vorgeschlagenen Maßnahmen. Denn natürlicherweise kann es für viele Maßnahmen keine in der Wirklichkeit getesteten Kenntnisse geben. Weshalb nun die Wirkungen der Maßnahmen getestet werden.[141]

## Zweite Welle

Von Anbeginn der COVID-19 Krise wird von einer möglichen zweiten Welle gesprochen. Dieses Szenario wurde nicht genau ausdefiniert, jedoch medial als bedrohlich und unbedingt zu vermeiden dargestellt. Das Problem dabei ist, daß diese zweite Welle wie ein drohendes Damoklesschwert in der Luft schwebt und Politiker damit drohen, daß die Maßnahmen wieder verschärft würden, wenn die Bevölkerung sich nicht wohlgefällig verhalte. Das Ganze kommt einem sehr nach einer schlechten Form der Kleinkinderziehung vor.

### Fehlende Definition

Dabei ist die zweite Welle nicht definiert! Was ist die zweite Welle?

Wie viele Neuinfektionen auf 100.000 Einwohner definieren eine zweite Welle? Merkel meinte 50 auf 100.000, was ziemlich willkürlich ist. Woher stammt die Zahl? Welcher Anteil an Testpositiven definiert eine zweite Welle? Sind es 10% oder 15%? Müssen bis dahin validierte, zuverlässigere Tests angewendet werden?

Spielt die Anzahl der Todesfälle an COVID-19 eine Rolle oder wiederum nur in Zusammenhang mit COVID-19 Verstorbene? Werden in die Todesfallrate wiederum auch Verdachtsfälle einfließen?

Allein die Falsch-Positiv-Rate der fehlerhaften Tests kann zur Ausrufung einer zweiten Welle führen, wenn genügend getestet wird. Dazu benötigt es, je nach Testverfahren, nicht einmal besonders viele Tests.

Wird die Gefährlichkeit von COVID-19 nun auf diese Weise untersucht, und fließt dann das Resultat in eine mögliche Ausrufung der zweiten Welle? Anhand der bis hierhin gezeigten Daten dürfte die Gefährlichkeit zur Ausrufung einer Pandemie nicht gegeben sein und schon gar nicht für eine zweite Welle.

Wie sieht es mit Mutationen aus: Covid-20, Covid-21, etc.? Reicht eine im Labor festgestellte Mutation des Virus aus, um eine zweite Welle auszurufen ohne Verbreitung und Gefährlichkeit festgestellt zu haben?

All diese Fragen bleiben unbeantwortet, und die Öffentlichkeit wird in Unsicherheit und Angst gehalten.

### Willkür

Das Unterlassen einer Definition, das Fehlen einer wissenschaftlichen Aufarbeitung und eine kritische Analyse bleiben aus. Was bleibt, ist die Möglichkeit, vollkommen willkürlich eine zweite Welle auszurufen und wiederum Maßnahmen zu verhängen. Möglicherweise werden sie von neuer Art sein. Die Schweizer Tagesschau vom 24.05.2020 tönt so etwas an. Wer ruft die zweite Welle aus? Die WHO, oder werden es einzelne Regierungen sein?

Dem Bürger wird der Eindruck vermittelt, daß Ärzte und Wissenschaft mit den Einschätzungen und politischen Maßnahmen einig sind. Nur eine kleine Schar mit Politik und Wirtschaft engstens verbundenen Wissenschaftlern deckt jedoch die politischen Maßnahmen. Eine sehr große Schar an Medizinern und Wissenschaftlern kritisiert diese, findet jedoch kaum mediales Gehör. Siehe dazu die Liste im Anhang.

## „Schutzmasken"

Deutschland führte mit den Lockerungen, als die erste Welle vorbei war „Schutzmasken"-Pflicht ein. Allerdings in jedem Bundesland mit anderen Vorschriften. In der Schweiz behaupteten Bundesrat Berset und der BAG Beauftragte Dr. Daniel Koch lange, daß „Schutzmasken" nichts oder kaum nützen. Dennoch führte die Schweiz am 06.07.2020 Maskenpflicht im öffentlichen Verkehr ein. Dies jedoch ausschließlich auf Druck der Medien und deren zweifelhaften Umfragen. Die portierten Mehrinfektionen sind alleine dem erhöhten Testen und Tracing zuzuschreiben. Ende Juni und Anfang Juli beträgt der Anteil der positiv Getesteten circa 1%. Dies ist deutlich tiefer als die Fehlerquote der Tests, wie wir unter Abschnitt 3 in diesem Kapitel gesehen haben.

Ein kontrollierter Versuch ergab, daß sowohl Baumwoll- als auch chirurgische Masken SARS-CoV-2 Viren durchlassen. Es wurden an der Außenfläche der Maske sogar mehr Viren gefunden als an der Innenseite.[142] Am 07.07.2020 wurde die Studie wegen eines geringfügigen Rechenfehlers zurückgezogen. Die Forscher wollten die Studie nochmals neu durchführen und veröffentlichen, was ihnen das Journal verweigerte.

Jedoch stellte auch das Fraunhofer Institut fest, daß Masken schon bei geringer körperlicher Belastung alle 30 Min. gewechselt werden müssten.[143] Eine weitere Studie zeigt, daß nach 30 Min. der $CO_2$ Gehalt im Blut ansteigt.[144] Jeweils eine Studie zeigt ein erhöhtes Infektrisiko bei Stoffmasken[145] und einen Anstieg von Bakterienherden bei chirurgischen Masken nach 2 Stunden.[146]

Am 06.04.2020 schrieb die WHO in ihrem Papier „Advice on the use of masks in the context of COVID-19“, es gäbe keine Evidenz, daß das Tragen von Schutzmasken der Gesellschaft einen Nutzen bringen würde. Am 05.06.2020 gab es dazu ein Update, welches keine entgegengesetzte Aussage enthielt.[147]

Nebst dem in Frage stehenden Schutz der Masken haben sie auch klar negative Wirkung. Das Ausatmen beinhaltet auch eine Entgiftungsfunktion. Mit der Luft, die wir ausatmen, stoßen wir Viren und Bakterien aus, wir entsäuern, entledigen uns von Abbaustoffen, Toxinen, etc. Wird beständig eine Maske getragen, bildet sich dort eine Konzentration dieser Giftstoffe, die wir wiederum einatmen. Viren, Bakterien und Pilzen bietet das feucht/warme Medium den idealen Nährboden sich zu vermehren, und wir atmen diese Giftstoffe ein. Zudem atmen wir eine erhöhte $CO_2$ Konzentration ein, welche ermüdet sowie die Konzentrations- und Leistungsfähigkeit senkt.

## Fazit

Die medizinisch/wissenschaftlichen Erkenntnisse sind damit sicher nicht abschließend behandelt. Was die bisherigen Daten zu den abgehandelten Themen jedoch sehr klar zeigen, ist, daß die COVID-19 Doktrin, welche uns von Politik und Medien verkauft wird, nicht zu halten ist. Neue und vor allem unabhängige Daten zeigen immer klarer auf, daß es sich bei den Maßnahmen um einen Fehlalarm handelt.

Ob die Situation durch Interessen ausgenutzt wird, werden wir in den kommenden Kapiteln anschauen. Es wird klar werden, daß Akteure mit Einfluss dabei eine Rolle spielen. Wie weit ein Plan dahinter steht oder die Gelegenheit genutzt wird, um andere Agenden zu verfolgen, muss schlußendlich jeder für sich selber beantworten.

# Die WHO

## Ausrufung einer Pandemie

Wenn die WHO eine Pandemie ausruft, hat dies Einfluss. Die Staaten, bzw. die Politiker werden sich so einem Entscheid nicht entgegenstellen. Pandemiepläne, Gesetze und allenfalls Ausrufung von Notstand rollen an.

Schauen wir uns die aktuellen Pandemiestufenpläne der WHO an:

1. Phase: Beim Menschen wurde kein neuer Virus-Subtyp entdeckt, jedoch wurde ein beim Menschen umlaufender Subtyp auch in Tieren nachgewiesen. Das Risiko des Übergangs vom Tier zum Menschen wird als gering bewertet.
2. Phase: Beim Menschen wurde kein neuer Virus-Subtyp entdeckt, jedoch bewirkt ein in Tieren umlaufender Subtyp ein erhebliches Risiko von Erkrankungen beim Menschen.
3. Phase: Beginn der Alarmphase. Vereinzelt werden Menschen von einem neuen Subtyp infiziert, die zum Beispiel unabhängig voneinander Kontakt zu infizierten Tieren hatten. Eine Übertragung von Mensch zu Mensch ist sehr selten und tritt allenfalls bei engem Kontakt zu einem Infizierten auf.
4. Phase: Örtlich eng begrenzte Häufung(en) von Infektionen (zum Beispiel 25 Erkrankungen innerhalb von zwei Wochen) und begrenzte Mensch-zu-Mensch-Übertragungen sind dokumentiert, was jedoch nahelegt, daß der Subtyp nur unzureichend an den Menschen angepasst ist.
5. Phase: erhebliches Pandemierisiko. Größere Häufung(en) von Infektionen (zum Beispiel 50 Erkrankungen innerhalb von zwei bis vier Wochen) sind dokumentiert, Mensch-zu-Mensch-Übertragungen sind aber noch immer örtlich begrenzt (zum Beispiel auf abgelegene Orte oder Inseln oder auf Gemeinschaftseinrichtungen wie Universitäten und Kasernen), was nahelegt, daß der Subtyp zwar zunehmend besser an den Menschen anpasst, aber noch immer nur eingeschränkt von Mensch zu Mensch übertragbar ist.
6. Phase: Pandemie. Wachsende und anhaltende Übertragungen von Mensch zu Mensch in der gesamten Bevölkerung. Zu Phase 6 kommt dazu, daß die Ansteckungen in zwei Ländern der beiden WHO Regionen auftauchen müssen.

Wir leben in einer Welt voller Bakterien und Viren, die sich ständig verändern und mutieren. Deren Verbreitung ist ganz natürlich. Gehindert bzw. „harmlos" gemacht werden sie durch unsere Immunabwehr. Deshalb ist es auch völlig klar, daß sich neue Virenformen etwas schneller verbreiten als bekannte bzw. leicht abgeänderte Viren, bei denen unser Immunsystem eine Ähnlichkeit zu Bekanntem entdeckt. Auffallend ist, daß im ganzen Stufenplan die Gefährlichkeit kein Thema ist. Eine hohe Mortalität oder Invalidisierung durch den Infekt und eine damit zusammenhängende Erkrankung, findet keine Beachtung! In einer ARTE Dokumentation aus dem Jahre 2009 finden wir die Information, daß die frühere Anforderung zur Ausrufung einer Pandemie eine enorme Zahl von Todesfällen und eine Verbreitung in mehreren Staaten bedingte. Auch das Arzneimittel-Telegramm weiß, daß in der WHO Definition vom April 2009 die Anforderung „beträchtliche Zahl von Toten" unter den Tisch gefallen ist. Dies gerade rechtzeitig, damit die damalige Schweinegrippe als Pandemie ausgerufen werden konnte. Paul Flynn leitete in Sachen Schweinegrippe eine Untersuchung im Europarat gegen die WHO. Der Bund berichtete damals noch kritisch:

*„Scharf kritisiert wurde auch, daß die WHO im Juni 2009 wegen der Schweinegrippe die höchste Pandemiestufe 6 (weltweite Seuche) verhängt hatte, obwohl die Grippe relativ mild verlief. Flynn vom Europarat zeigte sich „perplex" über die Änderungen der Definition für eine Ausrufung der Stufe 6 - ohne Berücksichtigung der Zahl der Todesfälle. „Das Vertrauen der Menschen in Entscheide von Gesundheitspolitikern wurde damit untergraben", kritisierte er."*

Es wurden damals Vorwürfe laut, daß die Abänderung seitens WHO industriefreundlich war. Der damalige WHO-Sprecher konnte dem ARTE-Journalisten die Frage, weshalb der Pandemieplan geändert wurde, nicht beantworten. Klar ist: ruft die WHO eine Pandemie aus, fangen Politiker an zu handeln. Sie wollen Stärke zeigen und als Folge werden Gelder für Medikamente, Impfungen, etc. ausgegeben. Frontal21 berichtete, daß die Pharmaindustrie an der Schweinegrippe 2009 18 Mrd. $ verdiente. Das Arzneimittel-Telegramm berichtet weiter, daß schon 2004 die 16 Mitglieder des Emergency Committee über den Pandemieplan berieten. Diese Mitglieder bleiben anonym bis zur Veröffentlichung des Plans. Dadurch sollen sie geschützt werden. Allerdings wurden ihre Namen auch anschließend nicht bekannt gemacht. Letztlich hält das Telegramm fest, daß an den

Pandemieplänen Experten mit Interessenskonflikten durch Firmen mitgearbeitet haben.

Die Schweiz hat jedoch auch einen eigenen, nationalen Pandemieplan. Da heißt es am 31.10.2013 noch:

*„Im neuen nationalen Pandemieplan spielen Aggressivität und Übertragbarkeit des Virus weiterhin eine wichtige Rolle für die Bewältigung einer Pandemie."*

Nach diesem Wortlaut darf man zur Übertragbarkeit den Übertragungsweg und die Geschwindigkeit zuordnen und zur Aggressivität die Mortalität. Während im Influenza-Pandemieplan Schweiz 2018, S. 74 nur noch folgendes nachzulesen ist:

*„Grippe ist eine akute Infektionskrankheit. Jedes Jahr gibt es neue Ausbrüche von Influenza, die so genannte „saisonale" Influenza, deren Ausmaß unterschiedlich ist. Als Epidemie bezeichnet man eine unübliche Häufung einer Infektion in einer Population, die meist örtlich und zeitlich begrenzt ist. Unter Pandemie versteht man ein zeitlich begrenztes, weltweites, massiv gehäuftes Auftreten einer Infektionskrankheit. Die Schweiz ist in den letzten hundert Jahren fünfmal von weltweiten Influenza-Pandemien erfasst worden: 1918 „Spanische Grippe", 1957 „Asiatische Grippe", 1968 „Hongkong-Grippe" und 1977 die „Chinesisch-Russische Grippe", von welcher lediglich Kinder betroffen waren. Die Pandemie 2009, die anfänglich „Schweinegrippe" genannt wurde, stellte sich glücklicherweise als milde heraus (20 Todesfälle in der Schweiz)."*

Die Gefährlichkeit eines Grippevirus entfällt also. Dieser Maßnahmenplan aus dem Jahre 2018 enthält sämtliche Maßnahmen, die ab Mitte März 2020 in der Schweiz angewandt wurden. Dennoch lesen wir auf S. 43 folgende Einschätzung:

*„Eine flächendeckende Anordnung solcher Maßnahmen ist für „Worst-Case"-Szenarien nicht auszuschliessen, für moderate Lagen (Typ Pandemie 2009) aber eher unangemessen."*

Und S.44:

*„Die Verhältnismäßigkeit der Maßnahmen muss vor deren Einsatz sorgfältig geprüft und diese in den Kantonen nach einheitlichen Kriterien umgesetzt werden. Das heißt, daß das epidemiologische Umfeld in der Schweiz und im internationalen Kontext (Ort, Ausdehnung und Entwicklung der Herde,*

*Infektiosität, besonders betroffene Gruppen) sowie die Merkmale potenziell betroffener Veranstaltungen und Schulen berücksichtigt werden müssen.“*

Zusammengenommen kann man dies so verstehen, daß effektiv geschaut werden muss, welche Gruppen/Risikogruppen wie stark gefährdet sind und daß nicht alle gleichbehandelt werden können. Und Worst-Case Szenario bedeutet eben nicht, daß allein ein prognostisches Papier genügt, um diese Maßnahmen zur Anwendung zu bringen.

## Finanzierung der WHO

Die WHO finanziert sich aus den Beitragszahlungen der Mitgliedstaaten, sowie freiwilligen Zahlungen der Mitgliedstaaten und Spenden. Bei freiwilligen Mitgliedszahlungen der Staaten, können sie über den Verwendungszweck bestimmen. Deshalb werden lieber freiwillige Zahlungen als Mitgliedsbeiträge geleistet. Denn mit dem Bestimmen des Verwendungszwecks kann die eigene Industrie unterstützt werden. Die Spenden stammen von „Philanthropen“, Stiftungen und Privaten.

A70/40
Page 133

**Top 10 voluntary contributors to the Programme budget in 2016 and 2015 (US$ million)**

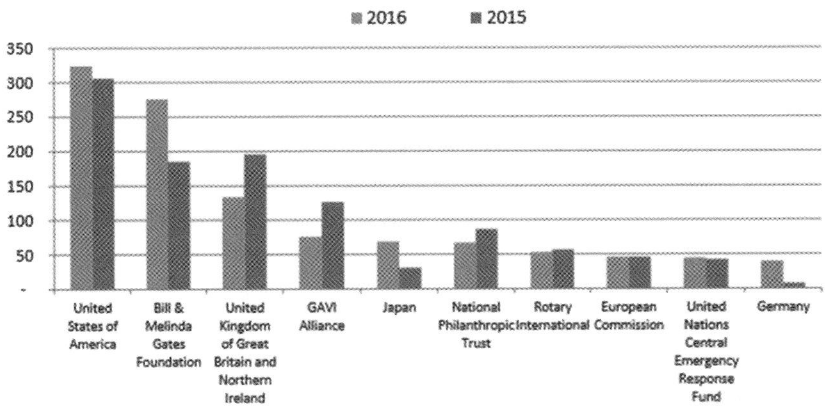


148

Gemäß der deutschen Tagesschau haben die Spenden der Bill & Melinda Gates Stiftung 2018 den Betrag von 600 Mio. $ erreicht. Wenn eine einzelne Person wie Bill Gates so reich und einflussreich ist, sollte man dem naiven Public Relation Image des Philanthropen nicht einfach leichtfertig Glauben schenken. Da man nicht einfach in den Menschen hineinschauen kann, um die

Motive zu lesen, folgen wir dem Geld. Dabei soll ihm nicht unterstellt werden, noch reicher werden zu wollen. Das Ehepaar Gates gründet im Jahr 2000 die Bill & Melinda Gates Stiftung, wo auch Warren Buffett gewichtiges Mitglied und Stratege ist und 2006 große Teile seines Vermögens einfließen ließ.[149] Diese Stiftung hat sich drei Ziele gesetzt:

1. Die Gesundheitsversorgung weltweit zu verbessern
2. Die Armut weltweit zu bekämpfen
3. Die Bildung zu verbessern

Bill Gates hat der Stiftung bereits etliche Male große Vermögen zukommen lassen, so daß sie mittlerweile über ein Stiftungsvermögen von mehr als 50 Mrd. USD (!) verfügt. Das macht die Bill & Melinda Gates Stiftung zur größten Privatstiftung der Welt. Wenn man jedoch die Projekte, die bei der WHO unterstützt werden anschaut und die kann man ja als größter privater Sponsor bestimmen, liegt der große Schwerpunkt auf Impfungen. Man kann auch genereller sagen, Erkrankungen, die medikamentös behandelt werden können. Denn die drei oben genannten Punkte könnten in den Regionen, wo besonders viel ausprobiert wird mit Impfungen (z.B. Afrika oder Indien), viel besser erreicht werden, wenn in Hygiene, sauberes Wasser und Bildung investiert werde würde, das dazu dient, sich in der eigenen Region besser versorgen zu können. Auf diese Weise könnte ein Vielfaches mehr erreicht werden als mit den interventionistischen Methoden der WHO und der Gates-Stiftung.

Am 12.04.2020 gab Bill Gates den deutschen Tagesthemen auf dem ARD-Sender ein Interview. Darin erklärte er, wie intensiv nach Impfstoffen gesucht werde und von derzeit acht Kandidaten schlussendlich einer auf den Markt kommen wird. Normalerweise würde die Entwicklung fünf Jahre dauern. Nun ist das ehrgeizige Ziel in 1,5 Jahren oder weniger einen Impfstoff auf den Markt zu bringen. Das kann nur durch Reduktion der Hürden für die Zulassung gelingen. Er gibt selbst zu, daß die Datenlage des Impfstoffes schlechter sein wird als üblich. Schlussendlich werden *wir*, sagt er, (wer ist „wir"?) die Impfung 7 Mrd. Menschen verabreichen, also der ganzen Menschheit. Er spricht davon, daß sie die größten Förderer von Impfstoffen sind und es eine globale Anstrengung benötige. Dabei benennt er auch gleich Firmen in die investiert werden soll: CureVac, Sanofi und Novovax. Dabei handelt es sich um Firmen, in welche Gates bereits investiert hat und eine Zusammenarbeit mit der Gates Foundation besteht. Der Journalist fragt, ob dann das Leben erst in

18 Monaten normal sein könne. Gates antwortet, daß die Restriktionen im Sommer etwas gelockert werden können, aber ein Leben, wie wir es vorher kannten, erst stattfinden könne, wenn der Impfstoff da ist oder ein Wundermittel auftauche. Was wird sich gemäß Bill Gates nach der Krise geändert haben?

1. Wir sind für die nächste Pandemie besser vorbereitet (die von der WHO gemäß dem dargelegten Pandemieplan ausgerufen wird).
2. Man hat jetzt gelernt, wie viel online getätigt werden kann. Dies werde sicher zu einem großen Teil bleiben (von dem der Gründer von Microsoft mitprofitiert).
3. Das Wirtschaftsleben werde gründlich aufgeräumt werden müssen (Kleinläden und Unternehmer sterben, während Online Oligarchen wie Amazon wachsen).

Am 13.04.2020 hielt Emanuel Macron eine Rede an die Nation. Dabei verlängerte er den Ausnahmezustand, Ausgangsverbote etc. bis zum 11.05.2020. Er erklärte dem Volk, daß es dann langsame Öffnungen verschiedener Bereiche geben würde, die noch zu benennen sind. Ein Leben wie vor der Corona Krise sei jedoch erst möglich, wenn eine Impfung da ist!

Wie kann es sein, daß Macron die Worte von Bill Gates für ganz Frankreich in die Realität umsetzt? Wer ist Bill Gates, daß er über die Therapie, die Behandlung, die Maßnahmen der ganzen Menschheit befindet? Ist er Arzt? Wurde er jemals demokratisch gewählt? Kommen wir zu den Finanzen.

## Finanzielle Verstrickungen der Bill & Melinda Gates Foundation

Die Daten zur Ansteckungsverbreitung und Todesfällen von COVID-19 werden im deutschsprachigen Raum, aber auch weltweit zu großen Teilen von der **Johns Hopkins Universität** bezogen. Diese Universität wurde mit einem Grant (nicht die einzige Spende an sie) über 20 Mio. $ aus der Bill & Melinda Gates Foundation versehen.

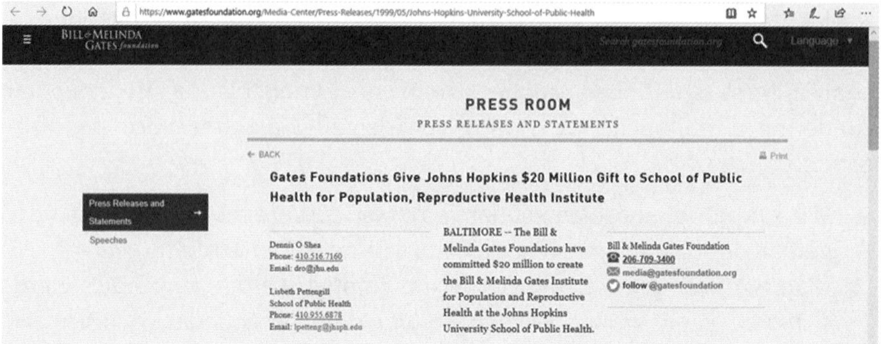


Am 18.10.2019 fand unter der Bezeichnung „Event 201" eine Corona Pandemieübung statt unter der Führung des Johns Hopkins Center for Health Security, dem Weltwirtschaftsforum (WEF) und der Bill & Melinda Gates Foundation. Es soll an dieser Stelle nicht behauptet werden, daß COVID-19 von bestimmten Kreisen in die Welt gebracht wurde. Hingegen ist die Nutzbarmachung für eigene Interessen eines noch nicht so bekannten, an sich nicht gefährlicheren Virus als die bekannten Influenza Viren, durch Hochpushen durchaus denkbar.

In Deutschland ist **Prof. Christian Drosten von der Charité Universitätsklinik Berlin** der maßgebende Berater von Gesundheitsminister Jens Spahn und der von den Medien mit Abstand meistzitierte Experte. Auch die Klinik von Prof. Drosten, sowie die Charité als Universitätsklinik werden mehrfach seitens der Gates-Stiftung gesponsert. Hier ein Beispiel über $ 249.550 für die Klinik von Prof. Drosten:

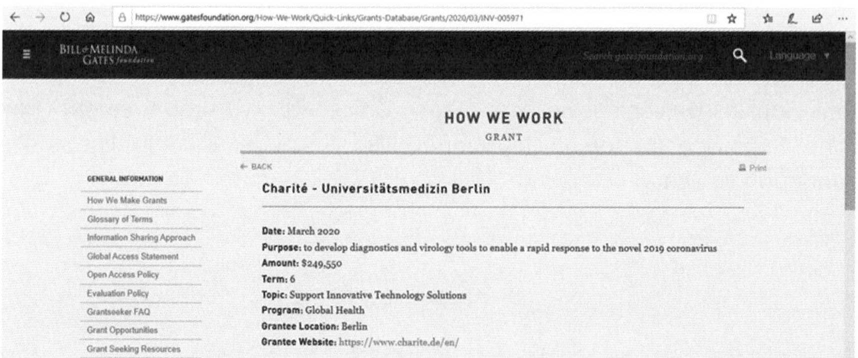


Und hier ein Bsp. über $ 86.181 für die Pneumologie. Man beachte dabei das Datum von Dezember 2019. Wurde der Betrag wirklich für die allgemeine

Forschung der Lungenabteilung überwiesen oder ging es spezifisch um die COVID-19 bedingten Lungenentzündungen? Wovon Prof. Drosten zu großen Teilen profitiert hätte.

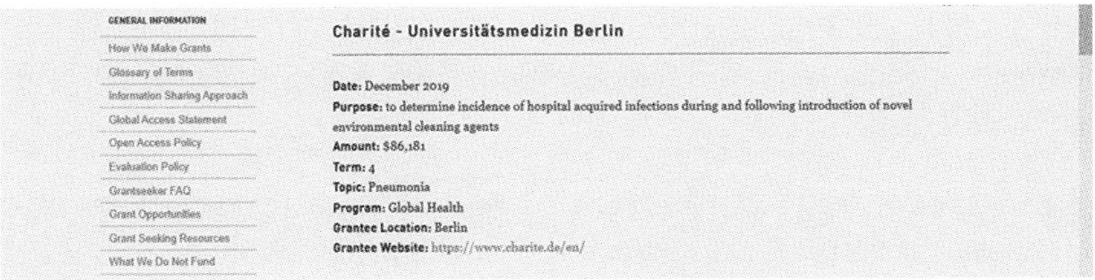


Als Kompetenzzentrum für COVID-19 in Deutschland gilt das **Robert Koch Institut**. Sie führen die offizielle Statistik und sind diejenigen, die Tests validieren und Empfehlungen zu allen Belangen im Zusammenhang mit COVID-19 abgeben. Auch dieses Institut erhält $ 253.000 von der Bill & Melinda Gates Stiftung.

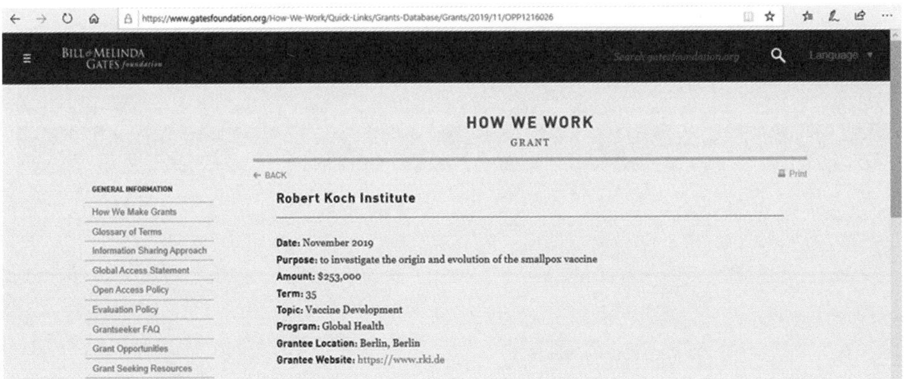


In der **Schweiz** werden vor allem Prof. Marcel Salathé (Biologe und Computer Nerd von der eidgenössischen polytechnischen Hochschule Lausanne), Prof. Richard Neher (Physiker vom Biozentrum der Universität Basel) und Prof. Tanja Stadler (Mathematikerin ETH Zürich) von den Medien als anzusprechende Experten angegangen. Also keine Ärzte. Damit sei nicht gesagt, daß andere Fachrichtungen wie die medizinischen, nicht auch wichtige Erkenntnisse beisteuern können. Während der COVID-19 Krise jedoch beschränkte sich ihr Wirken auf die Ausbreitungsthematik des Virus, Statistiken, welche auf Annahmen und Computermodellen gründeten. Die Gefährlichkeit wurde völlig ausgeblendet. Dazu wäre die Expertise von Ärzten, welche die Erkrankung an Patienten erleben, die auch sehen, wie die

Behandlungen verlaufen und zum Beispiel erkennen, daß Intubation beim Gros der COVID-19-Patienten, welche diese erhielten, kontraproduktiv ist und die Mortalität evtl. sogar erhöht hat, notwendig.

Auch das **EPFL von Prof. Salathé und die ETH Zürich von Prof. Stadler** erhielten mehrfach Spenden aus der Gates-Stiftung. Hier z.B. $ 182.907 EPFL und $ 3.991.879 ETH.

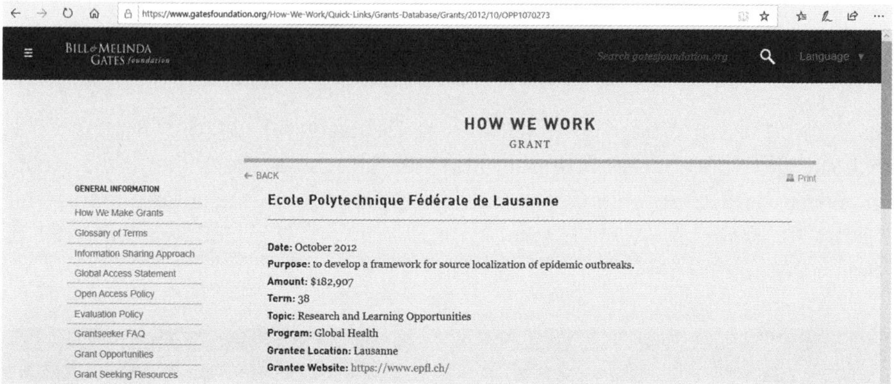

https://www.gatesfoundation.org/How-We-Work/Quick-Links/Grants-Database/Grants/2012/10/OPP1070273

BILL & MELINDA GATES foundation

HOW WE WORK

GRANT

← BACK

Print

GENERAL INFORMATION

- How We Make Grants
- Glossary of Terms
- Information Sharing Approach
- Global Access Statement
- Open Access Policy
- Evaluation Policy
- Grantseeker FAQ
- Grant Opportunities
- Grant Seeking Resources

Ecole Polytechnique Fédérale de Lausanne

**Date:** October 2012
**Purpose:** to develop a framework for source localization of epidemic outbreaks.
**Amount:** $182,907
**Term:** 38
**Topic:** Research and Learning Opportunities
**Program:** Global Health
**Grantee Location:** Lausanne
**Grantee Website:** https://www.epfl.ch/

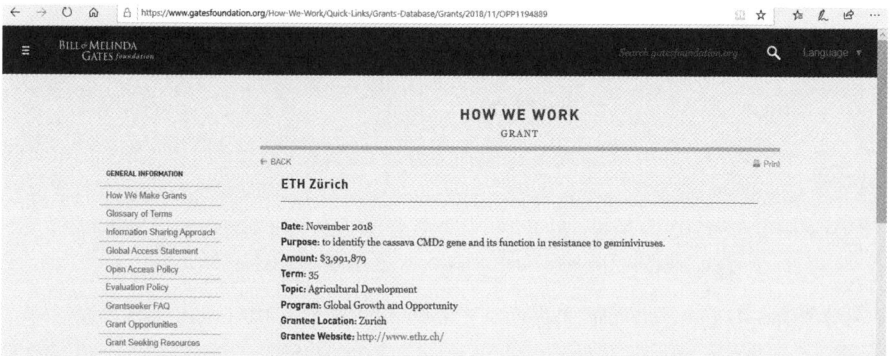

https://www.gatesfoundation.org/How-We-Work/Quick-Links/Grants-Database/Grants/2018/11/OPP1194889

BILL & MELINDA GATES foundation

HOW WE WORK

GRANT

← BACK

Print

GENERAL INFORMATION

- How We Make Grants
- Glossary of Terms
- Information Sharing Approach
- Global Access Statement
- Open Access Policy
- Evaluation Policy
- Grantseeker FAQ
- Grant Opportunities
- Grant Seeking Resources

ETH Zürich

**Date:** November 2018
**Purpose:** to identify the cassava CMD2 gene and its function in resistance to geminiviruses.
**Amount:** $3,991,879
**Term:** 35
**Topic:** Agricultural Development
**Program:** Global Growth and Opportunity
**Grantee Location:** Zurich
**Grantee Website:** http://www.ethz.ch/

Gates arbeitet jedoch auch direkt mit dem eidgenössischen Departement des Inneren zusammen. Die Stiftung ist auf das Engste mit der Politik verbunden, sogar in der kleinen Schweiz.

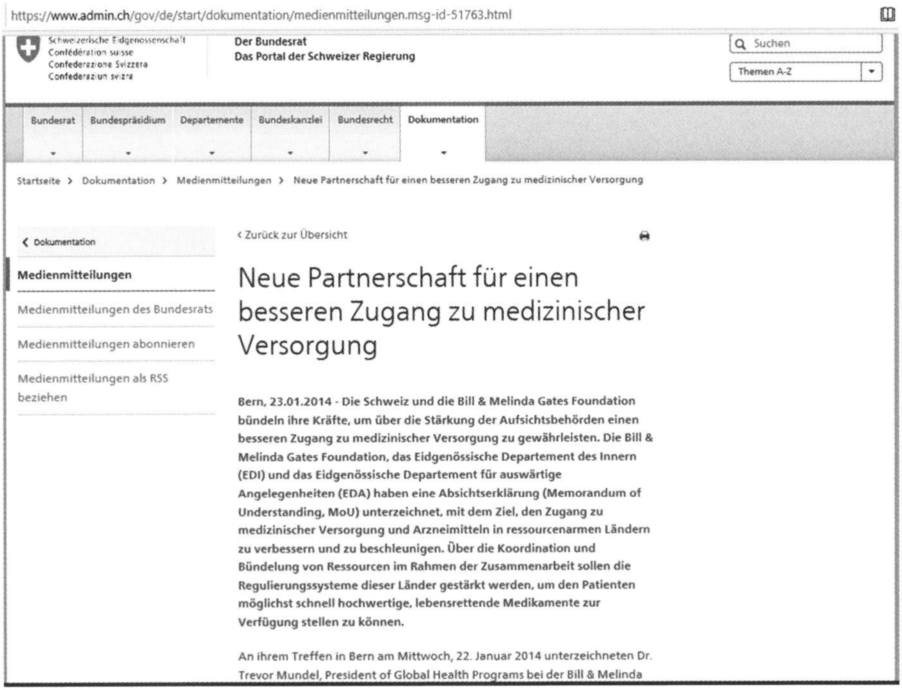

https://www.admin.ch/gov/de/start/dokumentation/medienmitteilungen.msg-id-51763.html

Schweizerische Eidgenossenschaft
Confédération suisse
Confederazione Svizzera
Confederaziun svizra

Der Bundesrat
Das Portal der Schweizer Regierung

Suchen
Themen A-Z

Bundesrat | Bundespräsidium | Departemente | Bundeskanzlei | Bundesrecht | Dokumentation

Startseite > Dokumentation > Medienmitteilungen > Neue Partnerschaft für einen besseren Zugang zu medizinischer Versorgung

< Dokumentation
Medienmitteilungen
Medienmitteilungen des Bundesrats
Medienmitteilungen abonnieren
Medienmitteilungen als RSS beziehen

< Zurück zur Übersicht

Neue Partnerschaft für einen besseren Zugang zu medizinischer Versorgung

**Bern, 23.01.2014 - Die Schweiz und die Bill & Melinda Gates Foundation bündeln ihre Kräfte, um über die Stärkung der Aufsichtsbehörden einen besseren Zugang zu medizinischer Versorgung zu gewährleisten. Die Bill & Melinda Gates Foundation, das Eidgenössische Departement des Innern (EDI) und das Eidgenössische Departement für auswärtige Angelegenheiten (EDA) haben eine Absichtserklärung (Memorandum of Understanding, MoU) unterzeichnet, mit dem Ziel, den Zugang zu medizinischer Versorgung und Arzneimitteln in ressourcenarmen Ländern zu verbessern und zu beschleunigen. Über die Koordination und Bündelung von Ressourcen im Rahmen der Zusammenarbeit sollen die Regulierungssysteme dieser Länder gestärkt werden, um den Patienten möglichst schnell hochwertige, lebensrettende Medikamente zur Verfügung stellen zu können.**

An ihrem Treffen in Bern am Mittwoch, 22. Januar 2014 unterzeichneten Dr. Trevor Mundel, President of Global Health Programs bei der Bill & Melinda

Auch die Swissmedic, die schweizerische Behörde für Arzneimittelzulassung, erhält $ 900.000 seitens der Bill & Melinda Gates Stiftung.

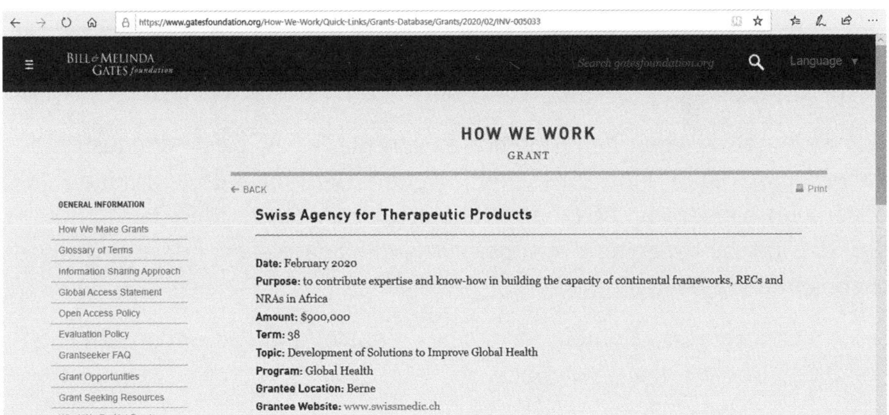

https://www.gatesfoundation.org/How-We-Work/Quick-Links/Grants-Database/Grants/2020/02/INV-005033

BILL & MELINDA GATES foundation

Search gatesfoundation.org
Language

HOW WE WORK
GRANT

← BACK
Print

GENERAL INFORMATION
How We Make Grants
Glossary of Terms
Information Sharing Approach
Global Access Statement
Open Access Policy
Evaluation Policy
Grantseeker FAQ
Grant Opportunities
Grant Seeking Resources
What We Do Not Fund

**Swiss Agency for Therapeutic Products**

**Date:** February 2020
**Purpose:** to contribute expertise and know-how in building the capacity of continental frameworks, RECs and NRAs in Africa
**Amount:** $900,000
**Term:** 38
**Topic:** Development of Solutions to Improve Global Health
**Program:** Global Health
**Grantee Location:** Berne
**Grantee Website:** www.swissmedic.ch

Die Schweiz besitzt eine COVID-19 Science Task Force. Daß viele dieser Task Force Mitglieder auch in den Advisory Boards verschiedener Pharmaunternehmen Mitglied sind, gehört heute zur Normalität. Marcel Tanner,

Prof. für Epidemiologie und Parasitologie in Basel ist jedoch auch Chairman bei Indepth Network, bei welchem die Bill & Melinda Gates Stiftung und andere Stiftungen Geldgeber sind.

Gehen wir zu **GAVI**, die im Interview von Bill Gates im ARD (siehe oben) ebenfalls erwähnt wurde. GAVI ist der viertgrößte Sponsor der WHO und trägt den Beinamen „The vaccine Alliance“. Der Name ist Programm. Gegründet wurde die Stiftung von, man höre und staune: WHO, UNICEF, Bill & Melinda Gates Foundation und der Weltbank. Hier die Zusammensetzung des Boards von GAVI aus deren Homepage:

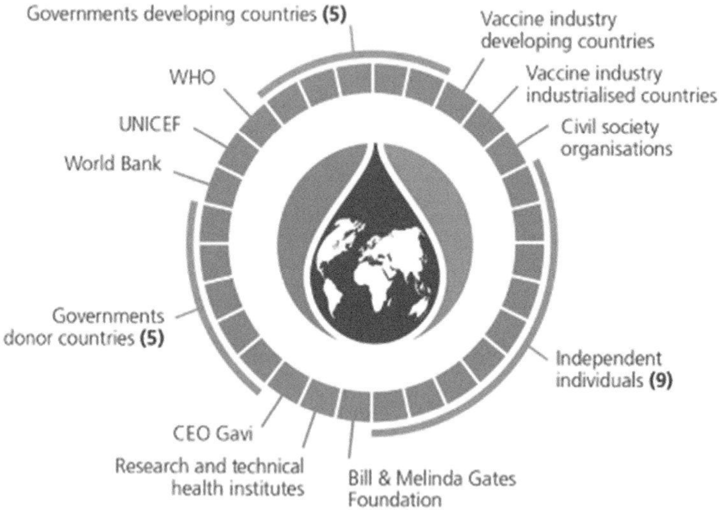


Wir finden also neben den Ambitionen von Bill Gates, die Impfindustrie aus Entwicklungs- und Industriestaaten, weitere vermögende Individuen (die ungenannt bleiben) und Gesundheitsforschungsinstitute. Man darf sich nicht der Naivität hingeben und glauben, daß die finanziellen Interessen dieser „Sponsoren“ keine Rolle spielen.

Die US-Behörde CDC Centers for Disease Control and Prevention erhält z.B. $ 370.035 Unterstützung von Gates:

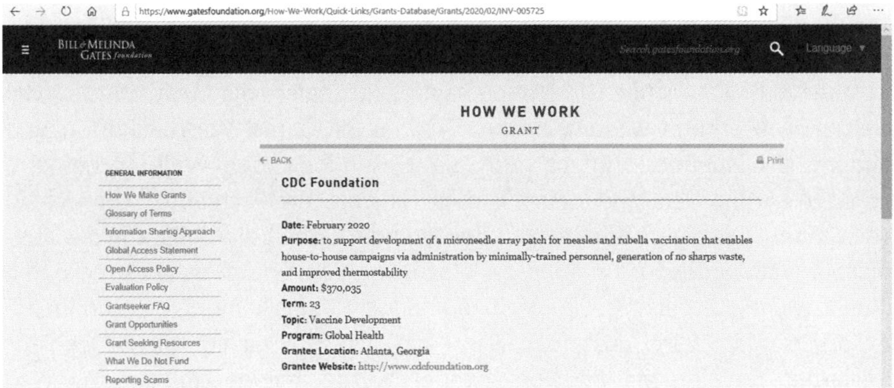
https://www.gatesfoundation.org/How-We-Work/Quick-Links/Grants-Database/Grants/2020/02/INV-005725

BILL & MELINDA GATES foundation

Search gatesfoundation.org

Language

HOW WE WORK

GRANT

← BACK

Print

GENERAL INFORMATION

How We Make Grants

Glossary of Terms

Information Sharing Approach

Global Access Statement

Open Access Policy

Evaluation Policy

Grantseeker FAQ

Grant Opportunities

Grant Seeking Resources

What We Do Not Fund

Reporting Scams

CDC Foundation

**Date:** February 2020
**Purpose:** to support development of a microneedle array patch for measles and rubella vaccination that enables house-to-house campaigns via administration by minimally-trained personnel, generation of no sharps waste, and improved thermostability
**Amount:** $370,035
**Term:** 23
**Topic:** Vaccine Development
**Program:** Global Health
**Grantee Location:** Atlanta, Georgia
**Grantee Website:** http://www.cdcfoundation.org

Die US-Behörde NIH National Institute of Health erhält hier $ 928.440 von Gates:

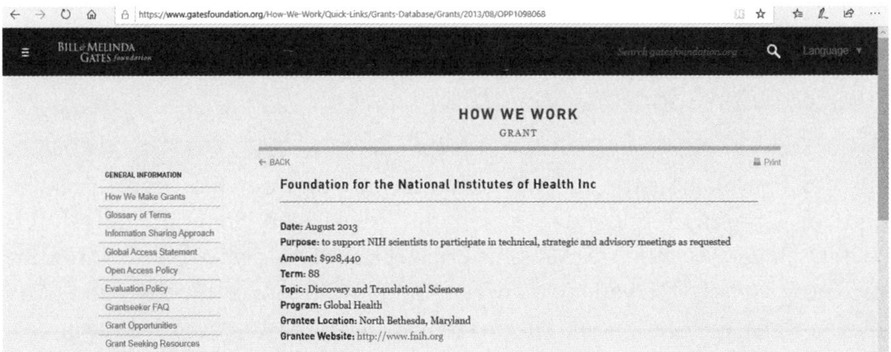
https://www.gatesfoundation.org/How-We-Work/Quick-Links/Grants-Database/Grants/2013/08/OPP1098068

BILL & MELINDA GATES foundation

Search gatesfoundation.org

Language

HOW WE WORK

GRANT

← BACK

Print

GENERAL INFORMATION

How We Make Grants

Glossary of Terms

Information Sharing Approach

Global Access Statement

Open Access Policy

Evaluation Policy

Grantseeker FAQ

Grant Opportunities

Grant Seeking Resources

Foundation for the National Institutes of Health Inc

**Date:** August 2013
**Purpose:** to support NIH scientists to participate in technical, strategic and advisory meetings as requested
**Amount:** $928,440
**Term:** 88
**Topic:** Discovery and Translational Sciences
**Program:** Global Health
**Grantee Location:** North Bethesda, Maryland
**Grantee Website:** http://www.fnih.org

Die US-Behörde NIAID National Institute of Allergy and Infectiour Disease erhält $ 332.642 von Gates:

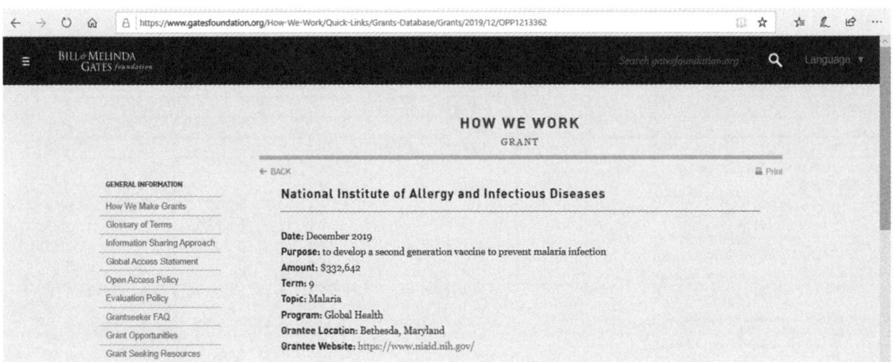
https://www.gatesfoundation.org/How-We-Work/Quick-Links/Grants-Database/Grants/2019/12/OPP1213362

BILL & MELINDA GATES foundation

Search gatesfoundation.org

Language

HOW WE WORK

GRANT

← BACK

Print

GENERAL INFORMATION

How We Make Grants

Glossary of Terms

Information Sharing Approach

Global Access Statement

Open Access Policy

Evaluation Policy

Grantseeker FAQ

Grant Opportunities

Grant Seeking Resources

National Institute of Allergy and Infectious Diseases

**Date:** December 2019
**Purpose:** to develop a second generation vaccine to prevent malaria infection
**Amount:** $332,642
**Term:** 9
**Topic:** Malaria
**Program:** Global Health
**Grantee Location:** Bethesda, Maryland
**Grantee Website:** https://www.niaid.nih.gov/

Wenn man die finanziellen Verstrickungen seitens Bill & Melinda Gates Foundation anspricht, wird man heute schnell in ein schiefes Licht gerückt. Es ist aber richtig, wie der Volksmund sagt: Geld regiert die Welt. Wer so viel Geld gibt, bestimmt wesentlich mit. Wollten Bill Gates, Warren Buffett und andere Großspender einfach nur die Gesundheit der Welt verbessern, könnten sie ihr Geld spenden mit dem Hinweis, die Fachleute sollen es so verwenden, wie es am effektivsten der Weltgesundheit dient. Sie tun das aber nicht. Sie stellen es für Projekte zur Verfügung und binden es an Zwecke, die ihnen wichtig scheinen. Sie verfügen jedoch über keinerlei Gesundheitsexpertise. Das wäre dasselbe, wenn ich als stinkreicher Nicht-Ingenieur Milliarden für eine Marsmission spenden würde, mit der Auflage, diese in einen neuen High-Tech Dieselmotor zu investieren, der den Mars erreichen soll. Es würden sich sicherlich viele Ingenieure finden, welche die Dieseltechnologie perfektionieren würden und damit gutes Geld verdienen, nur wird dieser Motor niemals auf dem Mars landen.

## Zurück zu den Sponsoren der WHO

### Firmensponsorings:

Aus der Pharmaindustrie, der Medizinaltechnik und der Biotechnik-Branche sind im Jahr 2018 folgende Firmen mit freiwilligen Spenden aufgeführt: Baxter, Bayer, Becton Dickinson, BMS, Eisai, Eli Lilly, Fluart Innovative Vaccines, Sanofi, Gilead Scinences, GSK, Hoffman-La Roche und Co., International Federation of Pharmaceutical Manufacturers & Associations, Johnson & Johnson, Kitasato Daiichi Sankyo Vaccine Co., Merck & Co., Novartis, Path Vaccine Solutions, Sanofi-Aventis & Sanofi Pasteur mit besonders hohen Spenden, Seqirus, Sinovac Biotech Ltd., SK Bioscience, Takeda, UCB.

| | | | | | | | | | |
|---|---|---|---|---|---|---|---|---|---|
| GAVI Alliance | | | 140 358 949 | 4 125 143 | 14 063 872 | | | | 158 545 964 |
| Generalitat de Catalunya, Spain | | | 1 940 171 | | | | | | 1 940 171 |
| Gharda Chemicals Limited | | | 38 100 | | | | | | 38 100 |
| Gilead Sciences Inc. | | | 2 841 950 | | | | | | 2 841 950 |
| GlaxoSmithKline (GSK) | | | 3 940 414 | 85 000 | 1 457 413 | | | | 5 482 827 |
| Global Fund to Fight AIDS, Tuberculosis and Malaria (GFATM) **(note 6)** | | | 14 320 198 | | | | 449 400 | | 14 769 598 |
| Government of Flanders, Belgium | | | 2 116 511 | | | | 931 677 | | 3 048 188 |
| Harvard School of Public Health (HSPH) | | | | | | | 325 078 | | 325 078 |
| Hearing Conservation Council (HCC) | | | 220 000 | | | | | | 220 000 |
| Hilfsaktion Noma e.V. | | | 516 970 | | | | | | 516 970 |
| Hoffmann-La Roche and Co., Ltd. | | | 4 835 958 | | 1 788 642 | | | | 6 624 600 |
| Sanofi Pasteur | | | 5 913 729 | | 2 187 270 | | | | 8 100 999 |
| Sanofi-Aventis | | | 3 932 280 | | | | | | 3 932 280 |

Die Firmen treten jedoch auch als Sachspender auf. Man darf annehmen, daß eine Pharma-, Bio- oder Medizinaltechnik-Firma nicht Filtersysteme für sauberes Wasser, Wohnraum oder Bekleidung spendet, sondern in erster Linie die Produkte, die sie herstellt.

| | | | |
|---|---|---|---|
| Bayer AG | 160 094 | | 160 094 |
| Eisai Co. Ltd. | 6 108 780 | | 6 108 780 |
| Fondation d'Entreprise Sanofi Espoir | 479 277 | | 479 277 |
| Fondation des Immeubles pour les Organisations Internationales (FIPOI) | 76 994 | | 76 994 |
| Generalitat de Catalunya, Spain | 90 825 | | 90 825 |
| Gilead Sciences Inc. | 910 975 | | 910 975 |
| GlaxoSmithKline (GSK) | 15 641 340 | | 15 641 340 |
| Johnson and Johnson Family of Companies Contribution Fund, Inc. | 4 272 644 | | 4 272 644 |
| King's Sierra Leone Partnership | | 82 000 | 82 000 |
| Kobe Group (Hyogo Prefecture Kobe Chamber of Commerce and Industry and Kobe Steel, Ltd.) | 887 443 | | 887 443 |
| Merck KGaA | 6 844 262 | | 6 844 262 |
| Métropole Grand Lyon, France | 285 531 | | 285 531 |
| Novartis | 3 567 434 | | 3 567 434 |

(Ich hoffe der Leser vermag die Tabellen zu lesen, ansonsten findet man die Spenden hier: [150])

Ein großer Player, der einen anderen Weg gewählt hat, ist Pfizer. Sie spenden direkt Gelder an Projekte.

https://www.finanzen.ch/nachrichten/aktien/pfizer-and-the-pfizer-foundation-donate-$40-million-in-charitable-grants-expand-product-access-and-m

06.04.2020 14:00:00

**Pfizer and The Pfizer Foundation Donate $40 Million in Charitable Grants, Expand Product Access and Mobilize Colleagues to Combat COVID-19 Pandemic**

Das Geld geht an Partner, an gefährdete Gesundheitssysteme, an Forschungen, welche sich an Erkennung, Diagnose und Behandlung von COVID-19 richten. Wörtlich an US-Bundesstaaten mit hohem Einfluss, d.h. Betriebskosten und NGO`s der Bundesstaaten (Kalifornien, New York,

Massachusetts, etc.). Es dient zur Stärkung der Front in Form von Finanzmitteln, um Mitarbeiter in Gesundheitskliniken zu bezahlen.

Pfizers 5 Punkteplan:

1. Austausch von Fertigkeiten und Erkenntnissen mit anderen Unternehmen auf einer Opensource Plattform. (z.B. der Trump-Deal bezüglich Zusammenarbeit von fünf Pharma-Firmen)
2. Pfizer hat ein SWAT-Team aus führenden Virologen, Biologen, Chemikern, Klinikern, Epidemiologen, Impfstoffexperten, Pharmazeuten und anderen Schlüsselpersonen zusammengestellt, um den Entwicklungsprozess für Therapien und Impfstoffe zu beschleunigen.
3. Expertise zu Arzneimittelentwicklung anwenden. Viele kleinere Biotech-Unternehmen haben interessante Wirkstoffe, benötigen jedoch Unterstützung, um diese auf den Markt zu bringen ...
4. Angebot der Fertigungskapazitäten, so daß auf den überschüssigen Produktionskapazitäten schnell produziert werden kann.
5. Verbesserung für eine raschere künftige Reaktion: um den globalen Gesundheitsbedrohungen „besser“ begegnen zu können, setzt sich Pfizer mit den Bundesbehörden NIH, NIAID und CDC in Verbindung, um ein branchenübergreifendes Team zusammenzustellen, welches sofort Maßnahmen ergreifen kann (Eine noch intensivere Zusammenarbeit der Industrie mit den Behörden).

Es sei daran erinnert, daß die unter Punkt 5 genannten Behörden auch von der Bill & Melinda Gates Foundation unterstützt werden. Es darf gefragt werden, wie unabhängig Behörden noch handeln und entscheiden, bei derart potenten Gönnern.

Für den 5 Punkteplan von Pfizer gegen COVID-19 erhält deren CEO Albert Bourla einen Dankesbrief von Ex-Präsident Jimmy Carter, dessen Carter-Center-Stiftung eben auch zu den WHO Sponsoren zählt.

| | | | | | | | | | | |
|---|---|---|---|---|---|---|---|---|---|---|
| Carter Center | | | | 3 220 000 | | | | | | 3 220 000 |

JIMMY CARTER

March 25, 2020

To Dr. Albert Bourla

For over three decades, The Carter Center has been dedicated to collaborative, innovative action to address the most difficult issues facing our world. Pfizer's COVID-19 five-point plan embodies these principles, urging members of the biopharmaceutical industry to work together to develop antiviral therapies during this unique time. Working as one team – rather than competitors – to prevent infection and further transmission of the virus will set the precedent for future global health crises.

Rosalynn and I are grateful for the Center's longstanding partnership with Pfizer and are inspired by your leadership during this time of uncertainty. With warm best wishes,

Sincerely,

Jimmy Carter

Dr. Albert Bourla
Chairman and Chief Executive Officer
Pfizer Inc
235 East 42nd Street
New York, New York 10017

Und auch die Carter Stiftung erhält von der Gates-Stiftung mit 70 Mio. $ äußerst großzügige Unterstützung.

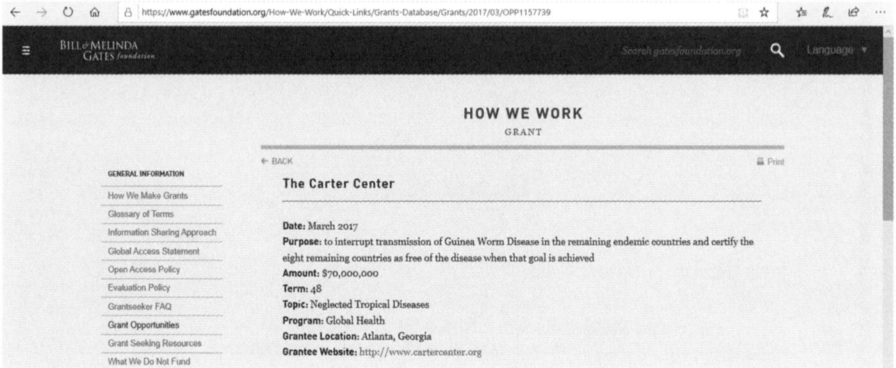


Stiftungssponsorings:

Es handelt sich hier um denselben Spendenauszug betreffend des Jahres 2018, der am 9. Mai 2019 veröffentlicht wurde. Hier einige Auszüge, welche unter Spenden von Stiftungen aufgeführt sind. An den Beispielen GAVI, Gilead Sciences, Glaxo Smith Kline, etc. erkennen wir, daß die Sponsoren unter verschiedenen Rubriken (Firmenspenden, Sachspenden oder Stiftungsspenden) auftauchen können und dadurch das wahre Ausmaß der „Spenden" verschleiert wird oder zumindest schwieriger zu eruieren ist.

| | | | | | | | | | |
|---|---|---|---|---|---|---|---|---|---|
| Bayer AG | | | | 1 150 000 | | | | | 1 150 000 |
| Bill & Melinda Gates Foundation | | | 56 384 340 | | | | | | 56 384 340 |
| Bloomberg Family Foundation | | | 840 000 | | | | | | 840 000 |
| Bristol-Myers Squibb | | | 286 000 | | | | | | 286 000 |
| CDC Foundation | | | 129 760 | | | | | | 129 760 |
| Children's Investment Fund Foundation (United Kingdom) | | | 366 685 | | | | 150 000 | | 516 685 |
| Clinton Health Access Initiative | | | 444 187 | | | | | | 444 187 |
| Cochlear Limited | | | 56 500 | | | | | | 56 500 |
| Drugs for Neglected Diseases Initiative (DNDi) | | | 176 091 | | | | | | 176 091 |
| European Commission | | | 6 583 312 | | 19 958 580 | | | | 26 541 893 |
| Fondation Botnar (FB) | | | 29 493 | | | | | | 29 493 |
| Fondation d'Harcourt | | | 390 275 | | | | | | 390 275 |
| Fred Hollows Foundation (FHF) | | | 140 000 | | | | | | 140 000 |
| GAVI Alliance | | | 25 849 850 | | | | | | 25 849 850 |
| Gilead Sciences Inc. | | | 4 559 550 | | | | | | 4 559 550 |

(Die Firma Bayer war nicht geizig. Sie hat an anderer Stelle noch mehr gespendet. Muss sie auch, wenn man bedenkt, was sie sich mit Monsanto aufgebürdet hat.)

Schauen wir uns einzelne Stiftungen an:

| | | | | | | | | | |
|---|---|---|---|---|---|---|---|---|---|
| Clinton Health Access Initiative | | | 444 187 | | | | | | 444 187 |

Die Stiftung von Ex-Präsident Bill Clinton mit Board Mitglied Chelsea Clinton, also ein Familienunternehmen, spendet der WHO rund eine halbe Million $. Woher bekommt die Clinton Stiftung Geld?

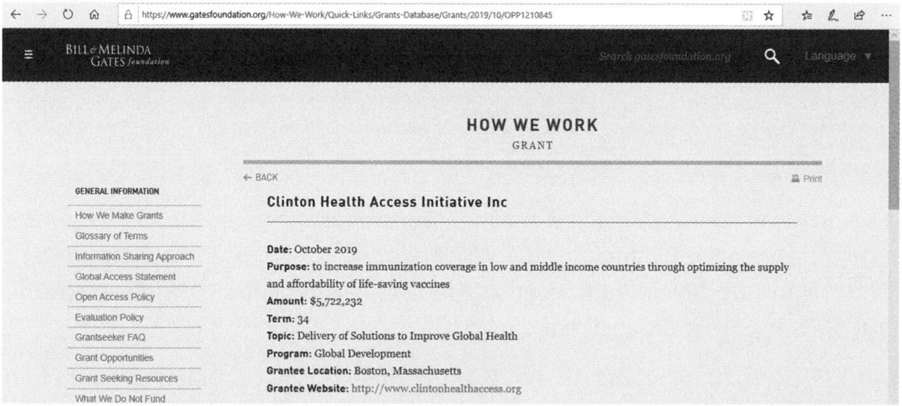


Die Gates-Stiftung spendet der Clinton Stiftung $ 5.722.232, welche nicht die einzige Spende dieses Jahres ist. Es sind in jedem Jahr zahlreiche Spenden im Bereich von einigen Hunderttausend bis einigen Millionen geflossen. Die höchste Spende, die ich gesehen habe (und ich habe nicht alle angeschaut), lag bei 11.5 Mio. $.

| | | | | | | | | | |
|---|---|---|---|---|---|---|---|---|---|
| Global Fund to Fight AIDS, Tuberculosis and Malaria (GFATM) | | | 5 655 598 | | | | | | 5 655 598 |

The Global Fund oder Global Fund to Fight AIDS, Tuberculosis and Malaria. Auch diese Stiftung wird äußerst großzügig, hier mit $ 18 Mio., durch die Gates-Stiftung unterstützt.

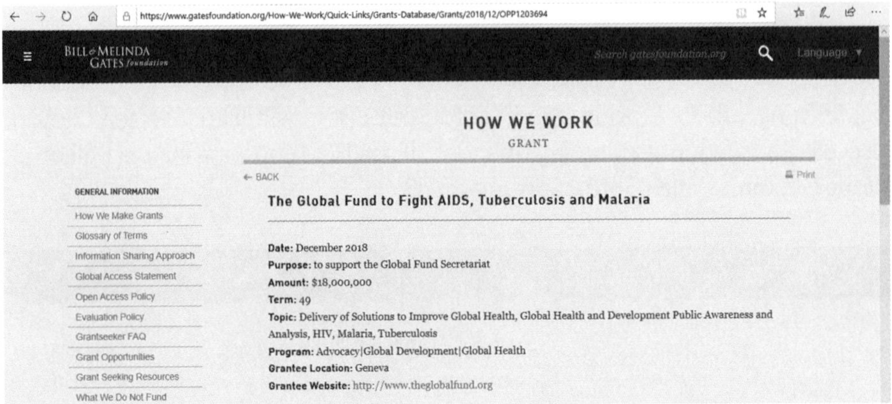


Es sind also nicht nur die Bill & Melinda Gates Stiftung und GAVI, durch die Bill Gates finanziellen Einfluss auf die WHO nimmt. Er nimmt durch viele weitere Stiftungen (die hier Angeführten dienen nur exemplarisch), Einfluss sowohl auf die Stiftungen, als auch auf die WHO.

Am 15.04.2020 ging durch die Presse, daß Präsident Donald Trump die Beitragszahlungen der USA an die WHO stoppt. Es soll an dieser Stelle nicht um eine moralische Bewertung gehen. Präsident Trump möchte mit dem Zahlungsstopp seine Interessen durchsetzen. Dies zeigt sehr offensichtlich, daß die WHO durch die Gelder, die sie erhält, gelenkt wird, bzw. diesem Druck sehr stark ausgesetzt ist. Geld regiert die Welt! Nun zeigt sich durch die Finanzierung der WHO, daß die Gelder, welche durch Pharma-, Bio-, Medizinaltechnik bezahlt werden und der finanziell absolute Dominator Bill Gates ein Vielfaches höher sind, als die Zahlungen der USA. Nach dem die USA nun ihre Zahlungen eingefroren haben, erhöht Gates seine Zuwendungen um weitere 150 Mio. $. Das ersetzt zwar nicht alles, aber immerhin. Diese Zahlungen sind jedoch alles freiwillige Spenden und können nach offiziellen Richtlinien vom „Spender" zweckgebunden werden. Und das werden sie auch. Was an dieser Stelle viele Leser interessieren dürfte: auch George Soros hat über die Open Society Foundation die WHO unterstützt. Allerdings bedurfte er keiner Unterstützung seitens Gates. Und in anderen Jahren unterstützte auch die Rockefeller Foundation.[151]

Ein anderer Aspekt, der sehr gut in der ARTE-Dokumentation „Profiteure der Angst" gezeigt wird, ist die personelle Seite. Ohne Namen zu nennen, wird erklärt, daß einige hochrangige Funktionäre, welche in der WHO Entscheidungen fällen können, direkt von der Gates-Stiftung bezahlt werden. Es wird auch erklärt, daß Pharmavertreter in den WHO-Gremien dabei sind.

Eine GlaxoSmithKline Sprecherin versichert sogleich, daß die Pharmavertreter nur da seien, um Fragen zu beantworten und Informationen zu liefern. Entscheiden dürfen sie nicht. Das stimmt, ist aber lächerlich! Als langjähriger Mitarbeiter der Pharmaindustrie weiß ich, wie das funktioniert. Man hat gemeinsame Arbeitsgruppen, trifft sich, versteht sich, sponsert gezielt gewisse Kleinigkeiten, lässt Arbeiten (Präsentationen, Broschüren, Einladungen, rechtliche Expertisen, etc.) vom Konzern machen, erwähnt dann, was einem wichtig ist oder wo man eben mitmachen kann und wo nicht. Sehr verehrte Leser: Das hat Einfluss! Ein weiterer Punkt ist die Tatsache, daß es fliegende Wechsel zwischen WHO Mitarbeitern, Pharma-Mitarbeitern und Politikern gibt. Die WHO bezahlt sicher nicht die höchsten Löhne, wenn jedoch ein einflussreicher Funktionär entgegenkommend ist, dürfte ihm eine lukrative Stelle in der Pharmaindustrie sicher sein. Ich schreibe hier Pharma, weil ich aus der Branche stamme. Selbiges gilt natürlich auch für Biotech, Medizinaltech und andere industrielle Einflussgruppen.

### Artikel: Gates und die WHO

Nun hat der Leser genügend Einblick in die finanziellen Verstrickungen zwischen WHO, Industrie und Bill Gates erhalten, um die Auszüge aus diesem Medienbericht, wie man sie bei etwas Recherche im Dutzend findet, zu lesen und selber zu bewerten. Der Artikel stammt vom 16.05.2017 und die Schlagzeile beginnt mit:

*„Weltgesundheitsorganisation am Bettelstab. Was gesund ist, bestimmt Bill Gates."*

Dann:

*„Die Weltgesundheitsorganisation (WHO) ist inzwischen zu 80 Prozent ihres Budgets abhängig von zweckgebundenen Spenden mächtiger Staaten, Stiftungen und Pharmakonzernen. In der Folge ist die Fähigkeit der WHO, öffentliche Gesundheit weltweit zu sichern, dramatisch gesunken: Auf Druck der Geldgeber konzentriert sich die Organisation auf den technokratischen Kampf gegen Infektionskrankheiten."...*

*„Wenn Bill Gates morgen sagt: Ich habe kein Interesse mehr an Gesundheit, ich investiere mein ganzes Geld zum Beispiel in Erziehungsfragen, wäre die WHO am Ende. Er könnte es machen. Niemand könnte ihn daran hindern.“...*

*„Insgesamt hat die Gates-Stiftung der WHO seit der Jahrtausendwende 2,5 Milliarden Dollar gespendet – 1,6 Milliarden davon für die Ausrottung von Polio; einer Krankheit, an der bis vor wenigen Jahrzehnten auch Kinder hierzulande litten.“*

Der deutsche Gesundheitsexperte Thomas Gebauer respektiert die großen Verdienste der Gates-Stiftung. Sie habe zweifellos Millionen Menschen das Leben gerettet. Ebenso zweifellos jedoch übe Bill Gates pure Macht aus. Wie ein Alleinherrscher zur Zeit des Feudalismus setze er weltweit sein Konzept von Gesundheitsarbeit durch:

*„Das ist das typische Konzept von Unternehmern, von Managern, die sagen: „Wir können die Welt ändern oder wir können die Welt gestalten aufgrund von Management, ein bisschen Wissenschaft und Kapital.“ Die Gates-Stiftung investiere ihr Geld vor allem in technische Maßnahmen gegen Infektionskrankheiten, erklärt Gebauer. Sie investiere in Impfkampagnen und die Verteilung von Medikamenten oder Malarianetzen. Solche Maßnahmen zeigten schnell messbare Erfolge. Sie motivierten andere Geber, ihr Engagement mit dem der Stiftung zu verbinden.“...*

*„Gesundheit ist etwas, was geschützt wird über hygienische Wohnverhältnisse, über gute Ernährung, über Zufriedenheit am Arbeitsplatz, zum Beispiel, über Einkommen – alles Dinge, die nichts mit medizinischem Handeln zu tun haben, aber umso mehr mit sozialen Faktoren. Und wenn man Gesundheit tatsächlich positiv beeinflussen will, dann muss man an dieser Stelle arbeiten. Und da hat die WHO in den 80er-Jahren eine Kommission gehabt, die sich mit genau diesen sozialen Fragen befasst hat und zu dem Ergebnis gekommen ist, daß der wesentliche Killer nicht irgendein Virus ist, nicht irgendeine Krankheit; sondern die meisten Todesfälle aufgrund von sozialer Ungleichheit existieren.“ ...*

Zurück zu Bill Gates, dem zweitwichtigsten Geldgeber der WHO. Nicht nur Gates übe Macht auf die WHO aus, sagt Thomas Gebauer. Das täten auch die Konzerne, mit denen die Gates-Stiftung ihr Geld erwirtschaftet.

*„Woher kommen eigentlich die Mittel, die Bill Gates einsetzen kann? Diese Frage wird kaum gestellt. Er hat das Geld ja aus Anlagevermögen. Er legt sein*

*Kapital in bestimmten Industriezweigen an, die, wenn man genau hinschaut, allesamt etwas zu tun haben mit krankmachenden Bedingungen. Laut ihrer Steuererklärung für 2015 hält die Gates-Stiftung direkt Coca-Cola-Aktien im Wert von 500 Millionen und Aktien des weltgrößten Supermarktkonzerns Walmart im Wert von einer Milliarde Dollar. Hinzu kommen Beteiligungen an den Nahrungsmittelkonzernen PepsiCo, Unilever, Kraft-Heinz, Mondelez und Tyson Foods; an den Alkoholkonzernen Anheuser-Busch und Pernod; an den Pharma-Konzernen GlaxoSmithKline, Novartis, Roche, Sanofi, Gilead und Pfizer. Die Gates-Stiftung hält außerdem Anteile im Wert von fast zwölf Milliarden Dollar am Berkshire Hathaway Trust des Investors Warren Buffett. Der Trust wiederum besitzt Coca-Cola-Aktien im Wert von 17 Milliarden Dollar und Kraft-Heinz-Aktien im Wert von 29 Milliarden Dollar."…*

*„Kurz, die Weltgesundheitsorganisation steckt in einem klassischen Interessenskonflikt, der sie in ihren Handlungsmöglichkeiten schwächt und der angesichts ihrer finanziellen Abhängigkeit von der Gates-Stiftung unter den gegenwärtigen Bedingungen kaum aufzulösen ist. Big Pharma, die Pharmakonzerne, und Big Food, die Nahrungsmittelkonzerne, nutzten skrupellos genau diesen Interessenkonflikt der WHO, sagt der indische Gesundheitsexperte Amit Sengupta. Die Konzerne bauten systematisch ihren Einfluss auf die WHO aus und gingen dabei ganz unverblümt vor. Bei der Sitzung des WHO-Exekutivrats im Januar 2017, zum Beispiel, sei die Regierung Italiens durch Mitarbeiter des Süßwaren-Konzerns Ferrero vertreten worden – berichtet ein WHO-Insider. Und einen wichtigen Etappensieg bei ihrem Kampf um mehr Einfluss auf die WHO erzielten die Konzerne im Mai 2016."…*

*„Bei solchem Engagement geht es den Unternehmen vor allem darum, in Arbeits- und Einsatzgruppen zu sitzen. Denn diese treffen de facto die meisten Entscheidungen der WHO. Sitzen nun Vertreter kommerzieller Unternehmen in solchen Gremien, haben sie zwangsläufig großen Einfluss auf die Arbeit der WHO."…*

*„Als dann 2009 die mit der Schweinegrippe verbundenen Gefahren beurteilt werden mussten, kam es dazu, … daß ein kleines Gremium innerhalb der WHO diesen globalen Notstand ausgerufen hat und im Hintergrund schon die Industrien sozusagen ihre Impfstoffe produziert haben, die sie dann verkaufen konnten. Gleichzeitig ist über diese Bedrohungslage, die durch die WHO erzeugt worden ist, weltweit ein Gefühl der Angst entstanden. Und*

*Regierungen waren sozusagen gezwungen, um dieser Angst zu entsprechen, diese Lager von Präparaten anzulegen."*

Den ganzen Artikel findet man hier:[152]

Nachfolgend noch zwei passende Zitate:

Der oben schon genannte Paul Flynn meint: *„Die WHO ist exzessiv beeinflusst von der Pharmaindustrie."*[153]

Dr. David McCoy, Prof. für öffentliche Gesundheit, Arzt, ergänzt: *„Das Problem ist, die WHO wird im Wesentlichen von einem Menschen finanziert. Von Bill Gates."*[154]

### Kommentar

Man halte sich die finanziellen Dimensionen vor Augen und bedenke die Verstrickungen: Stiftungen spenden Gelder an Stiftungen, die wiederum Gelder an Stiftungen zukommen lassen, bis sich die Finanzströme und die damit verbundenen Interessen nicht mehr oder nur sehr schwer verfolgen lassen. Vor diesem Hintergrund muss sich der geneigte Leser bewusst sein, daß sich dies nicht alles mit Menschenfreundlichkeit erklären lässt. Das wäre schlicht naiv. Hier möchte ich auch klar sagen, daß ein Geschenk etwas Gutes, was uns jemand geben will, nicht angenommen werden muss. Es herrscht keine Annahmepflicht. Die Lösungen, die uns jedoch via WHO über die Regierungen präsentiert werden, sind im Zusammenhang mit COVID-19 Zwängen. Der Lockdown war Zwang, die Medikamente und zukünftigen Impfungen werden in einigen Staaten als Pflicht (somit Zwang) aufgegleist und die Politiker (Stand April 2020) erzählen immer lautstarker, eine Normalisierung werde es erst geben, wenn eine Therapie oder Impfung da ist? Dies tönt nach hohem Druck auf den Bürger für Tests, Tracking-Apps, Therapien und Impfungen.

# Impfungen

## Einleitung

Mir ist bewusst, daß der Großteil der Menschen und auch der Ärzte Impfungen als etwas Gutes, eine Errungenschaft, als ein Segen für die Menschheit anschauen. Hier ist nicht der Platz, um die Impfthematik im Generellen zu besprechen. Ich werde mich auf die Fragestellung obligatorische Impfung, Massenimpfung und Impfstoffe mit erleichterter Zulassung beschränken.

Dazu sei Bill Gates Aussage in Erinnerung gerufen:

*„Ein normales Leben ist erst wieder möglich, wenn ein Impfstoff da ist.“*

Egal welcher Impfstoff, welche Therapie kommen wird, Gates hat in den Hersteller investiert. Es sei ebenfalls an Präsident Macrons Rede an die Nation erinnert:

*„Ein normales Leben wie vor COVID-19 ist erst denkbar, wenn ein Impfstoff da ist.“*

Ähnliches war im April 2020 von der Regierung aus Deutschland und vielen anderen Politikern aus Europa zu hören.

Ein äußerst hartes Beispiel aus Dänemark:

*„Darüber hinaus verabschiedete das Parlament beispiellos harte Ausnahmegesetze. Die Gesundheitsbehörden können ab sofort Zwangstests, Zwangsimpfungen sowie Zwangsbehandlungen anordnen und für die Durchsetzung ihrer Anordnungen neben der Polizei auch Militär sowie private Wachdienste einsetzen.“*[155]

Wie wir alle wissen sind in allen Ländern im Zuge der COVID-19-Maßnahmen Gesetze auf den Weg gebracht, der Datenschutz gelockert und Persönlichkeitsrechte eingeschränkt worden. Deshalb lohnt es sich, einen kritischen Blick darauf zu werfen, was denn diese Maßnahmen, hier die Impfthematik, bewirken, bzw. welche Risiken auch damit verbunden sind.

## Schweinegrippe Pandemrix

Im Jahre 2009 grassierte die Schweinegrippe. Um sie wurde ein riesiger medialer und noch mehr politischer Hype gemacht. Allerdings gab es da noch Medien, die auch mal kritisch hinterfragten, und es kamen Wissenschaftler zu Worte, welche die Gefahr nicht maßlos übertrieben.

Der Impfstoff Pandemrix wurde in Europa millionenfach von den Regierungen angeschafft. Allerdings wurde folgendes bekannt, ich zitiere aus dem Deutschen Bundestag Drucksache 18/5819:

*„In Deutschland wurden für die Bundeswehr und die Bundesregierung wirkverstärkerfreie Impfstoffe bereitgestellt (sic); für die restliche Bevölkerung sollte Pandemrix von der Firma GlaxoSmithKline (GSK) mit der Wirkverstärkermischung AS03 zum Einsatz kommen."*

Und weiter:

*„Noch Ende November 2009 erklärte die STIKO, daß die bis dahin verfügbaren Daten zur Sicherheit der wirkverstärkten Impfstoffe keine Hinweise für ein vermehrtes Auftreten schwerer unerwünschter Wirkungen enthielten. Dagegen vermeldete das Arznei-Telegramm schon im Oktober 2009, daß die Diskussion über die Sicherheit der Massenimpfung mit dem Schweinegrippeimpfstoff Pandemrix, der die Wirkverstärkung AS03 enthält, und über die unzureichende Erprobung dieses Wirkstoffes zunähme, wohingegen die in den USA ausschließlich verwendeten konventionellen Impfstoffe in ihrem Risikoprofil gut überschaubar seien."*

Die Tatsache, daß zwischen dem Impfstoff, der an die Regierung abgegeben werden soll und demjenigen, den die Bevölkerung erhalten sollte, ein Unterschied ist, ging durch die Medien. Die Bevölkerung erfuhr dies, und die Bereitschaft sich impfen zu lassen nahm rapide ab. Nicht nur in Deutschland, auch in Frankreich und in anderen Ländern machte die Bevölkerung nicht mit. Sehr schön dokumentiert das ARTE mit „Profiteure der Angst". Schlussendlich gaben die Daten der impfskeptischen Bevölkerung recht:[156]

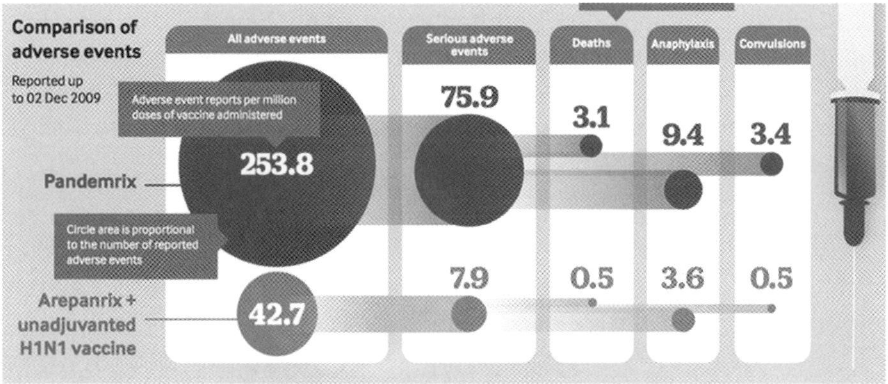


Das in Europa für die Pandemie eingekaufte Pandemrix glänzte mit 6-mal mehr Nebenwirkungen und fast 10-mal schwereren Nebenwirkungen als sein Konkurrent Arepandrix, der ohne Wirkverstärker auskam.

## Schweinegrippe 1976 in den USA

Dieselbe ARTE-Dokumentation zeigt, daß 1976 in den USA durch rückkehrende Vietnamsoldaten schon einmal eine Schweinegrippe Epidemie in Gang gesetzt wurde. Man hatte damals schlimmste Befürchtungen und rechnete mit 1 Mio. Toten. Die Regierung handelte energisch und 45 Mio. liessen sich impfen. Mehrere hundert Menschen begannen an aufsteigenden Lähmungen (Guillain-Barré-Syndrom) durch die Impfungen zu erkranken. Angeblich starben 25 daran, hingegen starb nur ein einziger Patient an der Grippe. Daraufhin wurde die Impfkampagne abgebrochen.[157]

## HPV

Die Impfung gegen Humane Papillomviren, soll vor Gebärmutterhalskrebs schützen, welchen die Viren auslösen können. Diese Impfung wird als unbedenklich dargestellt. Dem ist jedoch nicht so. Es gibt selten, jedoch bedenkliche Nebenwirkungen: schwere Allergien, Schäden am peripheren und zentralen Nervensystem, beeinträchtigtes Bewusstsein, etc. Dies berichtet eine ARD-Reportage.[158]

Auch das SRF hat eine Dokumentation über Nebenwirkungen wie Multiple Sklerose gemacht.[159]

Nicht umsonst hat sich ein internationales HPV Symposium gebildet, das sich seit geraumer Zeit um HPV Impfunfälle kümmert.[160]

Die Cochrane Collaboration veröffentlichte einen Review, der die HPV-Impfung in einseitig positivem Licht darstellte. Der bereits erwähnte Prof. Peter Gotzsche, damals noch im Dachverband der Cochrane Collaboration Mitglied, untersuchte diesen Review gründlich und entdeckte einige Mängel.[161]

Da er diese Mängel beanstandete, wurde er aus dem Governing Board ausgeschlossen. Die Cochrane Collaboration erklärt dies sehr umständlich und führt noch weitere „Gründe" auf, der Infosperber legt jedoch nahe, daß die Kritik an der HPV Impfung entscheidend gewesen sein dürfte.[162]

Es stellte sich heraus, daß die Bill & Melinda Gates Stiftung $ 50 Mio. für eine HPV Impfkampagne zugesprochen hatte und die Cochrane Collaboration ebenfalls großzügige Spenden über $ 1.156.829 Mio. von der Gates Stiftung erhielt.[163]

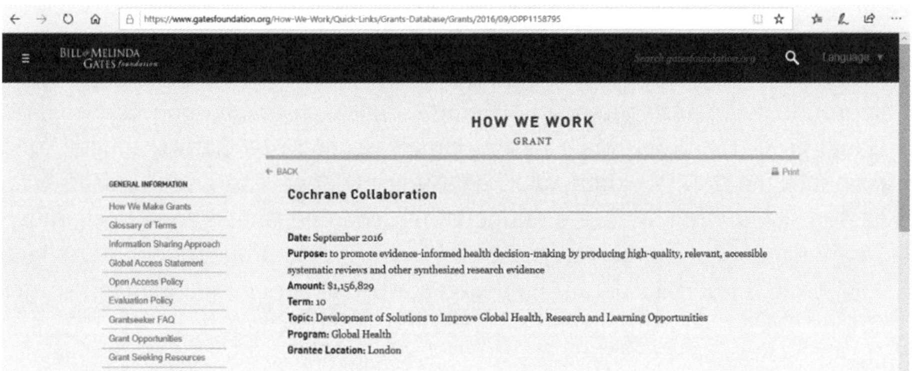

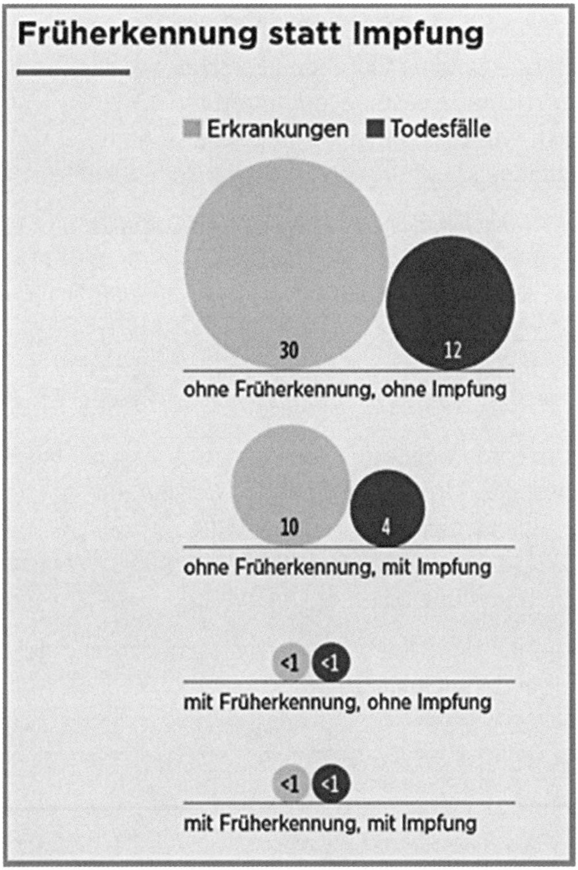


Das Deutsche Institut für Qualität und Wirtschaftlichkeit im Gesundheitswesen veröffentlichte folgende Graphik zur HPV Impfung:

Wir sehen, daß Impfung sehr wohl etwas bringt. Funktioniert jedoch das Gesundheitswesen und somit die Früherkennung, hat man mit einer Impfung keine Vorteile mehr.

## Die Forschungen von Prof. Yehuda Schoenfeld

Er ist einer der international führenden Forscher auf dem Gebiet Adjuvantien, welches, wie Du bemerkt hast, bei der Impfthematik eine wichtige Rolle spielt. Lesen wir direkt, was er schreibt. Es folgen Ausschnitte aus einem Summary, in dem verschiedene Forschungsergebnisse zusammengefasst werden:

*„Aufgrund der nachteiligen Wirkungen von Adjuvantien gibt es keine Kontroverse über die Notwendigkeit sicherer Adjuvantien für den Einbau in zukünftige Impfstoffe. Das Problem mit den reinen rekombinanten oder synthetischen Antigenen, die in den modernen Impfstoffen verwendet werden, besteht darin, daß sie im Allgemeinen weit weniger immunogen sind als lebende oder abgetötete Impfstoffe für ganze Organismen im älteren Stil."*

Das bedeutet, daß Totimpfstoffe unser Immunsystem kaum zu einer Reaktion bringen und deshalb Adjuvantien benötigt werden, um das Immunsystem zu reizen. Diese Adjuvantien sind oft kritische Substanzen wie Aluminiumhydroxid, MPL, As01B, AS02A, AS03 (Squalen), AS04... Yehuda Schoenfeld et al, Center for Autoimmune Diseases, Tel Aviv. S.3

Ich füge hier gerne eine Übersicht über die Entwicklung der Adjuvantien in Impfstoffen aus anderer Quelle zu:[164]

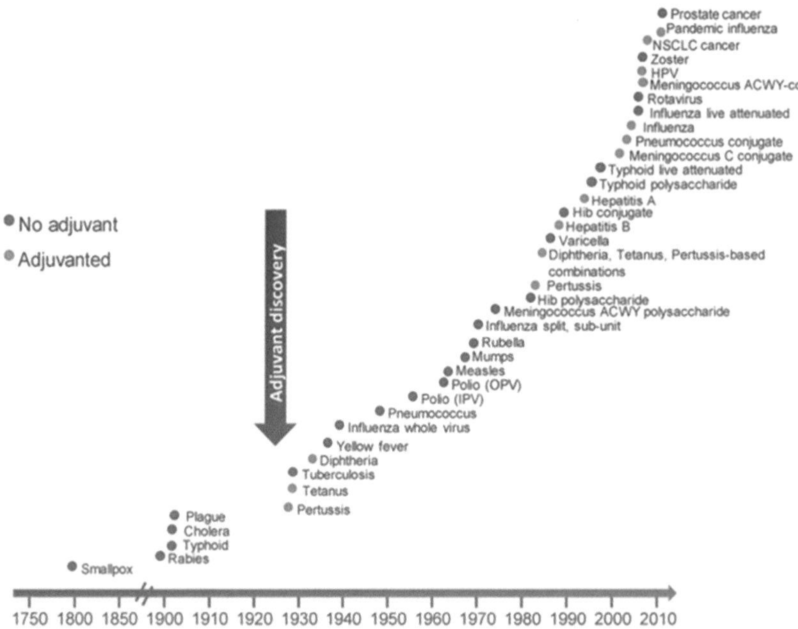

*„Adjuvantien und natürliche Infektionen können durch die adjuvante Wirkung (in einfachen Worten erst das Adjuvant, der Zusatzstoff löst eine Immunreaktion aus) starke immunstimulatorische Aktivitäten ausüben, die zu Autoimmunerkrankungen führen können. Die starke adjuvante Wirkung kann nicht genutzt werden, um neuartige Antitumor-Therapien und wirksame Impfstoffe zu entwickeln.*

*Ziel des Impfstoffs ist es, den durch eine Infektion gebotenen Schutz zu reproduzieren und gleichzeitig die Risiken zu minimieren."* Noel R. Rose et al, Departement of Molecular Microbiology and Immunology, Johns Hopkins University, Baltimore. S.4

*„Aluminium-Salze sind heute und seit den 1920er Jahren die am häufigsten verwendeten Adjuvantien (Glenny et al., 1926). Die Tatsache, daß sie pathologische immunologische Reaktionen und eine Kaskade unerwünschter gesundheitlicher Auswirkungen auslösen können, wurde bisher relativ unterschätzt. Mit Aluminiumverbindungen versetzte Impfstoffe bergen drei Risiken: die Aluminium-Salze können im Körper anhaltende, pathologische immunologische Reaktionen auslösen und in das ZNS gelangen, wo sie schädliche immuno inflammatorische und exzitotoxische Prozesse auslösen können. Da Säuglinge und Kinder nach der Impfung möglicherweise am stärksten von Komplikationen bedroht sind, ist eine strengere Bewertung möglicher impfstoffbedingter gesundheitsschädlicher Auswirkungen in pädiatrischen Populationen dringend erforderlich. Die Anerkennung von ASIA als durch ein Impfstoff-Adjuvans ausgelöste Pathologie sollte sowohl Ärzte als auch Patienten alarmieren und ermutigen, unerwünschte Impfstoffnebenwirkungen zu melden, um eine bessere Abschätzung der tatsächlichen Prävalenz von ASIA zu ermöglichen. Es ist klar, daß die Rolle von Adjuvanzien bei der Pathogenese immunvermittelter Krankheiten nicht länger ignoriert werden kann, insbesondere angesichts der Tatsache, daß viele unspezifische Erkrankungen unter das ASIA-Spektrum fallen (d. h. chronische Müdigkeit, Myalgien und kognitive Beeinträchtigungen). Diese sind häufig behindernd und wirken sich negativ auf die privaten und beruflichen Aktivitäten von Personen aus. Die Einbeziehung dieser Kategorie unerwünschter Manifestationen in ASIA ist von besonderer Bedeutung, da sie in der Vergangenheit von Ärzten und Patienten, aber auch von Wissenschaftlern, die an der Gestaltung von Impfstoffstudien beteiligt waren, häufig ignoriert oder als irrelevant und nicht impfstoffbezogen angesehen wurden. Schließlich unterstreicht die Abgrenzung von ASIA weiter*

*die Tatsache, daß die Verwendung von Al-Adjuvanshaltigen Placebos in klinischen Impfstoffstudien nicht mehr gerechtfertigt werden kann."*

Christopher A. Shaw et al, Department of Ophthalmology and Visual Sciences Programs in Experimental Medicine and Neuroscience University of British Columbia, Vancouver S.5

Gekürzt:

*„Die wissenschaftliche Literatur zeigt, daß Metalle eine Schlüsselrolle in der Entwicklung von Autoimmunerkrankungen spielen. Ob sie dabei Auslöser, Verstärker oder beides sind ist noch unklar. Ein sensibler Umgang mit diesen Metallen (Vermeidung/Entfernung) trägt zu einer Verbesserung der Gesundheit bei. Weiss and Liff 1983 & Wallach et al. 2003."* Vera Stejskal Department of Immunology University of Stockholm, Stockholm. S.6

Die medizinische Forschung geht derzeit in Richtung individualisierte Medizin. Man will wissen, wie ein Wirkstoff beim Einzelnen wirkt. Dazu wird sehr viel Genforschung betrieben, aber auch Entzündungsfaktoren und andere Laborwerte spielen eine Rolle. Es ist ein Forschungsfeld, wo man bescheiden wird und sehr schnell merkt, wie groß das Gebiet der Unwissenheit ist. Genau das ist Schoenfelds Ansatz. Er will herausfinden, ob es Genotypen gibt, die auf Impfungen (er erforscht dies nicht allein auf Impfungen bezogen) negativ, bzw. mit bestimmten oder andere Erkrankungen, wie z.B. rheumatoide Autoimmunerkrankungen reagieren. Tatsächlich gibt es da Zusammenhänge und er hat solche für Patienten mit Autoimmunerkrankungen entdeckt. Lassen wir ihn nochmals zu Worte kommen:

*„Die meisten unerwünschten Ereignisse nach einer MMR-Impfung betreffen das Nervensystem, die Gelenke und blutbedingte Störungen (d. h. ITP) (Tabelle 13.1). Es ist bemerkenswert, daß solche Arten von Krankheiten das Spektrum der Autoimmunmanifestationen widerspiegeln, die nach MMR-Virus-infektionen auftreten können (Agmon-Levin et al., 2009b). Es gibt eine Reihe plausibler Mechanismen, die für die durch Impfstoffe induzierte Autoimmunität verantwortlich sein könnten, einschließlich der Tatsache, daß die MMR-Impfstoffe aus infektiösen Antigenen, Immunadjuvantien und Konservierungsmitteln sowie anderen Inhaltsstoffen bestehen, die die Entwicklung oder Verschärfung unserer Immunphänomene auslösen können (Colafrancesco et al., 2013)."* Schoenfeld et al, Center for Autoimmune Diseases, Tel Aviv. S.9/10[165]

Die sehr interessante Untersuchung an Säuglingen und Kleinkindern in Afrika (The Introduction of Diphtheria-Tetanus-Pertussis and Oral Polio Vaccine, Forschungsbericht von S.W. Mogensen et al, 2017" veröffentlicht in EBioMedicine und the Lancet), die Diphtherie-Tetanus-Pertussis, also DTP Impfungen allein erhielten oder zusammen mit einer oralen Polio-Impfung OPV. UNICEF (man erinnere sich, die mit Gates im GAVI mitarbeitet) und eine lokale Gesundheitsorganisation führten Impfuntersuchungen ein, bei denen Säuglinge und Kleinkinder mit DTP allein oder mit DTP und OPV zusammen geimpft wurden. Dies wurde nachher mit ungeimpften Kleinkindern verglichen.

Diese Resultate sind schwer zu verdauen, hier die Tabelle:

**Table 3**
Mortality rate and hazard rate (HR) for children from 3 months of age until first examination without vaccination or 6 months of age. Natural experiment.

| Age group<br>3-5 months | Mortality rate (deaths/person-years) | | | HR (95% CI) for DTP |
|---|---|---|---|---|
| All | | | | |
| Unvaccinated | 4.5 (5/111.4) | DTP (±OPV) (N = 462) | 17.4 (11/63.1) | 5.00 (1.53-16.3) |
| (N = 651) | | DTP only (N = 101) | 35.2 (5/14.2) | 10.0 (2.61-38.6) |
| | | DTP + OPV (N = 361) | 12.3 (6/48.9) | 3.52 (0.96-12.9) |
| Girls | | | | |
| Unvaccinated | 1.9 (1/51.9) | DTP (±OPV) (N = 222) | 13.3 (4/30.1) | 9.98 (0.81-123.0) |
| (N = 313) | | DTP only (N = 44) | 16.2 (1/6.2) | 12.0 (0.56-257.2) |
| | | DTP + OPV (N = 178) | 12.5 (3/23.9) | 9.50 (0.73-124.0) |
| Boys | | | | |
| Unvaccinated | 6.7 (4/59.5) | DTP (±OPV) (N = 240) | 21.2 (7/33.0) | 3.93 (1.01-15.3) |
| (N = 338) | | DTP only (N = 57) | 49.8 (4/8.0) | 8.93 (2.01-39.7) |
| | | DTP + OPV (N = 183) | 12.0 (3/24.9) | 2.21 (0.44-11.0) |

Die doppelt geimpften Kinder hatten ein 5-mal erhöhtes Sterberisiko. Diejenigen, welche nur DTP erhielten, sogar 10-fach höher. Offenbar konnte die zusätzliche Impfung mit OPV das Sterberisiko etwas senken. Die Autoren schreiben:

*„DTP-Impfungen waren mit einer erhöhten Kindersterblichkeit verbunden, obwohl es keine durch Impfstoffe induzierte Herdenimmunität gab."*

Weiter schreiben sie:

*„Keine prospektive Studie hat Vorteile der Überlebensrate durch DTP gezeigt. Unglücklicherweise ist DTP der am weitest verbreitete Impfstoff, und der Anteil an DTP3 Geimpften ist der globale Indikator für die Performance der nationalen Impfprogramme."*

Die WHO Strategic Advisory Group of Experts on Immunization, SAGE geben zwar zu, daß die meisten Studien schädliche Effekte zeigen, aber es gäbe zwei Studien, die auch Vorteile zeigen. Zudem gäbe es kaum Daten über DTP Impfungen allein. Die meisten seien mit OPV kombiniert.

Diese zeigt nebst den negativen Effekten für DTP sehr schön auf, daß Impfungen auch positive Wirkung haben können. Mit OPV konnte die Mortalität etwas gesenkt werden. Allerdings müsste man jetzt die Daten noch für OPV genauer studieren. Darum geht es hier jedoch nicht. Es geht darum, daß jeder Impfstoff für sich kritisch beurteilt werden muss und darum, daß bei der Verabreichung an einen Patienten auch dessen Nutzen und sein freier Wille respektiert wird.[166]

## Schlussfolgerungen

Wie in der Einleitung geschrieben, geht es hier nicht im generellen um das Thema Impfen, sondern um Massenimpfungen oder gar obligatorische Impfungen. Oft hört man von Ärzten und liest in Medien, das Risiko einer Impfung sei so gering. Genau dies ist hier der Punkt. Wenn man die Grafik unter Pandemrix anschaut, sieht man 253,8 Nebenwirkungen auf 1 Mio. Geimpfte. Das macht dann auf die Schweiz & Österreich gerechnet 2.173 Nebenwirkungen, darunter 650 schwerwiegende. Zum Vergleich; in der Schweiz sind mit (nicht an) COVID-19 bis zum 16.05.2020 1.603 Menschen gestorben. In Österreich 596. Für Deutschland würde das bedeuten 21.730 Nebenwirkungen, darunter 6.500 schwerwiegende. In Deutschland sind etwa 7.300 mit COVID-19 gestorben.

Normalerweise gilt in der Medizin, Therapierisiko gegen Nutzen für den Patienten abzuwägen. Jeder Arzt wird Ihnen das bestätigen. Jedes Medikament hat potentiell Nebenwirkungen und diese werden gegen den potentiellen Nutzen abgewogen. Wenn dem nicht so wäre, gäbe es keinen Grund nicht sämtliche Medikamente im freien Verkauf anzubieten, und zwar nicht einmal in der Apotheke, sondern im Lebensmittelladen, beim Bäcker, Käser oder im Kleidergeschäft.

Es gibt keinen einleuchtenden Grund, beim Impfen von dieser Regel abzuweichen. Man muss bei jedem Patienten Nutzen und Risiko abwägen. Benötigen gesunde Menschen bis 65 Jahre eine Grippe-Impfung? Ihr Immunsystem ist in der Lage mit Infektionen fertig zu werden. Klar ist eine Grippe eine schwere Erkrankung und abgewogen wird dann meistens: Kann ich mir erlauben 2 - 3 Wochen das Bett zu hüten, möchte ich so krank sein? Das ist ein freier Entscheid und soll es bleiben. Aber schon bei Menschen mit Autoimmunerkrankung zeigt uns die Forschung von Schoenfeld, daß der Entscheid schwieriger ist und mit einem kompetenten Arzt besprochen werden sollte.

Im Fall von COVID-19 sollen jetzt Therapien und Impfstoffe entwickelt und in millionenfacher Dosis verabreicht werden mit reduzierten Zulassungshürden. Das bedeutet weniger Informationen über Wirkung und Nebenwirkung. Es ist absehbar, daß auch eine Haftung, wie dies bei anderen Impfstoffen schon geschehen ist, für die Hersteller ausgeschlossen wird.

Wenn man als Modellrechnung Europa mit den Nebenwirkungen von Pandemrix nimmt, bedeutet das 23.000 Menschen sind von Nebenwirkungen betroffen, die sonst nie ein Problem gehabt hätten. Nimmt man die Zahlen der Schweinegrippe-Impfung in den USA 1976, hat man 278 Tote, die sich sonst bis heute bei bester Gesundheit ihres Lebens hätten freuen können.

Spielen wir mit den Zahlen der HPV Impfung, so würden, bei einer vollumfänglichen Durchimpfung in Europa schlussendlich ca. 250 Mio. Frauen geimpft sein. Gegenüber einer funktionierenden Kontrolle zur Früherkennung hätten die Impfungen keinen Vorteil, hingegen hätten zigtausend Frauen die Folgen von Nebenwirkungen, und einige davon schwere, zu ertragen.

Man wird bei COVID-19 mit Herdenimmunität und Schutz für andere argumentieren. Hier liegt der große Fehler. Die Zahlen liegen jetzt schon da (ich schreibe dies 21.04.2020), die Mortalität mit COVID-19 ist verschwindend gering. Die Mortalität wegen COVID-19 wird noch viel geringer sein, falls wir je vernünftige Zahlen darüber erhalten. Die Zahl der symptomfreien COVID-19 Träger wird immer größer. Die Kinder, das wird sogar von den sogenannten Fachleuten der Regierungen gesagt, sind nicht in Gefahr und auch keine Verbreiter. Der medizinisch wissenschaftlich richtige Weg, um den sogenannten Herdenschutz zu erreichen, wäre COVID-19 durch die Bevölkerung gehen zu lassen und dadurch eine natürliche Abwehr zu erzeugen. Nebst Prof. Vernazza, Schweiz und Prof. Bhakdi, Deutschland plädieren unzählige weitere Fachleute dafür.

Die Schutzmaßnahmen, die für alle eingeführt wurden, mögen richtig sein für solche Menschen, die angeschlagen sind, die auch mit einer Grippe in Lebensgefahr wären. Das Social Distancing, die Ausgangssperren und Ladenschliessungen nützen den Gefährdeten rein gar nichts. Sie müssen sich kein bisschen weniger schützen durch diese Maßnahmen.

Es wird jetzt schon in den Medien behauptet, daß auch ehemalige COVID-19 Patienten, die genesen sind, wieder erkranken und das Virus weitergeben könnten. Es gibt keine vernünftige Erklärung, weshalb eine Impfung eine bessere Abwehr hervorrufen sollte als eine bereits erworbene Immunabwehr. Es gibt bis dato keine Patienten, welche ein zweites Mal symptomatisch an COVID-19 erkrankt sind, und es gibt keine Beweise, daß Menschen die COVID-19 überstanden haben, das Virus weiterverbreiten, was völlig ungewöhnlich wäre. In diesem Zusammenhang frage ich nach der Logik, daß Geimpfte das Virus dann nicht auch weitergeben könnten?

Für den medizinischen Laien sei auch in Erinnerung gerufen, daß wir alle Träger von Viren sind, die potentiell zu Krankheiten führen können, jedoch vom Immunsystem kontrolliert werden. Als Beispiel sei hier VZV genannt (Gürtelrose). Die Mehrheit der Bevölkerung ist Träger des Virus, aber es bricht bei den meisten nicht aus.

Ich hoffe, es ist verständlich geworden, weshalb auch bei der Impfthematik der einzelne „Patient" angeschaut werden sollte. Wie ist sein Nutzen/Risiko Verhältnis? Aber auch: wie ist seine persönliche Haltung, denn es ist ein Eingriff in die persönliche Integrität, welche bis dahin als grundlegendes Menschenrecht geschützt ist. Deshalb ist von Massen- und obligatorischen Impfungen abzusehen. Es ist der schlechteste Weg, und wir sollten das ablehnen. Das Beispiel der HPV Impfung zeigt auch, daß die Abwägung zwischen Nutzen und Risiko ein sehr persönlicher Entscheid sein muss, der von niemandem übernommen werden darf.

# Therapien

## Tamiflu

Für die Schweinegrippe wurde von diversen Ländern Tamiflu im Wert von mehreren hundert Millionen Euro beschafft. Letztlich wurde es erstens nicht gebraucht, da sich die Schweinegrippe Hysterie als ungefährlich erwies und zweitens stellte man kaum einen positiven Effekt von Tamiflu bei der Schweinegrippe fest.

Prof. Matthew Thompson damals Oxford, heute Washington, veröffentlichte Studien über Tamiflu im BMJ, eines der renommiertesten medizinischen Journale. Er beurteilte Tamiflu wie folgt:

*„Wir haben keinen Beleg dafür gefunden, daß dieses Medikament schwerwiegende Komplikationen reduziert oder Einweisungen ins Krankenhaus unnötig macht. Und es gibt keinen Nutzen für Kinder mit Asthma, die ja zu der Risikogruppe gehören. Wir haben jedoch Belege für Nebenwirkungen gefunden. 1 von 20 Kindern, die das Medikament bekommen, wird sich übergeben und sich dabei elend fühlen. Das kann zu Dehydration beitragen."*

In Japan wurden psychische Störungen bei Jugendlichen im Zusammenhang mit Tamiflu registriert.[167]

Hier einige Textauszüge aus Swissmedicinfo, die bundesamtliche Arzneimittelinformation der Schweiz (Schweizerisches Heilmittelinstitut):

*„Bei der Verabreichung von Tamiflu zur Behandlung der Influenza wurden insbesondere bei Kindern und Jugendlichen neuropsychiatrische Störungen wie Konvulsionen und Delirium beobachtet. In seltenen Fällen führten diese Störungen zu ungewollten Verletzungen, in sehr seltenen Fällen mit tödlichem Ausgang."*

Und:

*„Es liegen keine Daten hinsichtlich Unbedenklichkeit und Wirksamkeit von Oseltamivir bei Patienten vor, deren schlechter oder instabiler Gesundheitszustand eine Krankenhauseinweisung erforderlich machen könnte."*

Wer in dieser Branche arbeitet, weiß, daß unter Nebenwirkungen praktisch alles, das unter Therapie beobachtet wurde, aufgeführt wird. Ob ein kausaler

Zusammenhang besteht, ist nicht relevant. Es geht um die juristische Absicherung. Wenn aber bei den Patienten, die davon einen Nutzen haben sollten, nicht einmal von einer Wirkung ausgegangen werden darf, ist das schon fragwürdig.

Die Daten aus Swissmedicinfo sind aktuell (22.04.2020). Die Stellungnahme von Prof. Thompson stammt aus dem Jahre 2009. Nach 11 Jahren gibt es immer noch keine besseren Daten, geschweige denn Wirkinformationen! Hierzu nochmals aus Swissmedicinfo:

*„Die Sicherheit und Wirksamkeit von Tamiflu sind bei Kindern unter 1 Jahr noch nicht ermittelt worden (siehe „Pharmakokinetik"). Tamiflu kann dennoch, auf der Basis begrenzter Pharmakokinetik- und Sicherheitsdaten, während eines pandemischen Influenza-Ausbruchs zur Behandlung von Kindern im Alter von 6 bis 12 Monaten eingesetzt werden. Der behandelnde Arzt sollte die Pathogenität des zirkulierenden Stammes und den zugrunde liegenden Gesundheitszustand des Patienten berücksichtigen, um einen potentiellen Nutzen für das Kind sicherzustellen."*

Hier haben wir es also: keine Sicherheit, keine Wirksamkeit, trotzdem soll es bei Pandemien eingesetzt werden, was eben eine unkontrollierte Massenanwendung bedeutet. Die Verantwortung und Einschätzung werden dem behandelnden Arzt überlassen. Auch das ist leider eher die Regel als die Ausnahme. Fazit: Viel Geld ausgegeben, keinem genützt, vielen geschadet.

## Remdesivir

Remdesivir kann man als Breitband Virostatika bezeichnen. Es soll gegen SARS-CoV, Ebola, MERS-CoV, RSV und eben auch gegen SARS-CoV-2 wirken. Ob es das tut und wenn ja, in welchem Ausmaß und wie das Nebenwirkungsprofil aussieht, ist noch nicht geklärt. Man hat also keine Behandlungserfahrung im größeren Rahmen in anderen Indikationen, von denen man die Verträglichkeit bei COVID-19 Patienten einschätzen könnte. Auch hier gilt, eine Wirkung ist unabdingbar, dieser Nachweis muss vor der Marktzulassung erbracht werden, nicht wie bei Tamiflu. Aber gerade die Nebenwirkungsthematik ist hier wiederum von Bedeutung. Denn wenn nur 1 von 10`000 Patienten eine schwerwiegende Nebenwirkung davon trägt, wäre das im europäischen Maßstab verheerend. 50`000 schwere Nebenwirkungen wären die Folge. Deshalb liegt es auf der Hand, daß gerade Medikamente, welche unter erleichterten Bedingungen auf den Markt kommen, jedoch auch grundsätzlich neue Medikamente, sehr sorgfältig nach Nutzen/Risiko abgewogen werden müssen und nur individuell in Absprache mit dem Patienten verabreicht werden dürfen. Für einen Masseneinsatz taugen sie nicht.

Am 02.07.2020 erweitert nun die Swissmedic und mit ihr auch die EMA (europäische Arzneimittelagentur) den Einsatz von Remdesivir. Will heißen, das Medikament kann auch außerhalb von Studien eingesetzt werden. Dies auf Grund der SIMPLE Studie, welche eine schnellere Genesung im Vergleich zu Placebo zeigt. In diesem Fall bedeutet schneller elf anstatt 15 Tage.

Diese Studie zeigt keinen Vorteil bei der Sterberate! Sie zeigt keinen Vorteil bezüglich Langzeitschäden von Erkrankten!

Lediglich 4 Tage schnellere Genesung unter den Parametern und der Definition der Studie wird signifikant nachgewiesen. Argumentiert wird, dies sei ein Vorteil um Überlastung der Spitäler zu reduzieren, was am 02.07.2020 für ganz Europa keine Rolle spielt, da die Spitäler nicht überlastet sind. Das Argument müsste auch noch unter dem behandelten Thema der Intubation (siehe Kapitel 4) kritisch untersucht werden, bei dem früh schon erkannt wurde, daß dieser aufwändige Ansatz in der Mehrheit eher schädlich, denn nützlich war.

Ein weiteres Argument seien die Kosten. Eine 5-tägige Therapie kostet 2340 bis 3120 Dollar titelt die Handelszeitung am 30.06.2020. Allerdings zeigt die Studie, daß erst die 10 tägige Therapie den Unterschied macht. Die entscheidende ACTT Studie bleibt – bis zum Zeitpunkt des hier beschriebenen – kryptisch und spricht von einer Behandlungsdauer der Probanden von bis zu 10 Tagen. Ob 5 oder 10 Tage, es wird behauptet mit der Therapie Kosten einsparen zu können. Die 4 Krankenhaustage müssen also als sehr teuer veranschlagt worden sein, denn es sind ja nur die wenigsten Patienten stationär im Krankenhaus.[168]

Die beiden COVID-19 Medikamente werden uns als Beispiele nochmals im nächsten Kapitel begegnen.

# Wer profitiert?

## Diagnostik

Gemäß Prof. Vernazza kostet ein PCR Test in der Schweiz CHF 200.00. In Deutschland schlägt, gemäß Spiegel, ein Test mit 150.00 Euro ohne Nebenkosten zu Buche. Im Internet findet man Schnelltests zu CHF 89.00 für 3 Stück, die den Qualitätskriterien der Spitäler wohl nicht genügen dürften.

Am 22.04.2020 höre ich von Bundesrat Berset, von Kanzlerin Merkel und aus weiteren Ländern, man müsse noch mehr auf COVID-19 testen. Nehmen wir für Europa nicht eine 100 % Durchtestung an. Wie wäre es mit 10 %? Dann kommen wir auf 50 Mio. Tests. Wir geben einen Rabatt und berechnen nur 100.00 Euro pro Test und landen bei 5 Mia. Euro. Man kann auch nur 5 % der Bevölkerung testen und begnügt sich mit 2.5 Mia. Euro. Aber es gibt ja noch Nordamerika, Australien, Japan, Südkorea wo wir ein ähnliches Preisniveau bei etwa 560 Mio. Bevölkerung haben. Dann kommt der Rest der Welt, wo sicherlich ein Preisabschlag nötig ist. Sagen wir 20 Euro pro Test? Man rechne selbst...

Es dürfen sich freuen: Roche, Bosch, Bencard und weitere. So groß wie die *Gefahr* dargestellt wird und so solidarisch die Weltbevölkerung zusammenstehen *muss*, ich darf dem Leser versichern, daß die Tests nicht zum Selbstkostenpreis abgegeben werden. Das ist ein Riesengeschäft!

Was in diesem Zusammenhang ebenfalls bemerkenswert ist, finden wir auf der Seite des deutschen Paul-Ehrlich-Instituts:

*„Alle COVID-19-Tests unterliegen der EU-Richtlinie über In-vitro-Diagnostika (IVD), die derzeit in Europa die Marktzulassung für IVDs regelt. Gemäß dieser Richtlinie können die Hersteller die COVID-19-Tests – als "IVD niedrigen Risikos" – noch selbst zertifizieren und auf eine unabhängige Überprüfung der Tests verzichten, bevor sie auf den Markt gebracht werden. Die Validierung der Tests, die im Internet und in Apotheken angeboten werden, ist aus Sicht des Paul-Ehrlich-Instituts, Bundesinstitut für Impfstoffe und biomedizinische Arzneimittel, daher nicht gesichert. Nachweislich gibt es hier auch Fälschungen.“* [169]

Ehrlichkeit, bis zur Unverfrorenheit. An dieser Stelle sei nochmal an das wissenschaftliche Kapitel erinnert, wo aus verschiedenen Quellen Probleme mit den COVID-19 Tests auftauchten.

## Impfindustrie

Nehmen wir Fluarix Tetra, die Grippe Impfung von GlaxoSmithKline. Fabrikabgabepreis in der Schweiz CHF 9.58, Publikumspreis 19.20. Mit Impfungen lässt sich nicht das große Geld machen, heißt es immer. Das stimmt soweit man die Kriterien, welche ich im Kapitel Impfung ausgeführt habe, anwendet und die Impfung freiwillig ist. Es ist schwierig zu beurteilen, was die Herstellung eines Medikamentes die Firma selbst kostet. Jedenfalls ist für das genannte Präparat nicht mehr viel an Forschungskosten einzukalkulieren. Die Firma wird kaum CHF 1.00 Kosten haben. Sagen wir also, daß CHF 8.50 bei der Firma als Gewinn, Deckungsbeitrag, Marge, wie auch immer bleibt. Führt man nun eine obligatorische COVID-19 Impfung ein, wird der Absatz so hoch, daß der Preis gesenkt werden muss, durch Massenproduktion werden auch die Herstellungs-kosten sinken. Nehmen wir willkürlich an, daß in diesem Fall noch CHF 3.00 für GSK bleibt. Was würde das bedeuten bei einer Impfpflicht nur schon für Europa, Nordamerika, Australien, Japan, Südkorea? Einnahmen von CHF 3 Mia. Nimmt man noch den Rest der Welt dazu, wo sich vielleicht nur noch CHF 0.50 verdienen lässt, sind wir bei weiteren gut 3.5 Mia. zusätzlich.

Der aufmerksame Leser wird den Publikumspreis bemerkt haben. Dem Arzt, Apotheker oder Spital, welches die Impfung verabreicht, bleibt ebenfalls eine Marge in vergleichbarem Umfang. Die Konsultation wird ja zumindest für Arzt und Spital zusätzlich abgerechnet. Somit ist es also nicht nur für die Pharmaindustrie lukrativ, wenn im großen Ausmaß geimpft wird.

Für allfällige Impfschäden entzieht sich der Hersteller durch umfangreiche Hinweise auf Nebenwirkungen in der Packungsbeilage der Haftung. Dies wird weltweit so gehandhabt. In Deutschland und der Schweiz hat der Arzt eine gewisse Aufklärungspflicht. Vernachlässigt er diese, wird man ihm das nachweisen müssen, um ihn zu behaften. Deutschland wie die Schweiz kennen eine staatliche Entschädigung und/oder Genugtuung für empfohlene oder angeordnete Impfungen. (Seltsam dabei ist, daß angeordnete Impfungen erwähnt sind, da bis zur Einführung des schweizerischen Epidemiengesetz EpG am 1. Januar 2016 keine Impfpflicht bestand und in Deutschland bis dato auch nicht. Somit ist klar, daß für diejenigen, welche das EpG auf den Weg brachten, klar war, daß auch eine Impfpflicht ins Konzept einbezogen wird. Konsequenterweise legte man dann auch diese Option im EpG fest.) Wenn man den Staat belangen will aufgrund eines solchen Impfschadens, füllt man ein Formular aus und eine staatliche Instanz prüft dann das Gesuch. Sie werden untersuchen, ob ein kausaler Zusammenhang besteht oder nicht. Ist man mit dem Entscheid nicht einverstanden, kann der Rechtsweg beschritten werden. Es liegt auf der Hand, daß ein Geschädigter den Staatsorganen hier ziemlich ausgeliefert ist. Zudem ist die Genugtuung in der Schweiz auf CHF 70.000 beschränkt, das wird die Entschädigung für einen Todesfall oder eine schwere Behinderung sein. Es kann sich jeder selbst die Antwort geben, ob die Genugtuung für ihn adäquat ist.[170]

Am 22.04.2020 wurde die erste klinische Studie mit 4 RNA Impfstoffen am Paul-Ehrlich-Institut gestartet. Die Versuchskandidaten stammen aus einer Kooperation von Pfizer und BioNTech. In BioNTech investiert die Bill und Melinda Gates Stiftung mit 55 Mio. $ und der Option den Betrag auf 100 Mio. $ zu erhöhen.[171]

In verschiedenen Mitteilungen war von den Herstellern zu Beginn der Studien zu lesen, man hoffe bald hunderte von Millionen an Impfdosen produzieren zu können. Das „neutrale" Paul-Ehrlich-Institut informierte auf Ihrer Homepage:

*„Durch eine intensive wissenschaftliche Beratung des Arzneimittelentwicklers BioNTech im Vorfeld konnte das Paul-Ehrlich-Institut das Verfahren in vier Tagen abschließen."*

Vier Tage wurde von einer Ärztin nicht als beschleunigtes Verfahren, sondern als Lichtgeschwindigkeit bezeichnet! Sinnigerweise nannte es BioNTech auch Projekt „Lightspeed" Als Pharma-Insider weiß ich, wie intensive wissenschaftliche Beratung zu interpretieren ist. Auch das Paul-Ehrlich-Institut arbeitet in Partnerschaft mit der Gates-Stiftung zusammen, um z.B. das Gesundheitssystem in Afrika „aufzubauen“.[172] Es sitzen also alle im selben Boot. Zufall?

## Medizinaltechnik

Das Thema war anfangs gar nicht im Blickwinkel, wenn man jetzt die Dimensionen hört, ist erst zu erkennen, daß hier ein ganz neuer Milliardenmarkt entsteht. Es wird im Text klar, ich möchte jedoch einführend unterstreichen, daß die Summen lediglich Größenordnungen darstellen und keine genauen Preise. Sie dienen lediglich dazu einen Eindruck zu vermitteln.

### Schutzmasken

Am 21.04.2020 berichtete die Schweizer Tagesschau, daß die Schweizer Armee in kurzer Zeit 100 Mio. Schutzmasken bestellt hat (20 Mio. an Lager 80 Mio. treffen demnächst ein). Dies ist jedoch nur das Notlager. Kantone und Spitäler sind angehalten ihren Bedarf selbst zu decken und die Bundeslager nur im Notfall anzuzapfen. Ohne zu übertreiben, kann man davon ausgehen, daß somit Kantone und Spitäler etwa das Zehnfache an Masken anschaffen werden. Die Schweiz hat bis dahin keine Maskenpflicht beschlossen. Könnten wirtschaftliche Gründe, überfüllte Lager ein Motiv für die Anordnung der Maskenpflicht im ÖV am 02.07.2020 mitgespielt haben?

Deutschland hat eine Maskenpflicht beschlossen. Valide Zahlen ließen sich nicht finden, aber aufgrund der hochgefahrenen Produktion, werden da mehrere Milliarden Schutzmasken umgesetzt.

Zurzeit sind die Herstellungskosten in Europa noch nicht klar. In China waren es wenige Rappen. Die Masken wurden jedoch für CHF 1 bis 3 angeboten. Aber auch bei europäischer Produktion wird ein satter Profit im Milliardenbereich herausschauen. Erst recht, wenn das Tragen der Masken in vielen Bereichen zur Pflicht wird.

### Hände-Desinfektionsmittel

Nehmen wir an, daß durch die COVID-19 Krise durchschnittlich jeder Mensch nur einmal mehr pro Tag die Hände mit Desinfektionsmittel desinfiziert: Ein 5-Liter Kanister davon kostet in der Schweiz etwa CHF 100.00. Die kleinen Handdispenser sind deutlich teurer, aber wir gehen von umweltfreundlichem Auffüllen aus und lassen die Millionen kleinen Dispenser die zusätzlich angeschafft werden großzügig aus. Ein Hubvolumen enthält 2.2 ml. Wenn sich 8.56 Mio. Schweizer nur 1-mal am Tag öfters die Hände auf diese Weise desinfizieren, macht das 18.832 Liter pro Tag und Mehrkosten von CHF 376.640 pro Tag, bzw. 137.5 Mio. pro Jahr aus. Geht man davon aus, daß der durchschnittliche Preis in Europa bei der Hälfte liegt, sind wir bei etwa 3.6 Mrd. Euro pro Jahr, wo bis dahin der normale Bürger kaum mit Hände-Desinfektionsmittel zu tun hatte.

## Therapien

Hier lohnt es sich auf die vergangene Schweinegrippe 2009 zurück zu kommen. Wie wir gesehen haben, hatte Tamiflu kaum eine Wirkung und die Millionen von Packungen, die durch etliche Regierungen angeschafft wurden, blieben liegen und mussten schlussendlich teuer entsorgt werden. Roche verdiente ein paar hundert Millionen. Wollen die Unternehmen wirklich nur gesunde Präparate herstellen, um kranken Menschen zu helfen und berechtigterweise etwas daran verdienen? Dann müssen wir die Machenschaften und die Investoren anschauen. Zu Tamiflu haben wir gesehen, daß ein wirkungsloses und für einige sogar schädliches Medikament als Heilmittel für die damals hochgepuschte Schweinegrippe, die sich im Nachhinein als harmlos herausstellte, angepriesen wurde. Mittels geschickten Lobbyings wurde es von der WHO empfohlen und den Regierungen aufs Auge gedrückt. Gab es eine teilweise Rückerstattung? Natürlich nicht. Tamiflu als Therapeutikum warf vor der Schweinegrippe nicht viel Umsatz ab, man setzte es hie und da gezielt ein und möglicherweise profitierte der eine oder andere Patient sogar davon. Interessant wurde es erst mit der Ausrufung der Schweinegrippe Pandemie und der Empfehlung, daß die Regierungen Lager davon aufbauen sollten. So macht man mit therapeutischen Mitteln Umsatz! In diesem Falle müssen sie nicht einmal, wie bei den Impfungen geschehen, genutzt werden. Patente an Tamiflu hatte Donald Rumsfeld; er verdiente an jeder Packung mit und von ihm wissen wir, daß er ein Kriegsfalke ist und sein menschliches Mitgefühl sehr infrage steht. Das ist gewiß etwas plakativ, aber illustriert sehr klar, daß die Aktionäre der Pharmafirmen steigende Aktien und hohe Dividenden wollen.[173]

Als Therapeutikum gegen COVID-19 wird Remdesivir von Gilead Sciences ins Rennen geschickt. Aus diversen Kanälen heißt es, dies sei der aussichtsreichste Kandidat. Auch hier haben wir einen Neuling, dessen „beeindruckende" Wirkung wir behandelt haben und dessen Nebenwirkungen noch wenig bekannt sind. Gilead Sciences ist letztmals damit aufgefallen, daß sie gegen Hepatitis C eine Therapie Epclusa auf den Markt brachten, die wirklich half. Jedoch war der Preis so unverschämt teuer, daß sogar in der Schweiz die Therapie erst dann von der Krankenkasse bezahlt wird, wenn die Leber schon weitgehend zerstört ist. Könnte man die Therapie von Anfang an erhalten, würde die Leber nicht zerstört. Donald Rumsfeld war Vorstandsvorsitzender bei Gilead Sciences, hielt ein Aktienpaket über 25 Mio. $, und hält noch immer Anteile unbekannter Größe.[174]

Präsident Trump bildete mit folgenden Firmen eine Allianz zur Entwicklung eines Therapeutikums und/oder Impfstoffes gegen COVID-19: GlaxoSmith-Kline, Johnson & Johnson, Pfizer, Gilead Sciences und CureVac. Dazu erschien eine Übertragung am 02.03.2020.[175]

Nun müssen die Player näher angeschaut werden. Beschränken wir uns hier auf die 5 im „Bunde“:

Von oben nach unten sind jeweils die größten Aktionäre aufgeführt. Es ist klar ersichtlich, daß es wenige ganz große Investoren sind, welche in die Pharmafirmen investiert sind und somit den Einfluss haben. Es handelt sich um Kapitalgesellschaften, die an einer möglichst hohen Rendite interessiert sind.

| Gilead | Johnson & Johnson | Pfizer | GlaxoSmithKline | CureVac |
|---|---|---|---|---|
| Vanguard Group | Vanguard Group | Vanguard Group | Vanguard Group | Dievini Hopp Biotech Holding |
| Black Rock | Black Rock | Black Rock | Black Rock | |
| Capital Research & Managementroup | Capital Research & Mangement | Capital Research & Management | Capital Research & Management | Bill & Melinda Gates Foundation |
| SSgA Funds Management | SSgA Funds Management | SSgA Funds Management | | |
| Putnam LLC | Putnam LLC | Putnam LLC | | |
| Geode Capital Management | Geode Capital Management | Geode Capital Management | | |
| | Norges Bank Investment Management | Norges Bank Investment Management | Norges Bank Investment Management | |
| | Wellington Management | Wellington Management | | |
| | Northern Trust Investments | Northern Trust Investments | | |
| Dodge & Cox | | | Dodge & Cox | |
| | State Farm Investment Management | | | |
| Renaissance Technologies | | | | |
| | | | Threadneedle Asset Management | |
| | | | Legal & General Investment Management | |

176

Sehen wir uns die Aktienkurse der 5 Firmen an. Anfang des Jahres ging es dank der COVID-19 Krise, wie alle Aktien der Welt, runter. Hingegen sehen wir im März zeitgleich einen wundersamen Anstieg. Für CureVac war kein Chart auffindbar. Deshalb ist der Chart von Dievini Hopp Biotech Holding abgebildet unter Heidelberg Pharma Aktie, welcher CureVacs wichtigster Aktionär ist.[177]

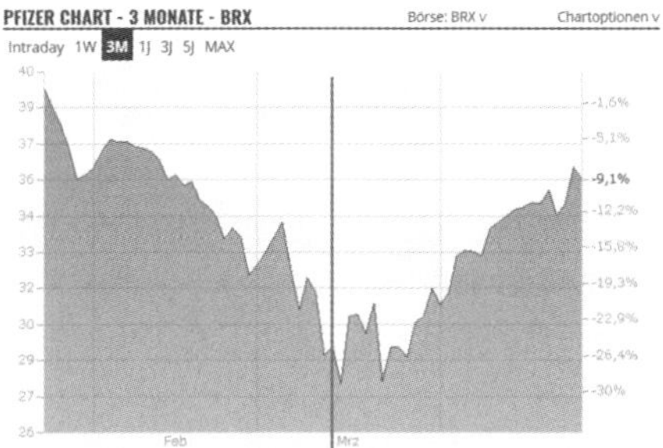


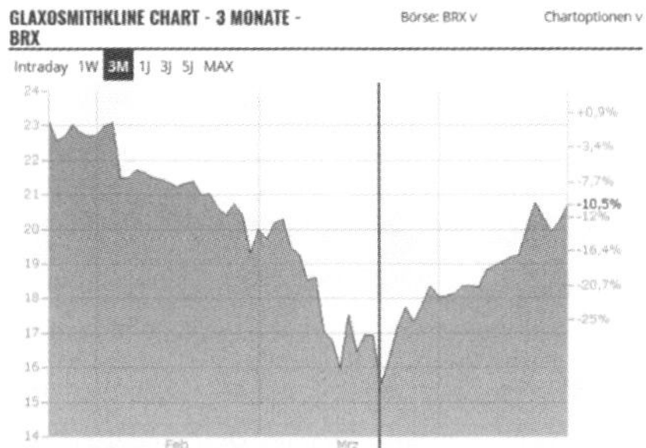


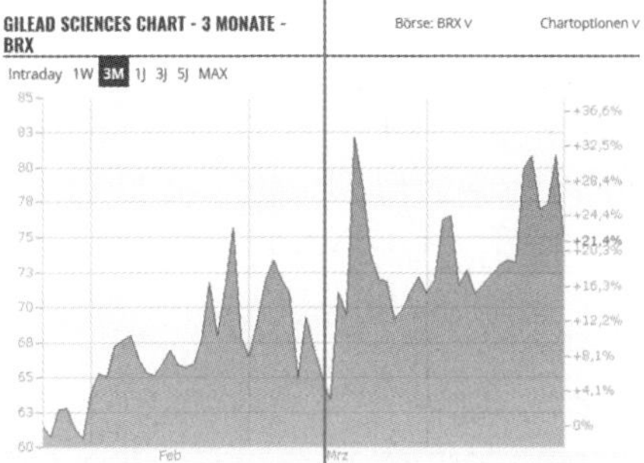


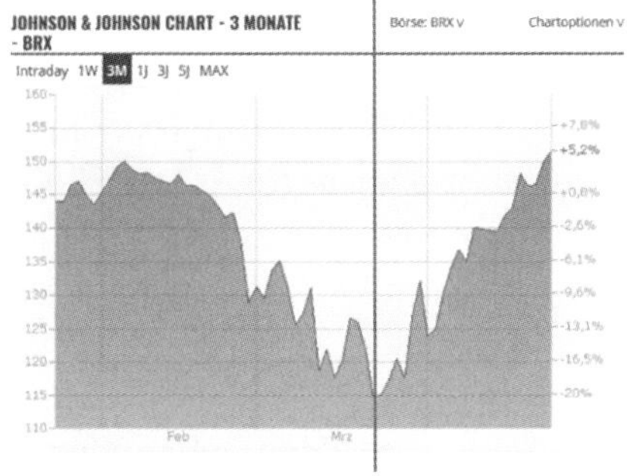


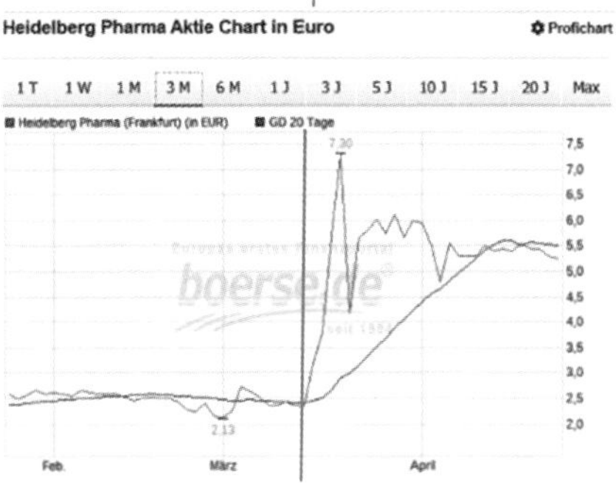


Aus über 20 Jahren Erfahrung in der Pharmaindustrie und ein paar Jahren Medizinaltechnik weiß ich: Es ist einzig und allein der Gewinn, der zählt. Die Firmen werden dabei nicht müde, auch internes Marketing zu betreiben. Slogans wie „for a healthier world" oder „Patients first" und vieles mehr sind zu hören, aber das glaubt auch der Angestellte auf unterster Stufe nicht. Die Aktionäre wollen Gewinnausschüttung, die Manager und Angestellten wollen ihre äußerst hohen Löhne und Boni einfahren. Mit dem Deckmäntelchen der Gesundheit für leidende Patienten wird nur das eigene Gewissen ruhiggestellt. Damit sei nicht gesagt, daß die Arzneimittel alle nutzlos und wirkungslos seien. Sicher nicht! Es geht hier nur darum, den Antrieb des Handelns zu beschreiben.

## Digital Health

Ende 2019 wurde bei den führenden Pharmafirmen der Slogan Digital Health ausgerufen. Das ist der Weg, den die Pharmaindustrie zusammen mit der Digitalindustrie gehen will. Sie wollen an die Patientendaten. Dazu werden unzählige Apps via Arzt den Patienten angeboten. Sie sollen Gesundheitsdaten messen, Tipps geben und dazu anhalten die Medikamente pflichtbewusst einzunehmen. Compliance ist hier das Stichwort. Sehr viele der verordneten Medikamente werden nur teilweise genommen und irgendwann springen die Patienten ab. Das kann durchaus mal schädlich sein. Mehrheitlich ist es wohl eher gesund. Wenn die Compliance gefördert wird, werden die verordneten Medikamente genommen und die Therapie wird fortgesetzt. Es geht noch weiter: Daten sollen direkt zum Arzt gehen, damit dieser reagieren kann und somit den Umsatz sichert. Die Firmen wollen die Daten auch – natürlich anonymisiert. Sie interessieren sich nicht für Hans Müller. Die anonymisierten Daten geben ihnen genügend Informationen, um Hilfen und Unterstützungen herauszufinden, die vorhandenen Patienten besser an die Therapien zu binden, neue Therapien zu starten und schlussendlich mehr Kunden, Entschuldigung, Patienten zu haben.

Der Schweizer Tagesanzeiger berichtet am 18.02.2019:

*„Am 25. Oktober 2018 treffen sich in Bern die Bundesräte Leuthard, Schneider-Ammann, Bundeskanzler Walter Thurnherr, die Präsidenten der renommiertesten Hochschulen des Landes, Christoph Franz von Roche, Calvin Grieder von Givaudan, SBB, Urs Schäppi von Swisscom, UBS, Google und weiteren Konzernen, Vertreter von Wirtschaftsverbänden, Amtsdirektor Pascal Strupler, Regierungsrat Thomas Heiniger (ZH), ein Ständerat, mehrere Generalsekretäre. Es geht um die Digitalisierung des Gesundheitswesens."*

„Wer heute gutgläubig an einer medizinischen Studie teilnimmt oder seine Daten preisgibt, könnte in *10 oder mehr Jahren seinen Versicherungsschutz verlieren.“*

*„Die Dokumentation zeigt, daß Druck auf den Bund aufgebaut wird, die Patientendaten der Schweizer, der Wirtschaft preis zu geben. Und es zeigt auch, daß seitens der Bundesvertreter große Bereitschaft dazu besteht, dies über Anreize und wenn nötig über Zwang zu tun.“*

*„Die Wirtschaftsvertreter monieren, daß die Digitalisierung in der Schweiz, E-Health, zu langsam voranschreite und man die Daten zum Teil teuer im Ausland einkaufen müsse. Die gesetzlichen Vorgaben seien behindernd, etwa bei der Erhebung medizinischer Daten oder Handy-Apps für ihre Forschung.“*

*„Thomas Heiniger ärgert sich über die einstweilige Freiwilligkeit für Ärzte, ein elektronisches Patientendossier zu führen.“*

*„Strupler schlägt vor mit dem Nutzen von E-Health zu werben. Schäppi fordert mehr Leadership vom Bundesrat. Ob es mehr Druck oder Regulatorien benötige, lenken Strupler und Leuthard ein. Heiniger ist für Zwang, z.B. E-Health als Bedingung für eine Praxisbewilligung. Franz spricht sich für finanzielle Anreize aus. Jürgen Schmidhuber, KI-Pionier ist dafür, daß auch Patienten Geld damit verdienen können sollten. Gemäß Grieder ist Privatsphäre ein Luxus der Gesunden. Man müsse auch diese dazu bewegen ihre Daten herzugeben.“*

Niemand ist unter diesen „Leadern“ zu finden, der sich für den Datenschutz der Patienten interessiert. Dazu sagt Rechtsprofessorin Franziska Sprecher im Tagesanzeiger vom 18.02.2019:

*„Diesen Persönlichkeiten ist nicht bewusst, daß sie über Persönlichkeitsrechte sprechen, die von der Verfassung geschützt sind.“*

*„Wenn man Forschung betreiben wolle, muss man Wege finden, dies zu tun, ohne die Persönlichkeitsrechte zu verletzen. Durch immer mehr Meldepflichten, mit den Daten welche Krankenkassen und Unternehmen sammeln, steigt das Volumen der Daten, die eigentlich dem Patienten gehören.“*

Sie gibt zu bedenken, daß man nie wisse, was durch die Preisgabe der Daten auf einen zurückkommt. Im Moment lebe man in einer Solidargemeinschaft. Hier möchte ich in der aktuellen COVID-19 Situation einwerfen: Was ist, wenn Daten über Dich bekannt sind, welche die Behörden jetzt dazu veranlassen könnten, Dich zu einer Therapie zu zwingen oder Dich zu isolieren? Wir erleben dies in Zeiten des Notrechts und der besonderen Lage, wie Leute in Quarantäne und Isolation aufgrund eines fragwürdigen Tests geschickt werden, die weder Symptome haben, noch krank werden, noch eine Ansteckungsgefahr darstellen. Ein Problem sieht Frau Sprecher im Generalkonsens. Die Einwilligung der Patienten ihre Daten für Forschungszwecke zu nutzen. Die meisten geben diese Einwilligung gerne. Der Anwendungsbereich sei jedoch nicht definiert, so daß mit den Daten letztlich alles gemacht werden könne. Das Schweizer Datenschutzgesetz sei veraltet und dies werde von Konzernen genutzt, um in Graubereichen Fakten zu schaffen, die später durch das Parlament kaum aufgehoben würden.

Wir sehen also, daß der gläserne Patient ein Ziel der Politik, Gesundheitsindustrie, Digital-, Telekom und Informatikbranche ist. Gedanken was damit möglich ist, muss sich jeder selber machen, der den COVID-19 Ausnahmezustand bewusst erlebt und sieht, wie schnell per Dekret gehandelt wird. Es darf einem kalt den Rücken hinunterlaufen. Es ist hier angebracht einen Schritt weiter zu schauen.

Was Jahre lang in die Spinnerecke gestellt wurde, nähert sich. Deshalb zitiere ich hier Healthcare in Europe:

*„Der Impfpass der Zukunft geht unter die Haut. Künftig trägt man seinen Impfpass unter der Haut – zumindest, wenn es nach Forschern des Massachusetts Institute of Technology (MIT) geht. Die Impfgeschichte erzählt ein Farbmuster, das mit der Impfdosis in die Haut gespritzt wird. Für das bloße Auge ist das nicht zu erkennen. Die Farbe enthält Quantenpunkte, Kristalle nicht größer als ein paar Nanometer. Diese senden Nahinfrarot-Signale, die per Kamera ausgelesen werden. Die Farbsignale sind Jahre aktiv. Die Partikel sind in biokompatibles Material eingekapselt, so daß sie nicht auf "Wanderschaft" gehen können."*[178]

Genau diese Technologie wird selbstverständlich auch von der Gates-Stiftung mehrfach gesponsert. Bsp. unten $ 909.846. Wie alle im ARD-Interview mit Bill Gates sehen konnten, ist es sein erklärtes Ziel 7 Mrd. Menschen, also die Welt zu impfen. Ab wann dieser Chip zum Einsatz kommt und ab wann dieser Chip einfach in jedem Impfstoff vorhanden ist, kann jetzt noch nicht abgeschätzt werden. Die Bestrebungen dazu sind jedoch vorhanden.

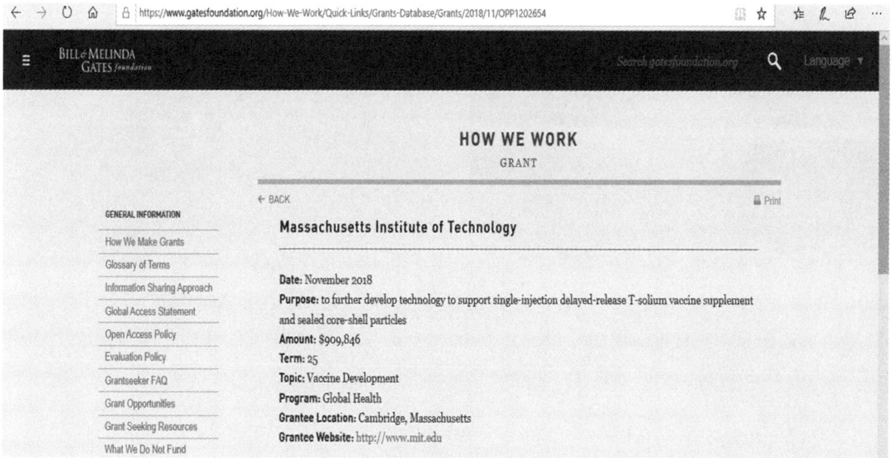


An einer Pressekonferenz[179] vom 09.04.2020 mit Prof. Streeck, informierte Prof. Exner vom RKI, daß die Maßnahmen nach der Lockerung für Risikopatienten streng aufrechterhalten werden. Als Beispiel nannte er 80-jährige. Risikopatienten sind jedoch auch Lungen- und Herzpatienten. Nun stelle sich der Leser vor, wenn künftig seine Gesundheitsdaten den Behörden bekannt sind. Dann wird uns die Autonomie genommen, selber zu entscheiden, sich einem Risiko auszusetzen, sollte man plötzlich einmal zu einer Risikogruppe ernannt werden. Eigenverantwortung, aber auch Autonomie, die mündige Entscheidung wird durch ein Gesundheitsdiktat abgelöst.

Zeitlich passend wird Mitte Mai 2020 mit folgender neuen, erstaunlich günstigen Wunder-Uhr E20 geworben: Sie misst: EKG, Blutdruck, Sauerstoff, Schritte, Kalorien, managt den Schlaf, hat eine Lost-Funktion, d.h. eine Ortungsfunktion. Dank einer Lithium-Ionen-Batterie muss sie nicht mehr täglich geladen werden. Eine Männer-Uhr (Technikfreaks sollen angesprochen werden). Eigentlich müsste eine solche Uhr zwischen 300 – 600 Euro kosten, wird jedoch für unter 200 Euro angeboten und zu Aktionsrabatten sogar für nur 99 Euro.

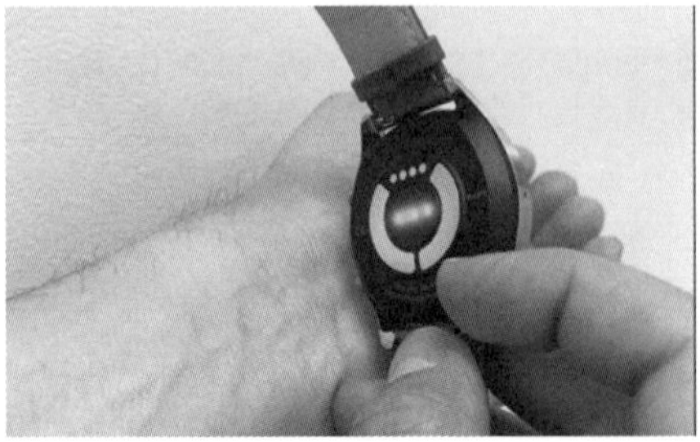

Vielleicht nicht du lieber Leser, aber jeder von uns kennt Menschen, die dem kaum widerstehen können. Das ist so cool, so hightech, die Uhr muss man einfach haben. Sponsored by Digital Health!

## Bill Gates / Microsoft

Mit Microsoft war Bill Gates darum bemüht ein Monopol zu schaffen, was ihm beinahe gelang. Was wir heute haben, kann man Oligopol nennen und Microsoft ist ganz vorne dabei. Das war erst der Anfang, danach ging es darum ein Internet Monopol zu erhalten. Dazu schreibt die Süddeutsche Zeitung:

*„Dabei wendet Microsoft dieselbe Methode an, die schon beim Einstieg in den Sektor Internet-Browser erfolgreich war – mit Windows, an dem fast niemand vorbeikommt, werden neue Funktionen gebündelt. Auf diese Weise und mit einigen unlauteren Tricks hat der Konzern vor etlichen Jahren den Konkurrenten Netscape aus dem Browsermarkt gedrängt – was schließlich den immer noch dauernden, aber durch die Bush-Entscheidung entschärften Kartellprozess gegen Microsoft ausgelöst hat."*

Die Computerwoche schreibt (hier Auszugsweise):

*„Der Softwareriese Microsoft muss wegen unfairer Geschäftspraktiken 561 Millionen Euro Geldbuße an die Europäische Union zahlen. Das entschied die EU-Kommission am Mittwoch in Brüssel."*

Sie haben es unterlassen verschiedene Browser anzubieten:

*„Mit dieser Praxis habe das US-Unternehmen seine Vormachtstellung auf dem Markt ausgenutzt, um Kunden zur Nutzung der eigenen Produkte zu zwingen – und Konkurrenten benachteiligt."*

Die obersten EU-Wettbewerbshüter kritisierten, daß der Konzern damit gegen eine Auflage aus einem früheren EU-Kartellverfahren von 2009 verstoßen habe. EU-Wettbewerbskommissar Joaquín Almunia sagte laut Mitteilung:

*„Die Nichteinhaltung ist ein schwerwiegender Verstoß, der mit entsprechenden Sanktionen belegt werden muss."*

Brüssel blieb aber weit unter der maximal möglichen Strafe von bis zu zehn Prozent eines Jahresumsatzes, im konkreten Fall also bis zu 5,6 Milliarden Euro. Das war 2013. Wie wir gesehen haben, war Bill Gates schon lange davor großer Gönner der WHO.

Hier die Eigenschaften mit welchen der „Philanthrop" Gates operiert:

1. Strebt nach dem Monopol
2. Macht unerlaubte Kartellabsprachen
3. Zwingt Kunden zur Nutzung seiner Produkte
4. Schert sich nicht um gerichtliche Entscheide

Daß die EU nur 10 % der möglichen Strafe verfügte, macht die Sache auch nicht besser und dürfte kaum zu einer Verhaltensänderung führen, was ja der Sinn von gerichtlichen Strafmaßnahmen ist.

Das sind noch längst nicht alle Methoden, wie Bill Gates seine Ambitionen durchsetzt. Dazu gehören auch Patentklau und der Aufkauf kleiner Firmen, welche gerichtlich klagen. Marlin Eller ein früherer Microsoft Software Entwickler schreibt über ihn:

*„Bill Gates sei ein Konzern-Gesetzloser, der mit Macht, Marktmuskel oder geschäftlichem Druck immer nur seinen eigenen Vorteil suche."*

Sogar Firmenmitbegründer Paul Allen beklagte sich in seinem Buch, daß er als aggressiver Unterhändler mit der besseren Nase für Geschäfte ihn so lange bearbeitete, bis der Eigner-Anteil bei 64 % für Gates und 36 % für Allen stand. Als Allen 1982 an Lymphdrüsenkrebs erkrankte, erwischte er Gates mit dem neu dazu gestossenen Steve Ballmer darüber zu beraten, wie sie ihm noch mehr Anteile abnehmen könnten, da er nun nicht mehr so leistungsfähig sei. Dies, obwohl die innovativen Ideen mehrheitlich von Allen kamen. Es darf mit recht gefragt werden, ob der Einfluss von Bill Gates in der WHO das ist, was für die Weltgesundheit wünschenswert ist![180]

Von den Medien wird uns Bill Gates als Rentier, der nun für das Wohl der Menschheit da ist und sein Vermögen über die Stiftung für Arme einsetzt, dargestellt. Da dürfte man erwarten, daß sein Vermögen sich mit der Zeit etwas reduziert. Man erinnere sich an die wenigen Beispiele unter dem Thema WHO Finanzierung. Unzählige Millionen spendet er Jahr für Jahr. Das müsste sich auch in der Bilanz eines Milliardärs niederschlagen. Aber nein, sein Vermögen wächst (siehe Graphik unten). Nicht so stark, wie dasjenige von Jeff Bezos, der nicht umsonst hier abgebildet ist. Gates Vermögensexplosion fand früher statt. Es liegt auf der Hand, die Spenden, die seine Stiftung an andere Stiftungen und die WHO macht, fördern zugleich den geschäftlichen Erfolg der Firmen, in die er investiert hat und von welchen wieder Gewinnausschüttungen in seine Kasse einfliessen. Unter dem Strich geht es auf. Es fließt mehr in die Kasse, als aus der Kasse. Somit behält er seinen Einfluss, kann ihn sogar ausbauen. Mittels zweckorientierter Spenden an die WHO, wird ihr Betätigungsfeld festgelegt. Mittels Spenden an Universitäten, Forschungsinstitute, ETH, Charité, RKI, usw. erlangt man Gehör und Einfluss.

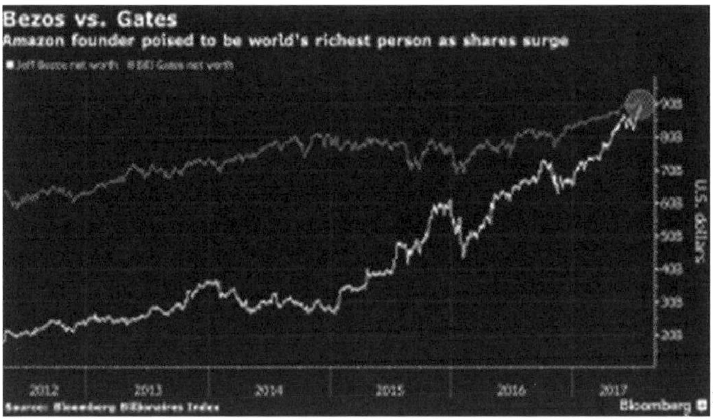

[181]

Hier einige Auszüge aus einer Rede von Laura Birx, Deputy Director in der Bill und Melinda Gates Stiftung 2012:

*„Es muss eine Win-win Situation für alle Investoren sein. Vor allem für das Entwicklungsland selbst, aber auch für die Privatwirtschaft. Es darf nicht nur als Wohltätigkeit angesehen werden, sondern als ein nachhaltig marktorientiertes Feld für sie (die Industrie, also Pharma). Teil dessen ist, daß wir mehr und mehr nach der Schaffung von Nachfrage und Märkten schauen. Ein Produkt herstellen ist eine Sache. Man muss aber auch sicherstellen, daß der Markt und die Kunden, die es kaufen, da sind. Und daß die Nachfrage da ist."*[182]

Es ging damals nicht um COVID-19, sondern um medizinische Entwicklungshilfe. Wir sehen aber die wichtigen Punkte:

1. Gewinn für die Privatwirtschaft muss herausschauen
2. Nachhaltigkeit wird hier als nachhaltige Nachfrage an Pharmaka definiert
3. Nachfrage wird geschaffen
4. Sicherstellen, daß die Kunden es kaufen und Nachfrage da ist

Wie lassen sich diese Forderungen besser erfüllen als, wenn die ganze Welt Kunde ist und der Kauf, bzw. die Verabreichung der Therapeutika und Impfstoffe per Gesetz durchgesetzt wird oder bei Verweigerung mit äußerst unangenehmen Sanktionen belegt ist?

Bill Gates lässt keinen Raum offen, um Mißverständnisse aufkommen zu lassen. Er sagt:

*„Wir müssen Milliarden von Dosen machen, wir müssen sie in alle Teile der Welt bringen, und wir brauchen all dies, damit es so schnell wie möglich geschehen kann. Das klingt entmutigend, weil es so ist. Unsere Stiftung ist der weltweit größte Geldgeber für Impfstoffe, und diese Bemühungen stellen alles in den Schatten, woran wir jemals zuvor gearbeitet haben.“* Dabei gäbe es keine Alternative. Dann zeigt er uns, wie er den Zulassungsprozess beschleunigt:

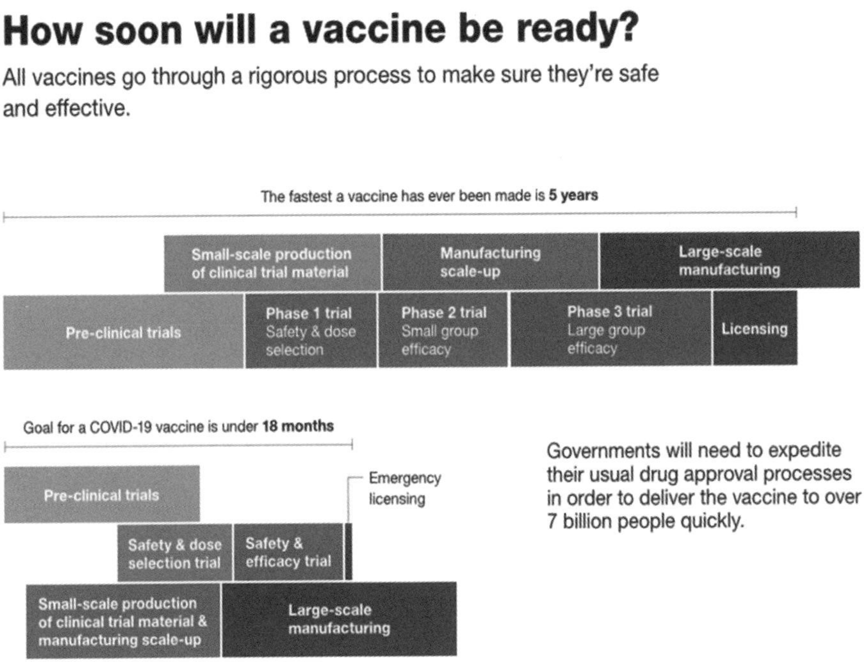

Er nennt seine Stiftung den weltweit größten Geldgeber für Impfstoffe und tatsächlich hat er bei allen relevanten Firmen investiert. Dann sorgt er dafür, daß Regierungen ihren Zulassungsprozess beschleunigen und will 7 Mrd. Menschen so schnell wie möglich impfen. Hast du auch schon Behördenprozesse weltweit beeinflusst? Deine Idee der Menschheit aufgedrängt? Es ist nicht an mir zu urteilen, ob Bill Gates dies aus Gewinnstreben oder Machtgier tut. Nach meinem Dafürhalten zeugt es jedoch von Größenwahn. Es ist sehr schwierig an eine Alternativlosigkeit zu glauben, wenn derjenige, der diese verkündet, selbst alles auf die von ihm angebotene Lösung gesetzt hat.

Dabei vergleicht er den COVID-19 mRNA Impfstoff mit der Pockenimpfung die brutal sei und spricht dies auch dem COVID-19 Impfstoff zu. Damit hebt er COVID-19 auf die Gefährlichkeit der Pocken hinauf, was jedoch eine maßlose Übertreibung darstellt.[183]

## WHO Monopol

Die WHO hat in der Welt eine Monopolstellung, was die Gesundheit anbelangt. Das betrifft Schwerpunkte setzen, Therapieempfehlungen abgeben, Epidemien oder Pandemien ausrufen und im speziellen Direktiven für staatliches Handeln, welches, wie wir global erleben, auch umgesetzt wird. Die finanziellen Interessen, wohl auch Machtinteressen, welche hinter der WHO stehen, wurden ausgeleuchtet.

Während der COVID-19 „Pandemie" hörte man immer wieder Politiker aus allen Herren Länder sagen, es brauche globale Lösungen, man sehe ja, daß diese nationalen Maßnahmen zu nichts führen. Das ist höchst inkompetent, denn gerade hier haben wir ja gesehen, daß die Länder leider sehr einheitlich gehandelt haben.

Die wenigen Ausnahmen in Sachen Lockdown, wie z.B. Schweden und Weißrussland waren keineswegs stärker betroffen als andere Länder. Obwohl ich, wie im wissenschaftlichen Teil aufgezeigt, gegen den Vergleich verschiedener Länder bin, soll dies doch einen Eindruck geben:

| Länder | Einwohner | COVID-19 Infizierte | COVID-19 Verstorbene |
|---|---|---|---|
| Weißrussland | 9.485 Mio. | 14`917 | 93 |
| Schweden | 10.23 Mio. | 21`520 | 2`653 |
| Schweiz | 8.57 Mio. | 29`705 | 1`435 |

Daß nicht weltweit auf dieselbe Art reagiert werden darf, zeigt z.B. der Ebola Ausbruch. Wir haben noch die Fernsehbilder in Erinnerung, daß Dörfer abgesperrt wurden und in gewissen Zonen die Hilfskräfte in Schutzanzügen operierten. Wenn es irgendwo konzentrierte Ausbrüche einer Seuche gibt, dann muss auch lokal und spezifisch gehandelt werden und nicht an jedem Ort der Welt. Am Anfang des COVID-19 Phänomens in Europa wäre es verständlich gewesen, in mangelnder Kenntnis des Virus spezifisch in der Lombardei die betroffenen Dörfer zu isolieren. Aber was hätten wir gedacht, wenn bei der Ebola-Krise anstatt lokal in Afrika plötzlich in ganz Europa alles dicht gemacht worden wäre? Wenn an uns plötzlich die neuen Ebola-Impfstoffe ausprobiert worden wären? COVID-19 ist nicht gefährlicher als eine schwere Grippe, was nicht zu unterschätzen ist. COVID-19 ist jedoch nicht auf der ganzen Welt gleich verteilt, es trifft nicht alle Altersschichten gleich, nicht Männer und Frauen, nicht alle verschiedenen Körper-konstitutionen. Trotzdem meinen Politiker, daß man dies global angehen muss. Die Instanz wäre die WHO und was wir hier erfahren, sind Impfungen und Therapien, die 7 Mrd. Weltbürger verabreicht werden sollen. Die Aussagen der Politiker sind auch dumm, weil sie davon schlichtweg keine Ahnung haben und die meisten sich nicht mal die Mühe geben eine Ahnung zu bekommen. Trotzdem haben sie die anmaßende Arroganz über Belange, die sie nicht verstehen zu entscheiden. Diejenigen, die an der Spitze stehen, nehmen sich Fachleute zur Seite, aber nur solche, die Ihnen nach dem Mund reden und den Lohn von staatlichen Institutionen erhalten. Letztendlich ist es auch korrupt, weil die Lobby-Organisationen ihnen auf dem einen oder anderen Wege Vorteile zukommen lassen und sie mit diesen Aussagen auch Mitschreier ihrer Parteibonzen und Regierungsmitglieder werden und so in ihrer politischen Karriere weiter aufsteigen können.

Als die COVID-19-Maßnahmen die Spitze ihrer Schärfe erreichen und sich in verschiedenen Ländern Unmut in der Bevölkerung immer stärker zeigt, gibt sich die WHO moderater in ihren Empfehlungen, wie z. B. Mundschutz sei nicht nötig und bringe nichts. Dadurch will sie sich in eine vorteilhafte Position bringen, daß auch mancher Bürger denkt: Na ja, beim nächsten Mal ist es doch besser, die WHO entscheidet statt Deutschland, die Schweiz, Österreich, Italien, Frankreich oder Spanien einzeln. Aus meiner Sicht ein billiges Spiel.

Was die COVID-19 Krise deutlich gezeigt hat, ist, daß es falsch ist, wenn zentral entschieden wird und sei es auch nur in den Staaten, denn die haben umgesetzt, was die WHO wollte und die kleineren Staaten sind rückgratlos dem Beispiel der größeren gefolgt. Es sei nochmals an das Zitat des Schweizer Virologen Prof. Vernazza erinnert:

*„Nicht wissenschaftliche Grundlagen haben zum Lockdown Entscheid geführt, sondern weil es alle anderen gemacht haben."*

Die Entscheidungsfindung muss viel breiter abgestützt werden und es darf nicht sein, daß nur einzelne Hofwissenschaftler herbeigezogen werden. Was unabhängig davon gar nicht sein darf, ist die Einschränkung elementarer Menschenrechte. Schließlich muss jeder die Freiheit haben sich in Gefahr zu bringen. Sonst muss der Alkohol, das Rauchen, das Fallschirmspringen, Bungee-Jumping, Motorradfahren, Kampfsport verboten werden. Aber auch Glyphosat samt allen Pestiziden, fettige und süße Speisen und vieles mehr.

Im Moment scheint es aber so, daß die WHO und die Gesundheitsindustrie die großen Gewinner sind und per Gesetz und Verordnung in die Persönlichkeitsrechte eingegriffen haben und mit dem Segen der Politiker ihre Geschäfte machen dürfen.

## Finanzindustrie

Die globale Finanzwelt ist schon lange ein äußerst fragiles Kartenhaus, angetrieben von explodierenden Staatsschulden und den Börsenmaklern mit ihren Finanz-Konstrukten, die für Normalbürger als Schneeballsystem unter Strafe stehen. Finanzexperten, die in ihren Prognosen schon des Öfteren richtig gelegen sind, wie Prof. Max Otte, Dr. Markus Krall, Dirk Müller, Marc Friederich & Matthias Weik, Norbert Häring, Ernst Wolff und viele mehr warnen schon lange vor einem Crash des Weltfinanzsystems, welcher die Finanzkrise von 2007 – 2009 weit übertreffen wird, vielleicht die Ausmaße der Wirtschaftskrise der 1920er Jahre erreichen oder gar übertreffen wird. Seit der letzten Finanzkrise wurde ein konjunkturelles Hoch vermeldet. Die Wirtschaft wuchs, an der Börse wurden glänzende Geschäfte gemacht, die Risikolust stieg, nicht zuletzt, weil „to-Big-to-fail" institutionalisiert wurde. Wurden die Banken in der Finanzkrise noch von den Nationalbanken via Staatsanleihen (= Staatsverschuldung) gerettet, hat man nachher die Gesetze so abgeändert, daß im Notfall auf die Einleger, also die Sparhefte zugegriffen werden kann.

**2010:** direkt nach der Finanzkrise lag die Globalverschuldung bei 200 Bio. $, das globale BIP bei 65.43 Bio. $. Verschuldung 306%.

**2015:** war die Welt mit 152 Bio. $ verschuldet, das globale BIP lag bei 78.94 Bio. $. Verschuldung 193%.

**2019:** war die Welt mit 255 Bio $ verschuldet, das globale BIP lag bei 86.6 Bio. $. Verschuldung 294%.

Nach anfänglicher Vorsicht und Schuldenabbau, wurde jede Zurückhaltung abgelegt und in einer konjunkturellen Hochphase, wo eigentlich Schulden abgebaut werden sollten, der Schuldenstand auf den Stand nach der Finanzkrise gebracht.[184]

Das Finanzkartenhaus wackelte wie erwähnt schon lange. Es gab viele warnende Stimmen und die Finanzbranche wurde nach den Erkenntnissen aus der Finanzkrise von der breiten Masse kritischer betrachtet. Nun kommt COVID-19, die Staaten verschulden sich noch viel mehr, gleichzeitig wird es einen gigantischen Wirtschaftsabschwung (BIP) geben.

Gewisse Probleme wie z.B. staatliche Altersvorsorgen, aber besonders Pensionskassen, Lebens-, Rentenversicherungen, die systematisch falsch konstruiert sind und deren Probleme man sich politisch nicht annehmen wollte, kann man jetzt adressieren: COVID-19! Vorsorgegelder, welche im Finanzkasino liegen und das tun die meisten, verlieren nun drastisch an Wert. Die Renten werden mickrig ausfallen. Schuld ist COVID-19. Politische Unruhen, Gerichtsverfahren mit Versicherungen, Banken, Finanzkonzernen, allenfalls unangenehme neue Gesetze zur Regulierung oder Beaufsichtigung der Finanzindustrie? Nein! Die Wirtschaft lief doch prächtig bis zum 31.12.2019. Dann kam COVID-19 die riesige Katastrophe, der schwarze Schwan, den niemand kommen sah. Nun rühren die Staaten mit großer Kelle an. Die Notenbanken drucken Geld, um die Liquidität der Realwirtschaft zu gewährleisten. Durch dieses Quantitative Easing verliert jedoch das Geld auf unseren Sparkonten an Realwert. Die Güterpreise werden steigen. Allein zwischen 01.01.2020 – 30.07.2020 erhöhte die SNB die Geldmenge um 4.53%. Wenn es so weiter geht, entspricht dies einer Geldentwertung von über 7.76% bis Ende des Jahres.[185]

Während die Wirtschaft, insbesondere die Realwirtschaft einen deutlichen Abschwung verzeichnet. Die ARD berichtet am 10.06.2020 für Deutschland einen Rückgang von 6.3% (Schätzung der Bundesregierung), während die Credit Suisse für die Schweiz einen Rückgang von 4%, die UBS 5.5% und die OECD 7.7% (gemäß www.nau.ch vom 06.07.2020) schätzte.

Ein scheinbar neues Virus, symptomatisch ähnlich der Influenza, ist schuld! Deswegen musste man weltweit die Wirtschaft an die Wand fahren. Deswegen musste man die Menschen zuhause einsperren. Deswegen muss man ihnen Freiheitsrechte nehmen, sie tracken und Notstandsgesetze in dauerhafte Gesetze umwandeln, was in der Schweiz, Deutschland und soweit ich das verfolgen kann, in allen Ländern der Fall ist. Der Bürger muss jetzt bevormundet werden. Der Staat entscheidet jetzt, wie er Deine Gesundheit schützt, ob Du willst oder nicht. Der Staat sagt Dir, welche Therapie und Impfung Du jetzt nehmen musst, er entscheidet ob und wie lange Du als gefährdet giltst. Vermögensverlust? Vorsorgeverlust? Selbstbestimmung? Recht auf körperliche Unversehrtheit? Das gleitet aus dem Blickwinkel. COVID-19 ist schuld!

Das maßlose Gelddrucken, ohne daß es durch Realwerte gedeckt ist, die Finanzwetten und Spekulationen sind dafür verantwortlich, daß Banken und das ganze Finanzsystem sofort kollabieren würden, wenn nur ein kleiner Teil der Sparer zur Bank gehen und ihr Geld in bar abheben würden. Ich werde hier nun einige wichtige Auszüge und Einsichten aus dem hervorragend recherchierten Buch von Norbert Häring „Schönes neues Geld" weitergeben. Keine Angst, es wird hier nicht zu einem anderen Thema abgedriftet. Im Gegenteil! Das gehört mit zum COVID-19-Geschehen.

*„Der IWF engagiert sich stark in der Abschaffung des Bargelds und schlägt den Regierungen vor, zuerst private Akteure zur Umsetzung vorzuschicken. McKinsey stellt den Regierungen ein Papier vor, in dem es um den ‚systematischen Krieg gegen das Bargeld' geht. Kommt Ihnen das bekannt vor, Krieg gegen das Virus? In Wahrheit ist Bargeld die günstigste Zahlungsvariante. Die Gebühren und Umsatzanteile der Kreditkartenbetreiber sind unverschämt. Ich kann das selbst bezeugen. Nun schreiben die Kartenbetreiber jedoch vor, daß die Händler, Verkäufer, Unternehmer für Kreditkartenzahlungen nicht höhere Preise verlangen dürfen als für Barkäufe. Gleichzeitig arbeiten IWF und Banken daran, den Bargeldgebrauch zu verteuern.*

*Bargeld stört einige mächtige Interessensgruppen:*

1. *Bei Vertrauensverlust kann der Kleinanleger sein Erspartes vom Konto abziehen. Tun das viele, haben die Spekulanten und Gelddrucker ein Problem.*
2. *Bargeldkäufe können nicht verfolgt werden. Das stört die Staaten, Silicon Valley, welches mit solchen Daten handelt und die Werbeindustrie. Bargeld ist jedoch ein Ausdruck von Privatsphäre und Freiheit.*
3. *Bargeld verhindert das Ausufern von Minuszinsen und den zu dreisten direkten Zugriff des Staates in Steuerform.*

*Schon 2000 bot die G7-Gruppe dem WEF an, eine Wunschliste zur Förderung der globalen Digitalisierung des Zahlungsverkehrs zu erstellen. USAID mit den Global Development Partnerships kam diesem Wunsch als Dienstleister der Wall Street und Silicon Valley nach. Zitat:*

*‚US-Unternehmen betrachten Entwicklung zunehmend als zentrale strategische Angelegenheit statt als ein Thema der Philanthropie.'*

*Man fühlt sich an die Aussage von Laura Birx von der Gates-Stiftung erinnert.*

*Das Stichwort hier ist finanzielle Inklusion. In Entwicklungs- und Schwellenländer werden verschiedene Formen von digitalem Zahlungsverkehr getestet. Da gab es die ersten Zahlungsmöglichkeiten via Mobile-Phone, dann gab es Kreditkarten, bei denen der Identitätsausweis integriert war. Dazu bildete sich eine Gruppe, die angeblich das Wohl der Armen im Sinn hat. Sie heißt Consultative Group to Assist the Poor (CGAP). Gründungsmitglieder von CGAP sind: die Bill & Melinda Gates Foundation, Omidyar Network, MasterCard und Citibank. Diese Gruppe überschneidet sich mit der ‚Besser-als-Bargeld-Allianz', welche ganz offen das Bargeld abschaffen will und den digitalen Zahlungsverkehr, an dem bei jedem Transfer ein globaler Multikonzern Gebühren kassiert. Der Friedensnobelpreisträger Muhammad Yunus engagierte sich anfänglich in dem Projekt, damit Armen subventionierte Kredite zur Verfügung gestellt werden könnten. Bald aber argumentierte die Weltbank und CGAP das ganze könne nur nachhaltig sein, wenn es auch Gewinn abwerfe. Man kann sich zu Recht fragen, wer bei Armen profitiert, die am Tag ein oder zwei Dollar verdienen und durch die digitale, finanzielle Inklusion davon noch Gebühren bezahlen. Die Armen sind es definitiv nicht.*

*Jeff Bezos mit Amazon ist dabei auch ein herausragender Player. Amazon ist ein Internet Gigant und ein Monopolist. Börsianer sagen: Immer, wenn Amazon in ein neues Geschäftsfeld vorstößt, gehen die Börsenkurse der*

*Platzhirsche dieser Branche auf Talfahrt. Bezos ist immer wieder in den Schlagzeilen wegen der schlechten Arbeitsbedingungen der Amazon Mitarbeiter. Was in Amazon-Go-Läden für viele als Hightech, modern und cool daherkommt – einkaufen ohne Kasse, die Produkte, die man nimmt, werden erfasst, der Kunde wird erfasst und beim Ausgang wird einem der Einkauf durch unsichtbare Hand vom Konto abgebucht –, hat auch eine andere Seite. Anfangs 2018 wurden Amazon Patente für zwei Methoden ausgestellt, mit denen man über ein Armband die genaue Position der Hände von Lagerarbeitern erfassen und aufzeichnen kann. Das Armband gibt über Vibrationen Rückmeldung. So soll die Effizienz gesteigert, der Mitarbeiter gesteuert werden und es können auch Fehler eruiert werden. Amazon gehört mit zu den Treibern des digitalen Geldes und hat einen unstillbaren Datenhunger."*

### Der Einfluss der Silicon Valley Boys

Wie das Wirken von Gates (ob im Rahmen der WHO oder als Internet-Gigant) und das Wirken von Bezos global ausgerichtet sind, ist es auch dasjenige von Mr. Facebook, Mark Zuckerberg. Er skizziert mit seinem Manifest Building Global Community sein Projekt für eine Global Governance. Darin haben Regierungen nicht mehr viel zu sagen, dafür umso mehr Netzwerke in Silicon Valley. Sein Datenhunger steht dem seiner Kumpane in nichts nach. Ein Skandal dabei kam mit Cambridge Analytica an die Oberfläche. Durch die vorhandenen Daten konnte Micro-Targeting betrieben werden. D.h. einzelne Personen werden gezielt mit Nachrichten, Hinweisen versorgt, die nicht als Werbung daherkamen, sondern wie von Bekannten. Diese Techniken wurden im Wahlkampf von Trump angewendet, beim Brexit und auch (die Technologie, nicht die Akteure) in der schweizerischen Abstimmung über die zweite Gotthard Röhre.[186]

Auch in Zuckerberg finden wir einen mächtigen Player gegen das Bargeld. Sein Beitrag dazu ist die Lancierung des Libra.

Schauen wir uns die Börsenkurse einiger Internetgiganten an:

(Reihenfolge: Microsoft, Amazon, Alphabet = Google, Apple, Alibaba, Netflix)

Die großen Gewinner sind Amazon, Microsoft und Netflix. Alphabet und Apple erreichen bald den Höchststand von Anfang des Jahres, rangieren jedoch deutlich höher als letztes Jahr. Der chinesische Alibaba ist deutlich höher als letztes Jahr, steigt aber weniger steil aufwärts. Die Giganten gewinnen, während die Kleinen unter COVID-19 verlieren: Buchläden, Coiffeure, Restaurants, Fachhandler und so weiter. Es wird von den Gewinnern auch gesagt, die Menschen hätten sich nun etwas umgewöhnt und sehen, wie gut man im Internet einkaufen kann, wie gut Homeoffice funktioniert. Dazu kommt der

Slogan der „neuen Wirklichkeit“ und eine ganze Weltbevölkerung wird auf einen neuen Kurs gebracht. Die normalen Bürger werden in die Armut getrieben und somit in die Staatsabhängigkeit, während die Grenze zwischen Großkonzernen und Staat immer fließender wird.

Wer noch ein paar Zahlen benötigt, hier die größten Profiteure von COVID-19 vom 01.01.2020 - 10.04.2020:

***Jeff Bezos*** *25 Mrd $ (bis 15. April) Amazon,* ***Elon Musk*** *5 Mrd $ Tesla,* ***MacKenzie Bezos*** *8.6 Mrd $ (bis 15. April) Amazon,* ***Eric Yuan*** *2.58 Mrd $ Zoom,* ***Steve Ballmer*** *2.2 Mrd $ Microsoft,* ***John Albert Sobrato*** *2.07 Mrd $ Großinvestor Amazon, Google, Facebook, Netflix, Apple,* ***Joshua Harris*** *1.72 Mrd $ mit Jared Kushner (Schwiegersohn Trumps) verbandelt und um COVID-19 Profite bemüht,* ***Rocco Commisso*** *1.09 Mrd $ Mediacom Communications.*[187] *Am 03.07.2020 meldet die Handelszeitung weitere Zuwächse von* ***Jeff Bezos*** *um 56.7 Mrd $, von* ***Elon Musk*** *um 25.8 Mrd $ und von* ***Eric Yuan*** *um 13.1 $.*[188]

## Resümee

Wir sehen also, es sind ganz viele und vor allem mächtige Firmen, die von COVID-19 und den entsprechenden globalen Maßnahmen profitieren. Es wäre zu kurz gegriffen nur die Interessen von ein paar Pharmamultis, welche die WHO beeinflussen, zu verdächtigen.

Nebst der Pharmaindustrie gibt es die Medizinaltechnick, die Diagnostik, welche ein Teil der Pharma (Roche) sein kann, aber auch einer ganz anderen Branche wie Boschs Diagnostiksparte. Wer Samsung nur mit Smartphone und Fernsehgeräten in Verbindung bringt, wird überrascht sein, daß sie auch biologische Therapeutika herstellen.

Dann gibt es die Branche der Informationstechologie, die eine Fusion zwischen Gesundheitswesen und digitaler Technologie anstrebt. Dabei sind dann nicht nur die oben genannten industriellen Partner eingeschlossen, sondern auch staatliche Gesundheitssysteme, Krankenhäuser, Krankenkassen, usw.

Dann kommt die Finanzindustrie, die mit COVID-19 eine blendende Ausrede für das Crashen ihrer selbst gebastelten Finanzblase hat. Diese Branche, die einmal mehr durch Wissensvorsprung Gewinne einfährt und möglichst schnell als Boni und Dividenden ausbezahlt, damit die Insolvenz wiederholt vom kleinen Mann übernommen wird oder die anstehenden Minuszinsen beim digitalen Geld oder schlicht die Inflation.

Nun kommt die Finanzindustrie mit der Informationstechnologie. Das klassische Banking hat wohl ausgedient. Digital ist Gegenwart und Zukunft. Die Kleinbanken werden sicher nicht ewig existieren, aber die großen Player und die Finanzkonzerne wie Black Rock, Vanguard stellen sich auf eine digitale Welt ein. Das wird in ein neues Zusammengehen mit Konzernen wie Alphabet, Amazon, Microsoft, etc. gehen. Das Geld, das wir nicht in der Tasche haben, werden wir nie ganz haben. Da kann sich ein maroder Konzern bedienen (wenn es in die Konkursmasse geht), da kann man einfach mal Minuszinsen beschliessen, da kann der Staat sich gleich direkt bedienen. Der Datenhunger ist ein weiterer wichtiger Treiber. Daten sind das neue Öl. Sie werden gehandelt, ausgewertet und in Gewinn verwandelt. Der Datenschutz wurde dank COVID-19 weiter durchlöchert, Tracking und Tracing wurde eingeführt und vieles mehr kommt noch.

Zu viele von uns lassen sich diese Angebote zu leicht schmackhaft machen. Sie sind bequem, sie sind cool, faszinierend. Mein Fitnesslevel, mein EKG, mein Sauerstoffhaushalt, die Zuckerwerte? Dafür geht man doch nicht mehr zum Arzt, das sagt mir meine Uhr. Natürlich sagt sie es auch dem Arzt, der Krankenkasse und den Gesundheitsbehörden. Portemonnaie zücken, eine Note hinlegen und das Kleingeld einstreichen? Wie uncool, unhygienisch. Da überweise ich doch von App zu App.

Dann kommen COVID-19 Zeiten und plötzlich wird ganz offen darüber diskutiert, ob Flugreisen, Auslandsreisen, Zutritt zu Partys, Konzerten vielleicht nur noch mit einer Gesundheitsbescheinigung möglich sein sollten.

Nein, du musst Dich ja nicht mit einem Impfstoff, der unter Lichtgeschwindigkeits-Verfahren und von Investoren gesponserten Bedingungen auf den Markt kam, impfen lassen. Gewisse Dinge sind dann aber leider nicht möglich ... Man kann das ohne Problem weiterdenken: Lebensversicherung ohne entsprechende Gesundheitsbescheinigung? Kinder in einem Haushalt, der den Gesundheitsanforderungen nicht entspricht? Zurzeit kursieren diverse Anordnungsfantasien. Leider gerade auch aus der links/grünen Ecke.

## Analyse

Bill Gates ist hier immer wieder aufgetaucht. Dies könnte den Eindruck erwecken, als soll er hier als alleiniger großer Strippenzieher, vielleicht sogar als Weltherrscher hingestellt werden. Nein, darum geht es nicht! Er ist einfach sehr umtriebig, vielleicht der Umtriebigste von allen. Er taucht überall auf und versteckt sich kaum. Soweit man seine Mittel und sein Netzwerk anschaut, gehört er sicherlich zu den Top Beeinflussern. Aber könnte er allein mit COVID-19 einen globalen Lockdown durchsetzen, der von der Gefährlichkeit des Virus nicht gegeben ist? Das glaube ich nicht.

Auch die Pharmaindustrie mit ihren immensen Mitteln und Einfluss in der WHO und Lobbyisten in allen Regierungen hätte allein kaum die Möglichkeiten das durchzusetzen.

Es sind noch Namen wie Jeff Bezos und Mark Zuckerberg gefallen und man könnte noch weitere bekannte Namen nennen, wie Warren Buffett oder George Soros. Sie finanzieren mit in der WHO und anderen Firmen und Stiftungen, die hier aufgetaucht sind. Hinter ihnen stehen aber noch viele andere Milliardäre, Großkonzerne, Politiker, Medienmagnaten, usw. deren Namen nicht so bekannt sind, deren Wirken nicht so einfach zu recherchieren ist. Dieses Netzwerk aus Pharmaindustrie, Tech-Industrie, Finanzindustrie hat durchaus den Einfluss, die Glaubwürdigkeit und die Macht einen globalen Lockdown durchzusetzen.

Die WHO fungiert als Unterabteilung der UNO. Als Koordinationsstelle der vereinten Nationen wie es so schön heißt. Damit tritt sie in den Augen der Öffentlichkeit als Behörde auf, deren Interesse nur der Gesundheit der Weltbevölkerung gilt. Sie ist kein gewinnorientiertes Unternehmen. Durch die Darlegung der finanziellen Ströme in die WHO und die Herkunft derer, ist hoffentlich klar geworden, daß aufseiten der „Gönner" durchaus Interessen vorhanden sind. Nämlich: finanzielle, persönliche Agenda und Macht.

Wenn die WHO Pandemie ausruft, müssen die Staaten reagieren. Es braucht schon sehr viel Stehvermögen, Überzeugung und auch Fachkompetenz sich dem entgegenzustellen. Das geht den Politikern ab. Es ist, wie wir schon bei der Schweinegrippe gesehen haben, eine kleine Gruppe innerhalb der WHO, die über diesen Entscheid befindet. Diese Gruppe bleibt erst noch geheim. Sie ist jedoch sehr wohl den Großsponsoren, die in der WHO ein und ausgehen, sowie deren Delegierten innerhalb der WHO bekannt. Es müssen also nicht so viele Leute „überzeugt" werden. Diese Entscheider mögen Wissenschaftler sein, aber gerade das zeigt, daß sie in einem riesigen Machtgefälle stehen zu einem Bill Gates oder Warren Buffett. Wenn nun die WHO die Pandemie ausruft und ein paar größere Staaten entsprechend handeln, kommt ein Dominoeffekt zustande. Genau dies hat Prof. Vernazza für das schweizerische BAG bestätigt. Hier nochmals das Zitat:

*„Seine Nachfrage beim BAG hat gezeigt, daß die Entscheidung nicht auf wissenschaftlicher Basis erfolgt ist, sondern weil die anderen Länder diese auch durchgeführt haben."*

## E-ID und Co.

Die E-ID ist überall unterwegs. Ein elektronischer Identitätsausweis. In der Schweiz wollte man eine E-ID einführen, welche von privaten Konzernen ausgegeben wird; UBS, Credit Suisse, Swisscom, Post, SBB, etc. Dagegen wurde das Referendum ergriffen mit über 50.000 Unterschriften. In der Schweiz wird darüber abgestimmt. Leider nicht, ob es eine E-ID gibt oder nicht, sondern nur, ob sie von Unternehmen herausgegeben wird oder vom Staat. Geht es darum sich einfach am Computer ausweisen zu können? Einheitliches Login oder gewisse behördliche Angelegenheiten vom Computer erledigen zu können, anstatt vorbeizugehen mit seinen Papieren? Nein! Der Leser überprüfe selbst:

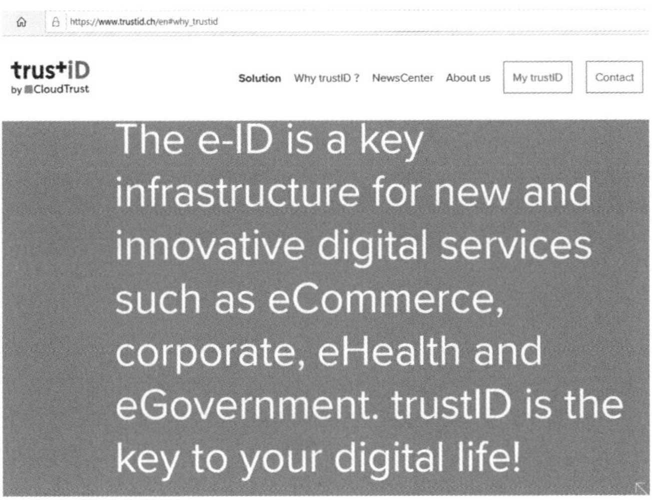

Die E-ID hat komplett andere Dimensionen. Sie ist eine Infrastruktur. Sie macht nicht nur den komplett gläsernen Bürger. Sie macht auch den komplett abhängigen und verfügbaren Bürger.

eCommerce: Es geht weiter als nur online bestellen. Das ganze Kundenprofil wird transparent, und zwar nicht nur dort wo man einkauft, sondern bei jedem Anbieter, das gesamte Einkaufsverhalten. Dein Punkte- oder Rabatt System, ob man schnell reklamiert oder kulant ist. Am wichtigsten ist das digitale Geld, zu dem es bald keine bare Alternative mehr geben soll. Man hat uns ja neuerdings beigebracht, daß Bares unhygienisch ist und todkrank macht. Auf keinen Fall kann erlaubt werden, daß dies die wenigen unverbesserlichen den armen Opfern antun, welche Bargeld entgegennehmen müssen.

Corporate: Für die Großkonzerne ist das der Weg noch mehr Marktmacht zu gewinnen. Kleine, die vielleicht gar nicht mitmachen wollen, werden an den Rand gedrängt und letztlich ausgelöscht.

eHealth: Wie wir gesehen haben, ist es schon lange der Wunsch von Politik und Industrie unsere Gesundheitsdaten zu bekommen. Damit lässt sich Geld verdienen. Deshalb gibt es auch schon lange die Schrittzähler, Pulsmesser, etc. in den Smartphones mitinstalliert oder als App. Nun wird Tracking und Tracing installiert. Die Smartphones gleichen sich ab, senden die Daten zu den Behörden und die melden sich dann, wenn wir in Isolation sollen, bzw. verhören uns, um herauszufinden, wer noch in Isolation soll. An einer Pressekonferenz in Deutschland äußerte sich Prof. Exner im Zusammenhang mit den Lockerungen der COVID-19 Maßnahmen wie folgt: Die Lockerung gilt nicht für die Gefährdeten. Die Risikogruppe benötigt weiterhin Abstinenz (Isolation). Er nennt die Alten. Es sind jedoch auch die Diabetiker, Asthmatiker und Herzkranken ...[189]

eHealth wird dazu führen, daß meine Daten dem Gesundheitssystem lückenlos bekannt sind. Ich werde irgendwann eine Diagnose erhalten und wenn der Staat findet, daß ich zur Risikogruppe gehöre, werde ich isoliert oder behandelt ganz unabhängig davon, ob ich das will oder nicht, ob ich bereit bin ein Risiko für meine Freiheit in Kauf zu nehmen. Mit eHealth werden jedoch auch Therapien und Impfungen, welche der Staat empfiehlt oder anordnet lückenlos festgehalten. Mit dieser E-ID erhält jeder Zöllner, Polizist und jeder Konzern, bei dem du einkaufst, die Informationen, ob du die gebotenen Therapien und Impfungen hast oder nicht. Dies gewiss nur zu deren Sicherheit.

Und selbstverständlich gibt es dann Einschränkungen bis Zwangseinweisungen für die, die sich nicht entsprechend ausweisen können.

Das sind Gesetze die unter Notstand eingeführt und anschließend in Bundesgesetze überführt werden.

**eGovernment:** Der Staat wird noch viel lückenloser als jetzt alles über uns wissen. Das erlaubt auch ein politisches Profil. Vielleicht bin ich plötzlich ein Staatsfeind? Unsinn? Im Januar 2020 hätten wir noch laut gelacht, wenn uns jemand gesagt hätte, wir seien Gesundheitsgefährder, wenn wir in einer Schlange nicht 2 m Abstand halten. Im Frühling 2020 wurden wir dafür angefeindet und gebüßt. Der Staat möchte die Arbeit, welche er mit Dir hat, auch möglichst effizient abwickeln. Deshalb wird alles digitalisiert. Hast Du nicht die neuste Software auf dem Smartphone oder hast nicht einmal ein solches? Wirst Du alt und kommst langsam nicht mehr nach mit der Entwicklung? Pech gehabt. Man kann Dich dann ja in ein Isolationsheim stecken. Da bist Du sicher und alles wird Dir abgenommen. Natürlich bezahlst Du dafür bis der letzte Coin auf Deinem E-Pocket verzehrt ist.

Wo bleibt das Recht über sein Leben und seinen Körper verfügen zu können? Körperliche Unversehrtheit? Freiheit? Das Recht ein Risiko eingehen zu dürfen? Bzw. das Recht eine Therapie oder Impfung abzulehnen, wenn man Sicherheitsbedenken hat?

Es steht fest, Big Pharma und die ihr verwandte Industrie, Silicon Valley und die Finanzindustrie wollen eine E-ID, welche die Identität, die Gesundheitsinformationen und Dein Geld enthalten. Ob das alles ganz genau gleichzeitig getaktet kommt, spielt eigentlich keine Rolle. Vielleicht gibt es demnächst mal einen Gesundheitspass, der noch physisch getrennt von Deiner Plastik-ID und der Bank- oder Kreditkarte ist. Oben durch, in der Cloud, ist das ganze sowieso beieinander. Die Ereignisse überstürzen sich 2020. Es würde mich nicht wundern, wenn alles ganz schnell geht. Und die Variante mit dem Chippen wird ja nicht nur am MIT vorangetrieben. Ich bin auch überrascht, wie schnell eine Mehrheit der Menschen eine aufoktroyierte „neue Realität" akzeptiert und einige unter ihnen bereits als Denunzianten mitspielen.

## Politik, Gesellschaft nach der COVID-19 Welle

In allen Ländern gibt es schon Anfang Mai kaum mehr Neuansteckungen mit COVID-19. Inzwischen haben die Mortalitätsdaten gezeigt, daß COVID-19 nicht so gefährlich ist wie befürchtet, bzw. wie man uns glauben machen wollte. Trotzdem wird an den Maßnahmen erstaunlich zäh festgehalten. Die Lockerungen erfolgen äußerst zaghaft und teils unter entwürdigenden Umständen, wie Maskenpflicht, dem Installieren von Plexiglaswänden in Restaurants, Abstandskolonnen bis weit vor die Geschäfte und Hände-Desinfektionsritualen, bis die Haut rot und spröde ist.

Der Schweizer Bundesrat gab am 29.04.2020 die Medienmitteilung heraus, daß er die Notverordnungen in dringliches Bundesgesetz umwandeln will. Damit würde die in der Schweiz so hoch angesehene und von vielen Völkern der Erde bewunderte direkte Demokratie zur Farce. Referenden oder Volksinitiativen könnten verboten werden. Die WHO kann ihre Kriterien zur Ausrufung einer Pandemie jederzeit ändern, und der Bundesrat kann diese im Nachvollzug für die Schweiz ausrufen.

In Deutschland wird einmal mehr über Impfpflicht sowie Gesundheitsbescheinigung diskutiert, und es ist klar, daß der Druck aus der Regierung immer größer wird, Schritte in diese Richtung in Gesetze zu überführen.

Besorgte Bürger, die überall auf der Welt auf die Straße gehen – so auch in Deutschland und der Schweiz – und ihre Freiheiten und die Menschenrechte zurückfordern, werden von den Medien mit folgenden Bezeichnungen abgewertet (SRF Info 11.05.2020, 11.00 Uhr): Rechts- und Linksextreme, Verschwörungstheoretiker, an die hohle Erde glaubende Reichsbürger. Es wundert nicht, wenn die Medien sich mit diesen Bezeichnungen bei den Menschen dauerhaft das Vertrauen verspielen und von ihnen als Lügenpresse bezeichnet und gemieden werden.

### Zweiter Leak aus dem deutschen Bundesinnenministerium

Der Autor dieser Analyse ist ein hoher Beamter des Bundesinnenministeriums namens Stephan Kohn. Er hat diese Analyse aus eigenem Antrieb verfasst, jedoch mit Hilfe von Experten wie z.B. dem Heidelberger Pathologen Peter Schirmacher, Mitglied der nationalen Akademie der Wissenschaften Leopoldina, welche die Bundesregierung berät. Innenminister Horst Seehofer stellte

Kohn sofort frei, und man riet ihm, sich eine gute Rechtsvertretung zu suchen.[190]

*„Zusammenfassung der Analyseergebnisse*

1. *Das Krisenmanagement hat in der Vergangenheit (leider wider besseren institutionellen Wissens) keine adäquaten Instrumente zur Gefahrenanalyse und Risikobewertung aufgebaut. Die Lageberichte, in denen alle entscheidungsrelevanten Informationen zusammengefasst werden müssten, behandeln in der laufenden Krise bis heute nur einen kleinen Ausschnitt des drohenden Gefahrenspektrums. Auf der Basis unvollständiger und ungeeigneter Informationen in den Lagebildern ist eine Gefahreneinschätzung grundsätzlich nicht möglich. Ohne korrekt erhobene Gefahreneinschätzung kann es keine angemessene und wirksame Maßnahmenplanung geben. Das methodische Defizit wirkt sich bei jeder Transformation auf eine höhere Ebene aus; die Politik hatte bisher eine stark reduzierte Chance, die sachlich richtigen Entscheidungen zu treffen.*
2. *Die beobachtbaren Wirkungen und Auswirkungen von COVID-19 lassen keine ausreichende Evidenz dafür erkennen, daß es sich – bezogen auf die gesundheitlichen Auswirkungen auf die Gesamtgesellschaft – um mehr als um einen Fehlalarm handelt. Durch den neuen Virus bestand vermutlich zu keinem Zeitpunkt eine über das Normalmaß hinausgehende Gefahr für die Bevölkerung (Vergleichsgröße ist das übliche Sterbegeschehen in DEU). Es sterben an Corona im Wesentlichen die Menschen, die statistisch dieses Jahr sterben, weil sie am Ende ihres Lebens angekommen sind und ihr geschwächter Körper sich beliebiger zufälliger Alltagsbelastungen nicht mehr erwehren kann (darunter etwa 150 derzeit im Umlauf befindliche Viren). Die Gefährlichkeit von COVID-19 wurde überschätzt. (Innerhalb eines Vierteljahres weltweit nicht mehr als 250 000 Todesfälle mit COVID-19, gegenüber 1,5 Mio. Toten während der Influenzawelle 2017/18). Die Gefahr ist offenkundig nicht größer als die vieler anderer Viren. Wir haben es aller Voraussicht nach mit einem über längere Zeit unerkannt gebliebenem globalen Fehlalarm zu tun. Dieses Analyseergebnis ist von KM 4 auf wissenschaftliche Plausibilität überprüft worden und widerspricht im Wesentlichen nicht den vom RKI vorgelegten Daten und Risikobewertungen.*

3. *Das der mutmaßliche Fehlalarm über Wochen unentdeckt blieb, hat einen wesentlichen Grund darin, daß die geltenden Rahmenvorgaben zum Handeln des Krisenstabs und des Krisenmanagements in einer Pandemie keine geeigneten Detektionsinstrumente enthalten, die automatisch einen Alarm auslösen und den sofortigen Abbruch von Maßnahmen einleiten würden, sobald sich entweder eine Pandemiewarnung als Fehlalarm herausstellt oder abzusehen ist, daß die Kollateralschäden – und darunter insbesondere die Menschenleben vernichtenden Anteile – größer zu werden drohen, als das gesundheitliche und insbesondere das tödliche Potential der betrachteten Erkrankung ausmacht.*
4. *Der Kollateralschaden ist inzwischen höher als der erkennbare Nutzen. Dieser Feststellung liegt keine Gegenüberstellung von materiellen Schäden mit Personenschäden (Menschenleben) zugrunde! Allein ein Vergleich von bisherigen Todesfällen durch den Virus mit Todesfällen durch die staatlich verfügten Schutzmaßnahmen (beides ohne sichere Datenbasis) belegen den Befund. Eine von Wissenschaftlern auf Plausibilität überprüfte überblicksartige Zusammenstellung der gesundheitlichen Kollateralschäden (incl. Todesfälle) ist unten angefügt.*
5. *Der (völlig zweckfreie) Kollateralschaden der Coronakrise ist inzwischen gigantisch. Ein großer Teil dieses Schadens wird sich sogar erst in der näheren und ferneren Zukunft manifestieren. Dies kann nicht mehr verhindert, sondern nur noch begrenzt werden.*
6. *Kritische Infrastrukturen sind die überlebensnotwendigen Lebensadern moderner Gesellschaften. Bei den Kritischen Infrastrukturen (KRITIS) ist in Folge der Schutzmaßnahmen die aktuelle Versorgungssicherheit nicht mehr wie gewohnt gegeben (bisher graduelle Reduktion der prinzipiellen Versorgungssicherheit, die sich z. B. in kommenden Belastungssituationen niederschlagen kann). Die Resilienz des hochkomplexen und stark interdependenten Gesamtsystems kritischer Infrastrukturen ist gesunken. Unsere Gesellschaft lebt ab sofort mit einer gestiegenen Verletzlichkeit und höheren Ausfallrisiken von lebenswichtigen Infrastrukturen. Das kann fatale Folgen haben, falls auf dem inzwischen reduzierten Resilienz-Niveau von KRITIS eine wirklich gefährliche Pandemie oder eine andere Bedrohung eintreten würde.*

   *UN-Generalsekretär António Guterres sprach vor vier Wochen ein grundlegendes Risiko an. Er sagte (laut einem Tagesschaubericht vom 10.4.2020): ‚Die Schwächen und mangelhafte Vorbereitung, die durch diese Pandemie offengelegt wurden, geben Einblicke darin, wie ein bioterroristischer Angriff aussehen könnte - und [diese Schwächen] erhöhen möglicherweise das Risiko dafür.' Nach unseren Analysen ist ein gravierender Mangel in DEU das Fehlen eines adäquaten Gefahren-Analyse- und Bewertungs-System in Krisensituationen (s.o.).*

7. *Die staatlich angeordneten Schutzmaßnahmen, sowie die vielfältigen gesellschaftlichen Aktivitäten und Initiativen, die als ursprüngliche Schutzmaßnahmen den Kollateralschaden bewirken, aber inzwischen jeden Sinn verloren haben, sind größtenteils immer noch in Kraft. Es wird dringend empfohlen, sie kurzfristig vollständig aufzuheben, um Schaden von der Bevölkerung abzuwenden – insbesondere unnötige zusätzliche Todesfälle – und um die möglicherweise prekär werdende Lage bei den kritischen Infrastrukturen zu stabilisieren.*
8. *Die Defizite und Fehlleistungen im Krisenmanagement haben in der Konsequenz zu einer Vermittlung von nicht stichhaltigen Informationen geführt und damit eine Desinformation der Bevölkerung ausgelöst. (Ein Vorwurf könnte lauten: Der Staat hat sich in der Coronakrise als einer der größten Fake-News-Produzenten erwiesen.)*

*Aus diesen Erkenntnissen ergibt sich:*

a. *Die Verhältnismäßigkeit von Eingriffen in Rechte von z. B. Bürgern ist derzeit nicht gegeben, da staatlicherseits keine angemessene Abwägung mit den Folgen durchgeführt wurde. Das BVerfG fordert eine angemessene Abwägung von Maßnahmen mit negativen Folgen (PSPP Urteil vom 5. Mai 2020).*
b. *Die Lageberichte des Krisenstabs BMI-BMG und die Lagemitteilungen des Bundes an die Länder müssen daher ab sofort*
    - *eine angemessene Gefahrenanalyse und -bewertung vornehmen.*
    - *eine zusätzliche Abteilung mit aussagekräftigen Daten über Kollateralschäden enthalten. (siehe z.B. Ausführungen in der Langfassung)*
    - *befreit werden von überflüssigen Daten und Informationen, die für die Gefahrenbewertung nicht erforderlich sind, weil sie die Übersicht erschweren.*
    - *Es müssten Kennzahlen gebildet und vorangestellt werden.*
c. *Es ist unverzüglich eine angemessene Gefahrenanalyse und -bewertung durchzuführen.*

*Anderenfalls könnte der Staat für entstandene Schäden haftbar sein." (sic)*

## Neue Machtstrukturen etablieren sich

Wir sehen überall, daß die neuen Befugnisse der Regierungen mit aller Macht und allerlei „Begründungen" aufrechterhalten werden sollen. Einschränkungen der Bewegungsfreiheit, Versammlungsfreiheit, Meinungsäußerungsfreiheit (vor allem im digitalen Raum, wo fleißig gelöscht wird) sowie der Religionsfreiheit werden äußerst zögerlich gelockert, oft unter Bedingungen.

Aus Sachsen lesen wir beispielsweise einen Brief aus dem Staatsministerium Kultus an schulpflichtige Kinder.[191] Hier werden Kontaktempfehlungen bis hinein in die Haushalte, bis zu den Familien, gemacht. Die Eltern sind angehalten, jedem ihrer schulpflichtigen Kinder eine täglich unterschriebene und selbst ausgestellte Gesundheitsbescheinigung mitzugeben. Wer dem nicht nachkommt, dem wird mit Inobhutnahme des/der Kindes/r gedroht. Eltern, die diese Schikane nicht mitmachen oder unter Umständen versäumen, wird mit Kindesentzug gedroht!

Es werden zunehmend Stimmen lauter, die ein Recht auf Nicht-Ansteckung fordern (so oder ähnlich formuliert). Seit jeher ist klar, daß, wer sich unter Menschen (auch Tiere) begibt, ein geringfügiges Restrisiko eingeht, sich mit irgendeinem Virus, Bakterium oder Pilz anzustecken. Anstecken kann man sich bei gesunden Menschen, die auch gesund bleiben, bis zu symptomatisch Kranken. Wer sich keinerlei Risiko aussetzen will und sich vor allerlei Krankheiten fürchtet, wurde früher – manchmal etwas despektierlich – als Hypochonder bezeichnet. Aber es war immer klar, daß es hier nur den Selbstschutz gibt. Wenn man nun die neuen Forderungen zu Ende denkt, könnte dies wie folgt aussehen: Jeder ist verpflichtet, einmal wöchentlich eine Blutprobe abzugeben, die auf alle bekannten Infekte untersucht wird. Die Gesundheitsbehörde entscheidet dann jedes Mal, ob man isoliert werden muss, weitere diagnostische Untersuchungen angezeigt sind oder eine medikamentöse Therapie oder Impfungen anstehen.

Klar mag dieses Szenario überzeichnet scheinen. Eine Überzeichnung dient jedoch dazu, um zu erkennen, in welche Richtung der eingeschlagene Weg führen könnte. Aus meiner Sicht wäre auch ein deutlich milderes Szenario als das dargestellte alles andere als wünschenswert.

## Finanz- und Machtinteressen

Es ist offensichtlich, daß im Gesundheitswesen auch starke ökonomische Interessen eine Rolle spielen. So wird die WHO zum Beispiel zu 80% mit privaten Fördermitteln finanziert.

Spendengelder sind keine neutralen Beiträge, da sie oft zweckgebunden fließen und damit Gewinn- und Einflussinteressen widerspiegeln. Dies dürfte nicht sein. Behörden und Gesundheitsinstitutionen müssten finanziell unabhängig, ohne Einfluss Dritter, im alleinigen Interesse der Gesundheit der Menschen, agieren können. Leider ist dies nicht der Fall. Man könnte auch von fehlender Gewaltenteilung sprechen.

An einem Kongress habe ich einmal einen forschenden Immunologen gefragt, wie weit wir denn in der Grundlagenforschung seien, um den Einfluss von Belastungen, wie z. B. Pestiziden, Umweltgiften sowie moderner Ernährung auf die zunehmenden Krebserkrankungen und Allergien besser zu verstehen. Seine Antwort war, da er von einer privaten Stiftung bezahlt werde, müsse er jene Forschung betreiben, für die er bezahlt werde. Wohlverstanden, als Angestellter einer schweizerischen Universität.

## Selbstbestimmungsrecht

Die COVID-19 Krise ist aus meiner Sicht eine Krise des Selbstbestimmungsrechts. Das Recht, selber zu entscheiden, welches Risiko wir eingehen wollen, wurde uns genommen. Alte Menschen werden zu ihrer Sicherheit isoliert, ob sie das wollen oder nicht. Es wurden drastische Einschnitte in äußerst intime Anlässe wie Hochzeiten oder Beerdigungen sowie in durch die Verfassung garantierte Grundrechte vorgenommen. Unser persönlicher Schutz wurde fremdbestimmt. Man verkaufte uns dies mit dem Argument der „Sicherheit der Gesellschaft". Hier haben wenige bestimmt, was für die Gesellschaft gut sei und was nicht – und dies auf zweifelhafter medizinischer Grundlage. Wer sich als gefährdet sieht und sich schützen will, muss dies aus eigenem Antrieb tun. Der Staat kann informieren und Hilfestellung anbieten.

Man sollte das gesamte Gesundheitssystem grundsätzlich überdenken. Es fängt mit dem Epidemiengesetz und dem Pandemieplan an. Wir haben hier einen Zustand, der immer stärker reguliert und von Zwängen gekennzeichnet ist. Grundsätzlich ist es Sache des Einzelnen zu entscheiden, welche medizinische Versorgung er wünscht. Sämtliche Forschung an staatlichen Einrichtungen und alle öffentlichen Krankenhäuser müssten finanziell komplett unabhängig sein. Deren Angestellte dürften keine Industriemandate haben. Sämtliche privaten Anbieter müssten ihre Partnerschaften absolut transparent machen.

Es kann nicht sein, daß die Gesundheit als Argument dazu missbraucht wird, Menschen zu bevormunden und einzusperren. Der Volksmund sagt: „Ohne Gesundheit ist alles nichts." Heute sollten wir vorsichtiger sein. Vielleicht könnte man genauso sagen: „Ohne Freiheit ist Gesundheit nichts."

## UNO Erklärung der Menschenrechte

Art. 12
Niemand darf willkürlichen Eingriffen in sein Privatleben, seine Familie, seine Wohnung und seinen Schriftverkehr ausgesetzt werden.

Art. 13
1. Jeder hat das Recht, sich innerhalb eines Staates frei zu bewegen und seinen Aufenthaltsort frei zu wählen.

2. Jeder hat das Recht, jedes Land, einschließlich seines eigenen, zu verlassen und in sein Land zurückzukehren.

Art. 19
Jeder hat das Recht auf Meinungsfreiheit und freie Meinungsäußerung; dieses Recht schließt die Freiheit ein, Meinungen ungehindert anzuhängen sowie über Medien jeder Art und ohne Rücksicht auf Grenzen Informationen und Gedankengut zu suchen, zu empfangen und zu verbreiten.

Art. 20
1. Alle Menschen haben das Recht, sich friedlich zu versammeln und zu Vereinigungen zusammenzuschließen.

Diese Menschenrechte wurden von allen Staaten unterzeichnet, die der UNO angehören. In dieser Krise wurden sie von den allermeisten Staaten missachtet. Oft hat man das Argument gehört, der Staat habe die Pflicht, die Bevölkerung zu schützen. Dies gilt für physische Gewalt, Raub, Diebstahl, etc. Es steht nirgends geschrieben, daß der Staat vor Infekten, die möglicherweise über den Luftweg geschehen, schützen muss. Schon gar nicht ohne Konsultation der Bürger oder gegen den Willen eines Teiles der Bevölkerung.

Die Aufgabe des Staates hat sich auf Information und Hilfestellung zu beschränken. Selbstschutz ist eine persönliche Angelegenheit. Für böswillige Ansteckungen durch andere Menschen gibt es den Gerichtsweg, wie dies bei AIDS praktiziert wird. Letztlich ist das Leben mit Risiken verbunden, auch biologischen. Es ist endlich, und dies muss akzeptiert werden. Ein vermeintlich maximaler Schutz wird nie absolut sein; die Maßnahmen hingegen sind es.

Quelle: UNO Menschenrechtserklärung[192]

# Herkunft SARS-CoV-2

Um hier präzise zu sein, benutze ich den umständlichen Namen der Nomenklatur. Gleich zu Beginn: Die Herkunft des SARS-CoV-2 Virus kann ich nicht beantworten. Dieses Kapitel sei einfach zur Vollständigkeit und deshalb auch als Abschluss hinzugefügt, um die verschiedenen Theorien nebeneinander zu stellen.

## Coronaviren

Coronaviren sind eine Familie und nichts Neues. Einige springen von Tier zu Tier, andere von Mensch zu Mensch, und dann gibt es solche, die sowohl Mensch wie Tier infizieren können.

Ein Virus ist bekanntlich kein vollständiges Lebewesen und es wäre interessant darüber zu philosophieren. Dies unterscheidet es von einem Bakterium mit Zellkern, DNA, RNA, Zellmembran. Die Coronaviren sind RNA Viren. Sie haben also keine DNA.

Es gibt einen ganzen Stammbaum von Coronaviren:

| Unterfamilie | Gattung | Untergattung | Spezies |
|---|---|---|---|
| Orthocoronavirinae | Alphacoronavirus | Duvinacovirus | • Humanes Coronavirus 229E |
| | | Setracovirus | • Humanes Coronavirus NL63 |
| | Betacoronavirus | Embecovirus | • Humanes Coronavirus HKU1<br>• Betacoronavirus 1 (Humanes Coronavirus OC43) |
| | | Merbecovirus | • MERS-CoV |
| | | Sarbecovirus | • SARS-CoV<br>• SARS-CoV-2 (2019-nCoV) |

[193]

## These Fleisch und Fischmarkt Wuhan

Die in Europa wohl beliebteste These ist, daß sich COVID-19 erstmals auf dem Fleisch-, Fisch- und Wildtiermarkt in Wuhan von einem Wildtier auf einen Menschen übertragen hat. In diesem Fall soll es eine Fledermaus gewesen sein. Eine Erklärung dahinter ist, daß je mehr natürlicher, wilder Lebensraum den Tieren und Viren genommen wird, es desto öfter vorkommt, daß Übertragungen vom Tier zum Menschen geschehen. In Europa scheint diese These beliebt zu sein, da sie politisch unverfänglich ist. Man kann den Tierschutz bemühen, dies ist jedoch eine alte Leier, welche die Gemüter nicht allzu sehr erhitzt. Man denke an die spanischen Stierkämpfe, die japanischen Walfänge, die kanadischen Robbenjagden etc. Man klagt darüber, streitet ein wenig und dann geht alles den gewohnten Gang.

Interessant ist, daß nun laut Weltwoche 2020/19 einige Länder Strafuntersuchungen gegen China in Sachen Corona fordern. In den USA haben einige Bundesstaaten schon mit Strafermittlungen gegen China begonnen. Die Frage ist, wo das hinführen soll. Will man China ins Straflager schicken und die globalen Schäden über Jahrzehnte abzahlen lassen? Wahrscheinlicher, als daß China sich darauf einlassen würde, ist es, daß damit ein Krieg provoziert wird.

## These Labor

Eine weitere These ist, daß das Virus aus dem Labor für biologische Kampfstoffe in Wuhan entwichen ist. Da gehen die Möglichkeiten auseinander. Es könnte ein bereits existierendes Virus, das dort untersucht wurde oder ein hergestelltes Virus sein.

Soll es von dort entwichen sein, gibt es die Variante Unfall oder Absicht. Für die Variante Absicht finden sich keine plausiblen Gründe. Die Variante Unfall gefällt den USA ebenfalls. Auch unter dieser These kann man klagen und China beschuldigen. Hier kann man die Unfähigkeit Chinas herausstreichen und danach die Verlogenheit, das Vertuschen, nur damit das – in dieser Kultur so wichtige – Gesicht gewahrt werden kann. Da nimmt man gerne eine globale Pandemie in Kauf. So kann man China weltweit schlecht darstellen.

## These Militärsport-Veranstaltung

Im Oktober 2019 fand in Wuhan die Military World Games statt. Diese These ist den Chinesen sympathisch. Sie beschuldigen die Militärsporttruppe aus den USA, das Virus absichtlich eingeschleppt zu haben. In den westlichen

Medien wird diese Möglichkeit in der Regel als Verschwörungstheorie abgetan.

Es wird erklärt, daß ein biologischer Kampfstoff viel tödlicher als COVID-19 wäre. COVID-19 sei für einen Biokampfstoff ein reiner Pfusch. Das stimmt nur bedingt. Die USA und China führen zurzeit keinen offenen Krieg. Wenn man nun China auf diesem Wege eins auswischen möchte, würde man sicher keinen klar erkennbaren Biokampfstoff verwenden, sondern etwas, was natürlich erscheint und nicht so tödlich ist. So zu sagen einen kleinen Rippenstoß.

Will man dieser These folgen, muss man allerdings anführen, es könnte ihn auch jede andere Teilnehmernation eingeschleppt haben.

## These 5G

Wuhan gehört zu den frühesten Städten, welche mit 5G voll ausgerüstet wurden. Ein Strang der These führt in die Richtung, daß die Doppelbelastung von COVID-19 und einer 5G Belastung besonders schädlich ist für die Lunge oder Lungenpatienten. Grundsätzlich ist es nicht abwegig, daß Doppel- oder auch Mehrfachbelastungen einen schlimmeren Effekt haben können als die Einzelbelastungen für sich genommen. Man kennt das in der Medizin unter der Bezeichnung Interaktionen. Ein anderer Strang der These geht in Richtung Virenmutation, die durch 5G angeregt wird.

Die 5G These wird am breitesten als Verschwörungstheorie abgetan.

Das größte Interesse dieser Frage keine Aufmerksamkeit zu geben, liegt gewiss bei der Informationstechnologie- und Telekommunikationsbranche.[194]

## Ende Juni 2020 weitere Neuigkeiten

Das italienische Instituto Superiore di Sanità berichtet am 18.06.2020, daß in mailändischen Abwasserproben bereits im Dezember 2019 SARS-Cov-2 Viren gefunden wurden.[195] Die Universität von Barcelona berichtet in Abwasserproben vom 12. März 2019 SARS-Cov-2 Viren nachgewiesen zu haben.[196] Erhärten sich diese Untersuchungen und kommen noch weitere frühe „Funde“ dazu, würde dies die Herkunft (Wuhan) ebenfalls in Frage stellen. Es gibt bereits Erklärungen wie: *„Es handle sich hierbei um Touristen Metropolen und die wenigen Proben die gefunden wurden, seien chinesischen Touristen zuzuschreiben.“* Dies kann durchaus sein, dennoch tragen solche Erkenntnisse dazu bei, die Herkunft von COVID-19 unklarer zu machen und würden die These stützen, daß das Virus gar nicht so neu ist, wie postuliert wird. Weiter sehe ich die These gestützt, welche besagt, daß die eigentliche Problematik nicht das Virus sei, sondern ein neuer Test der höchst empfindlich, aber doch nicht sehr präzise ist, wie wir im Abschnitt Tests in Kapitel 4 gesehen haben.

## Die Wahrheit ist ...

... unbekannt und wird es auch bleiben. Ich würde es sehr begrüßen, wenn alle diese Thesen gründlichst, wissenschaftlich und völlig frei von jeglichen Interessen untersucht würden. Aber dies ist angesichts der Dimension dieser COVID-19 Hysterie eher illusorisch.

Wenn die Akten vom John F. Kennedy Attentat nach bald 60 Jahren immer noch nicht freigegeben werden und vom frei gegebenen vieles geschwärzt ist, wenn 9/11 immer noch nicht neu untersucht wird, nachdem die Universität in Alaska für WTC 7 eine Sprengung nachgewiesen hat, wenn in Deutschland die NSU Akten für 120 Jahre unter Verschluss stehen, dann dürfen wir nicht damit rechnen, jemals die Wahrheit über die Herkunft von COVID-19 zu erfahren. Und ich füge hinzu: Wir werden auch nicht die Gründe darüber erfahren, weshalb weltweit dermaßen unverhältnismäßig reagiert wurde.

# Was ist zu tun?

## Persönlicher Widerstand

Jeder, der nicht einverstanden ist, muss Widerstand leisten. Niemand sollte warten, bis sich eine Gruppe formiert hat und es einen Anführer gibt, dem man folgen kann.

Nehme nichts an, was Dir nicht aufgezwungen wird. Trage keine Schutzmaske, wenn Du nicht musst. Nehme keine Therapie oder Impfung an, wenn es Dir gut geht und Du nicht willst.

Und wenn Du musst? Wäge die Konsequenzen ab. Kannst Du mit einem Verlust von gewissen Rechten leben? Dann widerstehe! Bist Du bereit, ein Bußgeld zu bezahlen oder ein paar Tage Knast (wahlweise Isolation/ Quarantäne) in Kauf zu nehmen? Dann widerstehe!

Such Dir Gleichgesinnte. Das stärkt. Zusammen kann man vielleicht auch mal finanziell etwas wagen, z. B. Einspruch bei Gericht einlegen wegen einer Zwangsmaßnahme. In der Schweiz ist es so, daß dann andere, die wegen demselben Problem angeklagt sind, verlangen können, daß ihr Fall ruht, bis der laufende Fall entschieden ist. Das heißt: Einer müsste z.B. gegen eine Zwangstherapie Einspruch erheben, und für die anderen ruht dann der Fall, wenn sie das beantragen, bis der Einspruch entschieden ist. Wenn ein paar zusammenspannen, kann man bis zum Europäischen Gerichtshof für Menschenrechte gehen.

Ziviler Ungehorsam ist eine Frage, die jeder Einzelne für sich in Betracht ziehen kann, aber einfacher geht es in der Gruppe.

Ganz wichtig ist Information. Die Masse der Bevölkerung soll informiert werden. Für die meisten wird es damit beginnen, daß sie lernen müssen, daß die Gefahr des Virus gar nie so akut war, wie dargestellt und daß die medizinisch/wissenschaftlichen Daten dies auch sehr früh gezeigt haben. Wenn dieser Groschen gefallen ist, was möglicherweise nicht so einfach ist, müssen die Bürger wieder lernen, daß sie Persönlichkeitsrechte haben. Man kann Menschen nicht einfach Hausarrest, Besuchsverbote, Abstandsregeln, reduzierte Bewegungsfreiheit oder medizinische Interventionen aufzwingen. Dagegen muss offen und laut protestiert werden.

## Digitale Maßnahmen

Smartphones: Installiere keine Tracking/Tracing App, stelle Dein Gerät so oft es geht auf Flugmodus oder lasse es zu Hause. Stelle Programme wie Health, Schrittzähler und, ganz wichtig, auch Siri ab. Sie liefern Deine Gesundheitsdaten direkt an eHealth. Wenn es geht, verzichte ganz auf ein Smartphone. Vielleicht tut es auch ein „altes" Handy. Verlasse Plattformen wie WhatsApp, Instagram, Twitter, etc. Du schenkst damit Deine wertvollen persönlichen Informationen datenhungrigen Konzernen; sie werden sie mit Sicherheit missbrauchen. Wenn Du Chat-Plattformen verwendest, nutze telegram, das sich während COVID-19 enorm verbreitet hat. Noch sicherer wäre Signal, bei dem auch Edward Snowden mitarbeitet. Ein anderer Aspekt ist, daß wir so auch der Monopolbildung entgegenwirken. Man hat uns gesagt, daß wir in einer freien Marktwirtschaft mit Wettbewerb leben. Wir haben jedoch gesehen, daß Leute wie Bill Gates, Jeff Bezos oder Mark Zuckerberg Monopolisten sind und sehr eng mit Staaten oder staatsähnlichen Institutionen zusammenarbeiten. Das ist nichts anderes als autoritärer Korporatismus.[D]

Lösche deinen Facebook-Account! Wenn Du das noch nicht schaffst, lade keine neuen Daten hoch, und „like" nicht. Bringe Deinem Umfeld bei, daß Du Dich nicht von ihnen verabschiedest, wenn Du bei Facebook aussteigst. Du freust Dich über eine persönliche Mail, einen Anruf, aber Du möchtest diese oberflächliche Massenkommunikation nicht und deine privaten Angelegenheiten nicht mehr mit Konzernen und Geheimdiensten teilen. Google führt auch Buch über Deine Suchanfragen und erstellt damit ein äußerst genaues Profil. Duckduckgo.com ist eine sehr gute Alternative, die Datenschutz verspricht. Auch hier geht es darum, gegen den Monopolisten anzutreten.

## Gesundheitliche Maßnahmen

Es geht hier leider nicht um Ernährungs- und Bewegungstipps, was sehr interessant und positiv wäre.

Wie wir bei E-Health erfahren haben, wird eine lückenlose Dokumentation und Registrierung Deiner persönlichen Gesundheitsdaten aufgebaut. Angeblich zu Deinem Schutz. Diese Daten werden dem Gesundheitssystem,

[D] Der autoritäre Korporatismus bezeichnet eine erzwungene Einbindung von wirtschaftlichen oder gesellschaftlichen Gruppen in autoritäre Entscheidungsverfahren. https://de.wikipedia.org/wiki/Korporatismus

den Behörden und diversen Großkonzernen (oft anonymisiert) zur Verfügung stehen. Damit ist es möglich, bei einem neuen gesundheitlichen Ereignis personalisierte Maßnahmen zu verordnen. Wer z. B. wegen einer hartnäckigen Erkältung zum Arzt geht, kann routinemäßig den Blutdruck gemessen bekommen. Daß zufällig ein zu hoher Blutdruck gemessen wird, ist nicht so selten. Dies kann zur Diagnose Hypertonie führen. Hypertoniker gehören zur COVID-19 Risikogruppe. Damit kann man Dich länger als andere Menschen in Isolation halten oder Kontaktrestriktionen verhängen. Eine Konsequenz könnte sein, möglichst nur noch in Notfällen den Arzt zu besuchen. Man kann abklären, ob sie das Patientendossier in Papierform führen. In einzelnen Praxen in der Schweiz ist das noch möglich. In einigen Praxen ist es Usus, bei allen Patienten Größe, Gewicht und auch den Blutdruck zu messen. Hier kann ein neues Vertrauensverhältnis aufgebaut werden. Erkläre dem Arzt, daß Du keine weiteren Untersuchungen wünschst und weshalb. Auf diesem Weg lässt sich auch erkennen, ob ihr da „am selben Strick zieht". Ärzte sind in erster Linie den Patienten verpflichtet! Das Gros von ihnen verhält sich auch entsprechend.

Liebe Ärzte, das Patientengeheimnis wird noch wichtiger! Ihr merkt bereits, wie die Behörden immer mehr Daten und Information beanspruchen (meldepflichtige Erkrankungen, Aufforderungen zu Tests und Impfungen, etc.). Ihr habt gemeinsam – mit den Patienten erst recht – eine mächtige Stellung. Mir ist bewusst, Eure Arbeit, die Administration, das Abrechnen ist sehr eng getaktet. Ihr habt gegenüber Euch selber und den Patienten eine politische Verantwortung. Mein Appell an euch Ärzte: Tragt bitte nicht dazu bei, daß Maßnahmen, die weit weg von Evidence Based Medicine und Menschenrechten sind, vollzogen werden können! Lasst euch nicht zu einfachen Datenlieferanten degradieren.

## Finanzielle Folgen von COVID-19 und mögliche Maßnahmen

Die COVID-19 Krise wird enorme wirtschaftliche Folgen haben. Ersparnisse gehören in diesen Zeiten definitiv nicht mehr auf ein Bankkonto. Auch Aktien sind auf Talfahrt und mit großen Risiken behaftet. Wer Schulden hat, inkl. Hypotheken, sollte sie nach Möglichkeit reduzieren oder abzahlen. Wenn Währungen crashen, und diese Gefahr besteht, wurden in der Geschichte Ersparnisse und Schulden nie gleichgesetzt. Das heißt, die Ersparnisse wurden stärker entwertet als Schulden. Wer nur Ersparnisse hat, soll sich jetzt Sachwerte zulegen. An vorderster Front stehen immer die Edelmetalle und da primär Gold. Gold war immer Wertanlage und Tauschmittel und stand früher als Realwert hinter den Währungen. Seit einigen Jahren – und in letzter Zeit verstärkt – decken sich Nationalbanken, private Banken und die Wohlhabenden mit Gold ein. Ja sogar in der Schweizer Geheimarmee P26 wurden in den geheimen Waffenlagern Goldmünzen gefunden! Mit Gold lassen sich Ersparnisse sicher konservieren, tendenziell gewinnt man sogar. Auch Silber ist eine gute Anlage. Hier ist allerdings die Differenz zwischen An- und Verkaufspreis größer und man bezahlt Mehrwertsteuer. Das heißt, um den Gegenwert wieder zu erhalten, muss der Handelskurs deutlich stärker ansteigen. Platin und Palladium werden häufig in der Autoindustrie verwendet und können daher, je nach technologischer und wirtschaftlicher Entwicklung, stark schwanken, im Moment mit Tendenz nach unten (für den Edelmetallerwerb empfehle ich in Eigenwerbung Zurich-Gold.ch). Man kann auch in seltene Whiskys, Oldtimer, Diamanten und anderes investieren. Allerdings sind solche Sachwerte nicht so schnell liquide zu machen. Detaillierte Tipps dazu findet man im Buch „Der größte Crash aller Zeiten" von Friedrich & Weik. Immobilien sind immobil und werden immer besteuert, wenn der Staat in Bedrängnis kommt. Außerdem zeigen die Immobilienpreis-Prognosen nach unten. Es ist demnach ratsam, mit dem Erwerb einer Immobilie zu warten, wenn man dies in Betracht zieht.

## Notvorrat

Die COVID-19 Welle ist durch und die Versorgung hat noch funktioniert. Es werden uns jedoch weitere Wellen prognostiziert, und wie wir wissen, müssen es ja keine echten Pandemien sein, eine Hysterie genügt. Das wahrscheinlichere Krisenszenario des Bundes war ein großflächiger, längerer Black-Out. Also lohnt es sich, neben Toilettenpapier, etwas haltbare Nahrung, einen Aktivkohlefilter für Wasser, Streichhölzer, Kerzen und alles, was man als hilfreich erachtet, in Reserve zu halten.

Deutschland Notvorrat:

https://www.bbk.bund.de/SharedDocs/Downloads/BBK/DE/Publikationen/Broschueren_Flyer/Buergerinformationen_A4/Ratgeber_Brosch.pdf?

Schweiz Notvorrat:

https://www.bwl.admin.ch/dam/bwl/de/dokumente/Dokumentation/publikationen/broschuere_notvorrat.pdf.download.pdf/Broschuere_Notvorrat_D_web.pdf

## Aktiv werden

Im Juni 2020 formierten sich viele Gruppierungen in der Schweiz, um ein Referendum gegen die bundesrätliche Absicht, das Notrecht in dringliches Bundesgesetz zu überführen, zu verhindern.

Petitionen, wie ich sie lanciert habe, sind in allen Ländern möglich. Sie könnten immer eine Grundlage für eine Bewegung sein.

Man darf sich auch an den Autor wenden.

## Mitmachen Schweiz

- www.WirSindAndererMeinung.ch
- www.WIR2020.ch
- www.WirKlagenAn.org
- www.corona-transition.org
- www.impfentscheid.info

### Mitmachen Deutschland

- www.Widerstand2020.de
- https://wir2020-partei.de
- www.IchBinAndererMeinung.de

### Mitmachen Österreich

- www.Widerstand2020.at

# Schlußwort

Wir sehen, daß mit Corona die Menschen in die Pflicht genommen werden, für das Wohl anderer zu sorgen. In Fitness Centern sollen die Leute die Geräte nach Gebrauch desinfizieren. Einfacher und für den Nutzer zuverlässiger wäre es, jeder würde vor Gebrauch und nach seinem Bedarf das Gerät reinigen, wie dies bei den Solarien gang und gäbe war. Man wird ständig genötigt, sich die Hände zu desinfizieren - zum Schutze Anderer. Die grassierende Maskentragepflicht soll auch zum Schutze Anderer dienen, obwohl es Masken gibt, die den Träger schützen und Masken, die das Umfeld schützen. Ebenso wird zum Schutze der Anderen Druck gemacht eine Tracing-App zu installieren und sich mit persönlichen Angaben in Restaurants und anderen Orten zu registrieren.

Dies führt dazu, daß jeder der Polizist seines Nächsten wird. Es führt zu Denunziantentum, Misstrauen, und es spaltet die Bevölkerung. Dadurch sät man Spannungen, Ablehnung und letztlich Hass untereinander.

Bis anhin galt das Prinzip der Eigenverantwortung. Jeder sorgt mit eigenen Maßnahmen dafür, daß er sich nach seinen Bedürfnissen schützt. Bei einer Grippewelle konnten die Leute Abstand halten und sich die Hände desinfizieren oder nicht. Wer Angst hatte, sorgte selber dafür, sich zu distanzieren. Diese Prinzipien könnten genauso mit Corona angewendet werden. Nehme ich eine Ansteckung in Kauf, dann achte ich auf gar nichts. Möchte ich eine Ansteckung vermeiden, trage ich eine Maske (die mich selber schützt), desinfiziere mir ständig die Hände, reinige alle Geräte und Oberflächen vor dem Anrühren und distanziere mich von anderen Menschen. Ob dies dann gesund ist, bleibt aus Sicht des Immunsystems zu bezweifeln. Diejenigen, die sich schützen wollen, müssen dies sowieso auf diese Weise tun, ganz egal, wie sehr den „Anderen“ diese Maßnahmen aufgezwungen werden.

Der Unterschied wäre, man würde nicht Misstrauen, Denunziantentum und Spaltung in der Bevölkerung provozieren.

Dem Gedanken, daß da eine ungute Absicht dahintersteckt, kann man sich schwer erwehren, wenn man die Fakten kennt.

Bundesrat, Kantonsregierungen und Parlamentarier kennen die Gesetzesartikel im Strafgesetzbuch:

- Art.180.1: Wer jemanden durch schwere Drohung in Schrecken oder Angst versetzt, wird, auf Antrag, mit Freiheitsstrafe bis zu drei Jahren oder Geldstrafe bestraft.
- Art.181: Wer jemanden durch Gewalt oder Androhung ernstlicher Nachteile oder durch andere Beschränkung seiner Handlungsfreiheit nötigt, etwas zu tun, zu unterlassen oder zu dulden, wird mit Freiheitsstrafe bis zu drei Jahren oder Geldstrafe bestraft.

Könnte dies der Grund sein, weshalb Notverordnungen in dringliches Bundesgesetz überführt werden sollen? Um allen Maßnahmen die Absolution zu erteilen?

Könnte dies der Grund sein, daß sämtliche Daten, welche Entwarnung zeigen, ignoriert werden, dafür aus dem Zusammenhang genommene Zahlen genutzt werden, um weiterhin Gefahr und Alarmstimmung zu verbreiten?

Dieses Buch ist kompakt gehalten. Es soll dem Leser als Argumentarium, als Handbuch, dienen und zur Weitergabe. Mein Wunsch wäre, daß möglichst viele Menschen, die immer noch coronaverängstigt sind, dieses Buch zu lesen bekommen, ihre Angst ablegen und aus dieser Dystopie aufwachen.

Geschieht dies bei genügend Menschen, müssten unsere Politiker sich vor einer unabhängigen Untersuchungskommission (nicht parlamentarischen) verantworten!

# Dank

Fabien Balli-Frantz für das wissenschaftliche Gegenlesen und die Datenrecherche zum siebten Teil (Schweden) in Kapitel 4.

Karl Reindl für das Gegenlesen bezüglich Digitalem und Informatik.

Andreas Widmer für das Gegenlesen aus journalistischer Sicht.

René Machu für das Korrekturlesen der Kapitel 10 & 11.

Meinem Schatz Véronique Wahl für das Mithelfen bei den Recherchen, dem Übersetzen von französischen Texten und die Geduld und Unterstützung während dem Zusammentragen des Manuskripts.

Daniel Trappitsch, der das Erscheinen dieses Buches ermöglicht hat.

Einen ganz grossen Dank gebührt auch den ehrenamtlichen Lektoren, welche nicht nur stur Wörter und Satzzeichen korrigierten, sondern auch mitdachten! Diese sind namentlich: Chantal, Nathalie Casillo, Ulli Schrammel, Alexandra, Kerstin, Holger Reisner, Doris Estermann-Renzler, Tanja Stock, Alexa, Andrea Martin und Manu Gehriger.

# Anhang

## Wissenschaftler die gegen Covid19 Hysterie sind

Prof. Stefan Hockertz, Immunologe & Toxikologe (Deutschland)
Prof. Pablo Goldschmidt, Virologe & Biochemiker (Argentinien)
Prof. John P.A. Ioannidis, Medizin & Epidemiologie (USA)
Prof. Wolfgang Wodarg, Internist & Pneumologe (Deutschland)
Prof. Sucharit Bhakdi, Infektiologe & Mikrobiologe (Deutschland)
Prof. Karin Mölling, Virologin (Schweiz)
Prof. Giulio Tarro, Virologe (Italien)
Prof. Pietro Vernazza, Infektiologe (Schweiz)
Prof. John Lee, Pathologe (Großbritannien)
Prof. Peter Gotzsche, Medizinforscher & ehem. Direktor Nordic Cochrane Center (Dänemark)
Prof. Jochen A. Werner, ärztlicher Direktor Universitätsmedizin Essen (Deutschland)
Prof. Maria Rita Gismondo, Direktorin Mikrobiologie, Virologie, Diagnostika, biologische Notfälle Polo Universitario (Italien)
Prof. Carsten Scheller, Virologe Universität Würzburg (Deutschland)
Prof. Martin Haditsch, Facharzt Mikrobiologie, Virologie, Infektionsepidemiologie, Hannover (Deutschland)
Prof. John Oxford, Virologe & Influenzaspezialist (Großbritannien)
Dr. Knut Wittkowski, Epidemiologe, New York (USA)
Dr. Bodo Schiffmann, HNO & Schwindelerkrankungen, Sinsheim (Deutschland)
Prof. Klaus Püschel, Rechtsmediziner, Hamburg (Deutschland)
Prof. Hendrik Streeck, Virologe, Universitätsklinikum Bonn (Deutschland)
Dr. Michael Sptizbart, Chirurg & Urologe, Düsseldorf (Deutschland)
Dr. Yanis Roussel et al, Forscherteam für französische Regierung über Corona Mortalität
Prof. Michael T. Osterholm, Epidemiologe & Infektionszentrum Univ. Minnesota (USA)
Prof. Frank U. Montgomery, Radiologe & stv. Vorsitzender Weltärztebund (Deutschland)
Prof. Ansgar Lohse, Direktor Infektiologie Uniklinik Hamburg (Deutschland)
Dr. Yoram Lass, Arzt des Gesundheitsministeriums Israel
Dr. Ralf Langhoff, Chefarzt St. Gertrauden Krankenhaus, Berlin (Deutschland)
Dr. Claus Köhnlein, Internist, Kiel (Deutschland)

Dr. Joel Kettner, Chirurg & Gesundheitswissenschaftler, Direktor Int. Zentrum für Infektionskrankheiten, Manitoba (CAN)
Prof. David L. Katz, Arzt & Ernährungswissenschaftler, Direktor med. Uni Yale (USA)
Dr. Christian Fiala, Gynäkologe, Wien (Österreich)
Prof. Detlev Krüger, Virologe, Seniorprofessor Institut für Virologie, Charité Berlin (Deutschland)
Prof. Henrik Ullum, Rigshospitalet Kopenhagen, Dänemark, Section for Transfusion Medicine, Centre of Diagnostic Investigation
Prof. Michael Levitt, Professor für Biochemie, Stanford University, USA. Nobelpreis für Chemie 2013
Prof. Dr. Matthias Schrappe, Hedwig François-Kettner, Dr. Matthias Gruhl, Franz Knieps, Prof. Dr. Holger Pfaff, Prof. Dr. Gerd Glaeske, Thesenpapier zur Pandemie durch SARS-CoV-2/Covid-19
Dr. Thomas Jefferson, Epidemiologe und Research Fellow der University of Oxford, Großbritannien
Prof. Ulrich Hegerl, Universitätsklinikum Frankfurt, Vorsitzender Stiftung Deutsche Depressionshilfe
Dr. Matthias Thöns, Facharzt für Anästhesiologie Notfall-, Schmerz- und Palliativmedizin
Professor Dr. Eran Bendavid und Professor Dr. Jay Bhattacharya sind Medizin-Professoren an der Stanford-Universität, USA
Prof. Gérard Krause, Leiter des Bereich Epidemiologie am Helmholtz-Zentrum für Infektionsforschung
Dr. Anders Tegnell, Leiter der schwedischen Gesundheitsbehörde
Professor Dr. Silvio A. Ñamendys-Silva, Intensivmediziner, Mexiko
Prof. Jochen A. Werner, Ärztlicher Direktor und Vorstandsvorsitzender der Universitätsmedizin Essen
Prof. Walter Ricciardi ist wissenschaftlicher Berater des italienischen Gesundheitsministers
Dr. Gerd Reuther, Mediziner
Prof. Clemens Wendtner, Chefarzt der Schwabinger Klinik für Infektiologie
Dr. Michael Hable, Amtsarzt
Dr. Jason Oke, Professor Dr. Carl Heneghan, Universität Oxford, Großbritannien
Dr. Thomas Binder, Arzt, Schweiz
Dr. Gerd Reuter, Mediziner
Dr. Leopoldo Salmaso aus Italien ist spezialisiert auf Infektions- und Tropenkrankheiten sowie die öffentliche Gesundheit
Dr. Richard Capek, Mediziner

Prof. Didier Raoult ist Experte für Infektionskrankheiten und leitet ein Krankenhaus in Marseille, Frankreich
Dr. Jochen Schuler, Arzt, Salzburg, Österreich
Prof. Sunetra Gupta, Professor für theoretische Epidemiologie, Universität Oxford
Dr. Tom Jefferson, Epidemiologe, Rom, Italien
Professor Dr. Ulrich Keil, Epidemiologe von der Universität Münster und ehem. Berater der WHO
Professor Dr. Jon Lee, Pathologe, Großbritannien
Dr. Annie Bukacek, Ärztin im Bundesstaat Montana, USA
Prof. K.-F. Bürrig ist Präsident des Bundesverbandes Deutscher Pathologen (BDP)
Prof. T. Welte, Deutsches Zentrum für Lungenforschung/DZL, Direktor der Klinik für Pneumologie und Infektionsmedizin der Med. Hochschule Hannover/MHH
Prof. Gustavo Baretton ist Vorsitzender der Deutsche Gesellschaft für Pathologie (DGP)
Prof. Michael Schulte-Markwort ist unter anderem ärztlicher Leiter des Zentrums für Psychosoziale Medizin am Universitätsklinikum Hamburg Eppendorf
Dr. Michael Forster, Institut für Klinische Molekularbiologie (IKMB) des Universitätsklinikums Schleswig-Holstein (UKSH)
Prof. Thomas Stefenelli, Leiter der 1. Medizinischen Abteilung im Donauspital, Wien, Österreich
Prof. Andre Franke, Institut für Klinische Molekularbiologie, Christian-Albrechts-Universität zu Kiel
Dr. Iris Hauth, Mitglied im Vorstand der Deutschen Gesellschaft für Psychiatrie und Psychotherapie, ärztliche Direktorin der Alexianer St. Joseph Klinik in Berlin
Prof. Alexander S. Kekulé ist Direktor des Instituts für Medizinische Mikrobiologie an der Martin-Luther-Universität Halle-Wittenberg
Professor Dr. Pierre Vidailhet, Psychiater, Universität Straßburg, Frankreich
Dr. David Konrad, Karolinska University Hospital Stockholm, Schweden
Dr. Desmond Sutton, Dr. Karin Fuchs, Dr. Mary D'Alton, Dr. Dena Goffman, Columbia University Irving Medical Center, New York, NY
Prof. Dan Yamin, Direktor des Forschungslabors für Epidemien an der Universität von Tel Aviv
Prof. Eran Bendavid, Stanford-Universität, USA
Prof. Tsz Kei Joseph Wu (et al), Professor für Epidemiology und Biostatistik, Hongkong, China
Prof. Harald Matthes ist ärztlicher Leiter des Berliner Gemeinschaftskrankenhauses Havelhöhe

Dr. Hans-Joachim Maaz, ehemaliger Chefarzt der Klinik für Psychotherapie und Psychosomatik in Halle
Prof. Jens Otto Lunde Jörgensen, Aarhus Universitetshospital, Dänemark
Dr. Gerd Reuther, Universitätsdozent und Facharzt für Radiologie
Dr. Stephan Rietiker, Mediziner, Schweiz
Prof. Mikko Paunio, Epidemiologe, Universität Helsinki, Finnland
Prof. Johan Giesecke, Epidemiologe, Schweden

# Impuls-Magazine zum Thema „Corona“

# Quellen

[1] https://www.welt.de/wissenschaft/schweinegrippe/article5487594/H1N1-Virus-Sterberate-viel-geringer-alsbefuerchtet.html
[2] https://www.tagesspiegel.de/politik/hilfe-fuer-serbien-und-italien-wie-sich-china-in-der-corona-krise-einfluss-in-europa-sichert/25662698.html
[3] https://www.dw.com/de/ebola-und-corona-hilfe-aus-havanna/a-52758501
[4] https://www.srf.ch/news/international/russische-hilfe-fuer-italien-putins-corona-coup
[5] https://www.n-tv.de/politik/Russland-schickt-Corona-Hilfe-in-die-USAarticle21684213.html
[6] https://www.aargauerzeitung.ch/schweiz/70-millionen-franken-die-medien-erhalten-nun-doch-soforthilfe-vom-staat-137808147
[7] https://www.srf.ch/news/schweiz/wahlen-2019/microtargeting-hoch-im-kurs-mit-geld-zuoberst-auf-facebooklanden
[8] https://www.derbund.ch/bern/stadt/die-abstimmungsfluesterer/story/12359009
[9] https://www.zh.ch/internet/datenschutzbeauftragter/de/aktuell/mitteilungen/2018/leitfaden-zur-bearbeitung-von-personendaten-beiwahlen-und-absti.html
[10] https://www.persoenlich.com/werbung/alain-berset-startet-social-media-kampagne
[11] https://www.persoenlich.com/werbung/neue-phase-der-bag-solidaritatskampagne
[12] https://www.persoenlich.com/medien/lob-fur-kampagne-kritik-an-medien
[13] https://www.persoenlich.com/kategoriewerbung/hoffentlich-gibt-es-kein-corona-fatigue
[14] https://www.bmi.bund.de/SharedDocs/downloads/DE/veroeffentlichungen/2020/corona/szenarienpapier-covid-19.pdf?__blob=publicationFile&v=4
[15] https://www.bag.admin.ch/bag/de/home/krankheiten/ausbrueche-epidemien-pandemien/aktuelle-ausbrueche-epidemien/saisonale-grippe---lagebericht-schweiz.html
[16] https://www.bfs.admin.ch/bfs/de/home/statistiken/kataloge-datenbanken/medienmitteilungen.assetdetail.3742835.html
[17] https://www.bfs.admin.ch/bfs/de/home/statistiken/bevoelkerung/geburten-todesfaelle/todesfaelle.html
[18] https://swprs.files.wordpress.com/2020/04/mortalitc3a4t-schweiz.png
[19] http://inproportion2.talkigy.com/
[20] https://www.worldometers.info/
[21] https://portal.at-schweiz.ch/de/fakten/gesundheit/sterblichkeit
https://www.bfs.admin.ch/bfs/de/home/statistiken/bevoelkerung/geburten-todesfaelle/todesfaelle.html
https://www.bfs.admin.ch/bfs/de/home/statistiken/bevoelkerung/geburten-todesfaelle/todesfaelle.html
https://www.nzz.ch/panorama/fast-300-tote-durch-resistente-bakterien-in-der-schweiz-ld.1435245
[22] https://www.nzz.ch/meinung/coronavirus-vergleiche-sind-wichtig-ld.1545862
https://www.journal21.ch/menschenverstand-gebrauchen
https://www.fr.de/panorama/corona-italien-hoffnung-neuinfektionen-coronavirus-zahl-toten-steigt-zr-13591649.html
https://www.corriere.it/salute/sportello_cancro/15_settembre_16/italia-fumo-causa-83mila-decessi-l-anno-prima-causa-morte-6c387a82-5c5c-11e5-83f0-40cbe9ec401d.shtml?refresh_ce-cp
https://de.statista.com/statistik/daten/studie/162187/umfrage/sterbefaelle-in-den-eu-laendern/
https://www.tagesschau.de/inland/antibiotika-keime-resistent-101.html
[23] http://beh.santepubliquefrance.fr/beh/2017/22/pdf/2017_22_1.pdf
https://www.actusoins.com/263717/grippe-2014-2015-lepidemie-la-plus-meurtriere-depuis-2007.html
https://sante.lefigaro.fr/actualite/2015/05/22/23764-grippe-surmortalite-hivernale-record-plus-18000-deces
https://www.nzz.ch/international/coronavirus-weltweit-die-neusten-entwicklungen-nzz-ld.1534367?reduced=true

https://www.stop-tabac.ch/fr/risques-et-maladies/statistiques/des-chiffres-qui-frappent
[24] https://www.tagesschau.de/inland/grippe-129.html
https://www.welt.de/vermischtes/article206504969/Corona-Mehr-als-280-Tote-in-Deutschland-Karten-Daten-Grafiken.html
https://www.krebsgesellschaft.de/onko-internetportal/basis-informationen-krebs/bewusst-leben/rauchen-zahlen-und-fakten.html
https://de.statista.com/statistik/daten/studie/162187/umfrage/sterbefaelle-in-den-eu-laendern/
https://www.tagesschau.de/inland/antibiotika-keime-resistent-101.html
[25] https://www.nzz.ch/schweiz/tessin-verlegt-erste-corona-patienten-in-deutschschweizer-spitaeler-ld.1549417
[26] https://www.agoravox.fr/tribune-libre/article/la-france-traverse-t-elle-223271
[27] https://www.ncbi.nlm.nih.gov/pubmed/23093053
[28] https://www.thieme-connect.com/products/ejournals/html/10.1055/s-0040-100081#N68701
[29] https://de.wikipedia.org/wiki/Nocebo-Effekt
[30] https://de.wikipedia.org/wiki/Arjenyattah-Epidemie
[31] https://www.deadlymedicines.dk/corona-an-epidemic-of-mass-panic/
[32] https://www.srf.ch/play/tv/tagesschau/video/coronavirus-genesen-nach-17-tagen-in-isolation?id=17ab0883-cfed-4ae6-9da9-9d012ef5d34d
[33] https://www.obsan.admin.ch/de/indikatoren/pflegepersonal-spitaeler
https://www.bfs.admin.ch/bfs/de/home/statistiken/gesundheit/gesundheitswesen/spitaeler/infrastruktur-beschaeftigung-finanzen.assetdetail.10627680.html
https://de.statista.com/statistik/daten/studie/19317/umfrage/gesamtbevoelkerung-in-der-schweiz/
[34] https://faktencheck-gesundheit.de/de/faktenchecks/pflegepersonal/ergebnis-ueberblick/
https://de.statista.com/statistik/daten/studie/157049/umfrage/anzahl-krankenhausbetten-in-deutschland-seit-1998/
[35] https://www.sueddeutsche.de/politik/coronavirus-pflegekraefte-ausland-1.4866124
[36] https://www.acrimed.org/Docteur-Cymes-et-mister-Michel-experts
[37] https://ec.europa.eu/eurostat/statistics-explained/index.php?title=Healthcare_resource_statistics_-_beds
[38] https://milano.corriere.it/notizie/cronaca/18_gennaio_10/milano-terapie-intensive-collasso-l-influenza-gia-48-malati-gravi-molte-operazioni-rinviate-c9dc43a6-f5d1-11e7-9b06-fe054c3be5b2.shtml?refresh_ce-cp
[39] https://www.nzz.ch/schweiz/coronavirus-schweizer-spitaelern-droht-der-kollaps-ld.1546008?reduced=true
[40] https://telebasel.ch/2020/03/14/schweizer-armee-ab-montag-im-corona-dienst/?channel=105105
[41] https://elpais.com/sociedad/2020-03-25/los-test-rapidos-de-coronavirus-comprados-en-china-no-funcionan.html
[42] https://www.thesun.co.uk/news/11296594/coronavirus-testing-delayed-kits-contaminated-covid19/
[43] Quelle: Schweizer Militärsoldat
[44] https://infekt.ch/2020/04/corona-testen-testen-und-kein-ende/
[45] https://www.ncbi.nlm.nih.gov/pubmed/32219885
[46] https://www.bmj.com/content/369/bmj.m1808
[47] https://www.independent.co.uk/news/world/asia/coronavirus-south-korea-patients-infected-twice-test-a9491986.html
[48] https://medium.com/@nigam/higher-co-infection-rates-in-covid19-b24965088333
[49] https://www.rki.de/DE/Content/InfAZ/N/Neuartiges_Coronavirus/Situationsberichte/2020-03-26-de.pdf?__blob=publicationFile S.6
[50] https://swprs.files.wordpress.com/2020/04/us-covid-scholkmann.png
[51] https://twitter.com/FScholkmann/status/1249645557431361538

[52] http://www.immundiagnostik.com/home/neues/produktneuheiten/produktneuheiten-einzelansicht/article/595/14.html https://www.synlab.ch/docs/default-source/coronavirus-covid-19/covid-19-synfo-3_serologie.pdf?sfvrsn=78fe1 f5b_7
[53] https://www.deutsche-apotheker-zeitung.de/daz-az/2009/daz-51-2009/was-steckt-eigentlich-hinter-dem-guillain-barre-syndrom https://www.bmj.com/content/362/bmj.k3948.full
[54] https://www.heute.at/s/osterreich-bei-corona-todesstatistik-sehr-liberal-48665863
[55] Weltwoche 02.04.2020, S.23
[56] https://swprs.org/rki-relativiert-corona-todesfaelle/
[57] https://www.youtube.com/watch?v=gSn_YaOYYcY
[58] https://web.archive.org/web/20200330082928/ https://www.sueddeutsche.de/panorama/coronavirus-news-deutschland-wolfsburg-laschet-1.4828033 https://de.sputniknews.com/panorama/20200402326767475-fachpersonal-todesfaelle-lombardei-zeitung/
[59] https://www.telegraph.co.uk/news/2020/04/03/coronavirus-swedish-experiment-could-prove-britain-wrong/
[60] https://www.t-online.de/nachrichten/deutschland/id_87636856/coronavirus-hamburg-will-nur-echte-covid-19-tote-zaehlen.html
[61] https://www.medrxiv.org/content/10.1101/2020.03.14.20036178v1
[62] https://www.rki.de/DE/Content/Infekt/EpidBull/Archiv/2020/Ausgaben/15_20.pdf?__blob=publicationFile
[63] http://web.archive.org/web/20200509151946/http://labor-augsburg-mvz.de/de/aktuelles/geaendertes-befundlayout-der-sars-cov2-pcr-ergebnisse
[64] https://www.tagesanzeiger.ch/warum-belgien-die-hoechste-todesrate-weltweit-hat-825753123788
[65] https://www.medrxiv.org/content/10.1101/2020.02.12.20022434v2
[66] https://www.who.int/news-room/q-a-detail/q-a-similarities-and-differences-covid-19-and-influenza https://flexikon.doccheck.com/de/Mortalität
[67] https://www.tagblatt.ch/leben/ostschweizer-infektiologe-pietro-vernazza-die-zahlen-zu-den-jungen-corona-virus-erkrankten-sind-irrefuehrend-ld.1206440
[68] https://www.aerzteblatt.de/nachrichten/111108/Robert-Koch-Institut-stuft-Risiko-fuer-die-Bevoelkerung-jetzt-als-hoch-ein
[69] https://www.spiegel.de/consent-a-?targetUrl=https%3A%2F%2Fwww.spiegel.de%2Fwissenschaft%2Fmedizin%2Fcoronavirus-die-zahlen-sind-vollkommen-unzuverlaessig-a-7535b78f-ad68-4fa9-9533-06a224cc9250&ref=https%3A%2F%2Fwww.google.de%2F
[70] https://www.medrxiv.org/content/10.1101/2020.03.24.20042291v1
[71] https://www.bmj.com/content/369/bmj.m1375
[72] https://www.land.nrw/sites/default/files/asset/document/zwischenergebnis_covid19_case_study_gangelt_0.pdf
[73] https://reason.com/2020/04/08/mass-antibody-testing-in-this-rural-colorado-county-sheds-light-on-covid-19s-prevalence-and-lethality/
[74] https://www.wsbtv.com/news/trending/coronavirus-cdc-reviewing-stunning-universal-testing-results-boston-homeless-shelter/ZADQ45HCAZEVJAZA3OTCUR7M6M/ https://archive.is/20200418222442/ https://www.bostonglobe.com/2020/04/17/business/nearly-third-200-blood-samples-taken-chelsea-show-exposure-coronavirus/
[75] https://twitter.com/cnn/status/1256579248342564865 https://www.facebook.com/cnn/videos/1140319949654807/
[76] https://www.medrxiv.org/content/10.1101/2020.04.24.20075291v1 https://www.medrxiv.org/content/10.1101/2020.04.26.20079244v1

https://docs.google.com/spreadsheets/d/1zC3kW1sMu0sjnT_vP1sh4zL0tF6fIHbA6fcG5RQdqSc/edit#gid=0
https://www.medrxiv.org/content/10.1101/2020.04.26.20079822v2
[77] https://www.gov.uk/guidance/high-consequence-infectious-diseases-hcid#status-of-covid-19
https://www.aargauerzeitung.ch/schweiz/hohe-lebenserwartung-viele-tote-wie-steht-es-um-die-schweiz-137335320
https://www.rnd.de/politik/corona-tote-in-deutschland-alter-der-todesopfer-liegt-laut-rki-im-durchschnitt-bei-81-jahren-BMSQTV7EIIMFYGLFWGON5BRWGQ.html
file:///C:/Users/HP/AppData/Local/Packages/Microsoft.MicrosoftEdge_8wekyb3d8bbwe/TempState/Downloads/COVID-19_Epidemiologische_Lage_Schweiz%20(1).pdf
https://www.repubblica.it/salute/2020/03/05/news/coronavirus_l_iss_81_anni_l_eta_media_dei_morti_in_italia_due_su_tre_con_altre_patologie_gravi-250375699/
[78] http://www.theblogmire.com/a-comparison-of-lockdown-uk-with-non-lockdown-sweden/
[79] https://www.youtube.com/watch?v=VP7La2bkOMo
[80] https://today.rtl.lu/news/science-and-environment/a/1498185.html
[81] https://de.sputniknews.com/interviews/20200425326953541-corona-gefahr-virologe/
[82] https://www.who.int/emergencies/diseases/novel-coronavirus-2019/question-and-answers-hub/q-a-detail/q-a-similarities-and-differences-covid-19-and-influenza?gclid=EAIaIQobChMIm9SNg_vJ6QIVR7TVCh3TdQ_vEAAYASAAEgIDz_D_BwE
[83] https://bonpourlatete.com/analyses/coronavirus-le-point-sur-la-mortalite
[84] https://www.bild.de/ratgeber/gesundheit/gesundheit/diamond-princess-studie-zeigt-wie-ansteckend-corona-wirklich-ist-69485224.bild.html
https://www.lshtm.ac.uk/aboutus/people/russell.timothy
[85] https://www.bmj.com/content/bmj/369/bmj.m1632.full.pdf
[86] https://www.medrxiv.org/content/10.1101/2020.03.11.20031096v1
[87] https://www.welt.de/gesundheit/article137711916/Die-Blutgruppe-bestimmt-das-Krankheitsrisiko-mit.html
[88] https://de.statista.com/themen/119/italien/
[89] https://www.thelocal.it/20170131/our-lungs-are-breaking-smog-levels-way-above-safe-limits-in-northern-italy
[90] https://twitter.com/esa/status/1238480433047916545
[91] https://www.eurasiareview.com/01022020-polluted-air-could-be-an-important-cause-of-wuhan-pneumonia-oped/
[92] https://www.bbc.com/news/blogs-china-blog-48904350
[93] https://projects.iq.harvard.edu/covid-pm
[94] https://m.apotheke-adhoc.de/nachrichten/detail/coronavirus/erhoehen-legionellen-die-todesrate-einer-corona-infektion/
[95] Die Weltwoche Nr.15/2020
[96] https://www.ansa.it/english/news/science_tecnology/2019/11/19/italy-top-in-eu-in-antibiotic-resistance_369e0123-0107-445e-8c17-f11932c9d27c.html
[97] https://latina.biz/confronto-decessi-italia-1-trimestre-2019-e-2020-con-covid19/
[98] http://www.salute.gov.it/portale/caldo/SISMG_sintesi_ULTIMO.pdf
[99] https://www.bloomberg.com/news/articles/2020-03-18/99-of-those-who-died-from-virus-had-other-illness-italy-says
[100] https://web.archive.org/web/20200324214448/https://www.telegraph.co.uk/global-health/science-and-disease/have-many-coronavirus-patients-died-italy/
[101] https://infekt.ch/2020/03/immunschwaeche-und-schwangerschaft-kein-covid-19-risikofaktor/
[102] https://www.tgcom24.mediaset.it/cronaca/a-robbio-pv-il-22-ha-o-ha-avuto-il-coronavirus-ok-del-sindaco-ai-test-per-tutti_17285128-202002a.shtml
[103] https://www.aargauerzeitung.ch/ausland/krematorium-ueberfordert-italiens-militaer-muss-corona-tote-aus-bergamo-abtransportieren-137183692

http://www.messinatoday.it/cronaca/morti-coronavirus-regole-funerali-tumulazione-salma-cosa-fare-messina.html
[104] https://ourworldindata.org/
[105]https://www.rki.de/DE/Content/Service/Presse/Pressemitteilungen/2019/14_2019.html
[106] https://www.inserm.fr/information-en-sante/dossiers-information/infections-nosocomiales
[107] https://www.ansa.it/canale_saluteebenessere/notizie/sanita/2019/05/15/allarme-rosso-infezioni-ospedaliere-49-mila-morti-lanno_41a0e9c5-8f5d-4373-acda-4f46014f9dd0.html
[108] https://medicalforum.ch/article/doi/smf.2017.03116
[109] https://www.tagesanzeiger.ch/warum-belgien-die-hoechste-todesrate-weltweit-hat-825753123788
[110] https://www.euromomo.eu/graphs-and-maps/
[111] https://edition.cnn.com/2020/04/01/europe/iceland-testing-coronavirus-intl/index.html
[112] https://www.marketscreener.com/news/SCB-Statistics-Sweden-Highest-mortality-this-millennium-noted-in-Sweden--30479181/
[113] https://www.statista.com/statistics/1107913/number-of-coronavirus-deaths-in-sweden-by-age-groups/
[114] https://www.folkhalsomyndigheten.se/publicerat-material/publikationsarkiv/i/influenza-in-sweden-2017-2018/?pub=54559
[115] https://en.wikipedia.org/wiki/COVID-19_pandemic_in_Sweden#/media/File:All-cause_weekly_deaths_-_Sweden.png
[116] https://www.folkhalsomyndigheten.se/contentassets/1d7096c2b65d45b499c924d76333272c/influenza-in-sweden-2009-2010.pdf S.29
[117] https://www.youtube.com/watch?v=JWlouv9QafU; https://archive.is/KX5IQ
[118] https://www.evms.edu/media/evms_public/departments/internal_medicine/EVMS_Critical_Care_COVID-19_Protocol.pdf
[119] https://www.doccheck.com/de/detail/articles/26271-covid-19-beatmung-und-dann?utm_source=www.doccheck.com&utm_medium=DC%2520Search&utm_campaign=DC%2520Search%2520content_type%253Aall&utm_content=DC%2520Search%2520
[120] https://www.thelancet.com/journals/lanres/article/PIIS2213-2600(20)30181-8/fulltext
[121] https://www.infobae.com/coronavirus/2020/03/28/para-un-prestigioso-cientifico-argentino-el-coronavirus-no-merece-que-el-planeta-este-en-un-estado-de-parate-total/
[122] https://archive.is/2eKCW#selection-775.0-775.146
[123] http://pflegeethik-initiative.de/2020/04/15/corona-krise-falsche-prioritaeten-gesetzt-und-ethische-prinzipien-verletzt/
[124] https://www.sn.at/panorama/oesterreich/arzt-droht-berufsverbot-wegen-kritik-an-corona-massnahmen-86594140
[125] https://www.mopo.de/hamburg/uke-infektiologe-fordert-es-muessen-sich-mehr-menschen-mit-corona-infizieren-36483636?originalReferrer=&originalReferrer=
[126] https://www.srf.ch/play/tv/tagesschau/video/tagesschau-vom-21-04-2020-hauptausgabe?id=56fd12a5-25f8-4a0f-8718-cc47ffdcf1e8
[127] https://infekt.ch/2020/04/sind-wir-tatsaechlich-im-blindflug/
[128] https://infekt.ch/2020/04/covid-fuehrt-das-sommerwetter-zur-entspannung/
[129] https://www.who.int/emergencies/diseases/novel-coronavirus-2019/question-and-answers-hub/q-a-detail/q-a-similarities-and-differences-covid-19-and-influenza?gclid=EAIaIQobChMIm9SNg_vJ6QIVR7TVCh3TdQ_vEAAYASAAEgIDz_D_BwE
[130] https://www.n-tv.de/panorama/172-Kontaktpersonen-von-Corona-verschont-article21727469.html
[131] https://infekt.ch/2020/05/kinder-und-corona-verwirrung-pur/
[132] https://www.mopo.de/hamburg/uke-infektiologe-fordert-es-muessen-sich-mehr-menschen-mit-corona-infizieren-36483636?originalReferrer=&originalReferrer=
[133] https://www.ncbi.nlm.nih.gov/pubmed/25294743
[134] https://www.thelancet.com/action/showPdf?pii=S0140-6736%2820%2930937-5
[135] https://www.thelancet.com/pdfs/journals/lancet/PIIS0140-6736(20)30763-7.pdf

[136] https://www.pei.de/DE/newsroom/pm/jahr/2020/08-erste-klinische-pruefung-sars-cov-2-impfstoff-in-deutschland.html
https://boerse.ard.de/aktien/biontech-kooperiert-pfizer100.html
[137] https://www.trillium.de/zeitschriften/trillium-immunologie/archiv/ausgaben-2019/heft-32019/aus-der-grundlagenforschung/design-und-funktionsweise-von-mrna-basierten-impfstoffen-zum-schutz-vor-infektionskrankheiten.html
[138] https://www.aerzteblatt.de/archiv/214122/Genbasierte-Impfstoffe-Hoffnungstraeger-auch-zum-Schutz-vor-SARS-CoV-2
[139] https://www.rki.de/DE/Content/Infekt/EpidBull/Archiv/2020/Ausgaben/17_20.pdf?__blob=publicationFile
[140] https://ethz.ch/de/news-und-veranstaltungen/eth-news/news/2020/04/massnahmen-zeigen-wirkung.html
https://www.aargauerzeitung.ch/schweiz/die-schweiz-haette-die-kurve-auch-mit-weniger-einschraenkungen-gekriegt-war-der-lockdown-uebertrieben-137881160
[141] https://apps.who.int/iris/bitstream/handle/10665/329438/9789241516839-eng.pdf?ua=1
[142] https://www.acpjournals.org/doi/full/10.7326/M20-1342?url_ver=Z39.88-2003&rfr_id=ori%3Arid%3Acrossref.org&rfr_dat=cr_pub++opubmed&
[143] https://www.itwm.fraunhofer.de/de/presse-publikationen/presseinformationen/2020/2020_05_11_tragedauer-schutzmasken-corona-krise.html
[144] https://mediatum.ub.tum.de/doc/602557/602557.pdf
[145] https://bmjopen.bmj.com/content/bmjopen/5/4/e006577.full.pdf
[146] https://pdf.sciencedirectassets.com/287009/1-s2.0-S2214031X18X00035/1-s2.0-S2214031X18300809/main.pdf?X-Amz-Date=20200709T125647Z&X-Amz-Algorithm=AWS4-HMAC-SHA256&X-Amz-Signature=abee0592ee1b81b4bccefd8456be7b93ac8e3fa43d29324dd463230f7ae3b57b&X-Amz-Credential=ASIAQ3PHCVTYTORBDN4U%2F20200709%2Fus-east-1%2Fs3%2Faws4_request&type=client&tid=prr-290b6e2c-47c4-44f1-9f95-28ca1708de5e&sid=cfbc847d17cbf44d6808d494db4e3a9805c7gxrqa&pii=S2214031X18300809&X-Amz-SignedHeaders=host&X-Amz-Security-Token=IQoJb3JpZ2luX2VjEG0aCXVzLWVhc3QtMSJHMEUCIHF2%2FkdzsCcXwVUimBLoPLIJB9KPx2oM5AizXs95SiX9AiEAkLviim7lWnYaCx4EV2SBWjdnFniCxz2RQEtb3Jl3SeEqtAMIFRADGgwwNTkwMDM1NDY4NjUiDCT3frLEYSZSg02q9SqRA6gSajsCfecWKxyuJUotTG48TBLC5relXB%2F4NRXJKgKfLdkzYRcbvOXeX%2B7K0%2Bu%2BbPQOtcaRUM191CrVure2HesWp39FRpaAoqp%2BUuSQ5YWqqY5DGlSiDNynOY6soQyrrmuz%2FcfF5z%2B%2Fzv8EjOInP2uD7O4%2Bz7oXFLcByZp%2Fcnb2WOdLWVNTzNXjqHmlxXpfH21OTK87hePlNO4dsk00ejE%2F8W5HS0TASWkLy82MtSP8x6YIKluOXsWpqM%2Bnfg0Mqpyam3qibszpv3PtshO%2FIq9zgdoSTfcxwPHJ3Q6LIwfuPqCmULlN%2B4cVziJYn9kvFLo7tFp97MCl6nkrYRgsDB3%2FouARqgUgsdo3w6z5w49eEfzR%2FY4DklWsOpovRmMUfzSjzC8koKNRha%2BXAaKZvsbFycFIFX1o69q4Jg%2F9wMuNMSmpzvLuy5q%2BOY3y41pQZqiHThOvm3GUwjrlmRY7wQEVC5ADg3%2BmRvnNCtuGYHFqU%2BUyq8fblhYGcqrHC9FgXE4cQHeW6e8pQuwCNfUGHvMCMIOXnPgFOusB%2B0G8tjh5glthjaNQwqANXL%2FQ4YDbY93iXHlthydxFr2tNobE300u5AI0t3wTeVwWlEnjZBKu8meQi%2BqF34YbLgjShyYzoozmld5V%2BaevKj4WfZAIdQr2dlxcZh0yXqzBEm3cGU4UBozp%2B%2BUJVwAHmhUZn8EwwnkE0FFc%2BUSQVDiF7l6gCpld%2FhIixx3j40zegY6yMx1K2E0t8IjmC8BxdVHk38NeUdvDV3xdLCm01HyPkf%2FH4Cl%2FvDQvPcMex1NtMjFKtPoD0s%2BpHyP9iGpdUCFsXakVblSCJK9my%2BeWJQ7XbrdVqHwgJcCPOA%3D%3D&host=68042c943591013ac2b2430a89b270f6af2c76d8dfd086a07176afe7c76c2c61&X-Amz-Expires=300&hash=8c5acfbcfebe19366f9d4420a164cb99cf98c833578a27e688c8997d64c5bd5b
[147] https://apps.who.int/iris/bitstream/handle/10665/331693/WHO-2019-nCov-IPC_Masks-2020.3-eng.pdf?sequence=1&isAllowed=y
[148] https://apps.who.int/gb/ebwha/pdf_files/WHA70/A70_40-en.pdf?ua=1
[149] https://www.gatesfoundation.org/Who-We-Are/General-Information/Leadership/Executive-Leadership-Team/Warren-Buffett

[150] https://www.who.int/about/finances-accountability/reports/A72_INF5-en.pdf?ua=1
[151] https://www.gatesfoundation.org/TheOptimist/Articles/coronavirus-mark-suzman-funding-announcement-2/?utm_source=GF&utm_medium=TW
[152] https://www.deutschlandfunkkultur.de/weltgesundheitsorganisation-am-bettelstab-was-gesund-ist.976.de.html?dram:article_id=385853
[153] https://www.zdf.de/politik/frontal-21/hoffen-auf-den-corona-impfstoff-100.html
[154] https://www.youtube.com/watch?v=dYlia_fQOLk
[155] https://www.fr.de/politik/coronavirus-sars-cov-2-daenemark-notfalls-militaer-13598503.html
[156] https://www.bmj.com/content/bmj/suppl/2018/09/20/bmj.k3948.DC1/pandremix1809.ww2.pdf
[157] https://www.discovermagazine.com/health/the-public-health-legacy-of-the-1976-swine-flu-outbreak
[158] https://www.youtube.com/watch?v=ohbC5Cfyzdl
[159] https://www.srf.ch/news/schweiz/verdacht-auf-schwere-nebenwirkung-bei-krebspraevention-fuer-maedchen
[160] http://www.yakugai.gr.jp/en/topics/topic.php?id=950
[161] https://ebm.bmj.com/content/ebmed/23/5/165.full.pdf
[162] https://www.cochrane.de/de/news/erlaeuterung-der-widersprueche-und-konflikte
https://www.infosperber.ch/Gesundheit/Nach-sachlicher-Kritik-an-HPV-Impfstudie-rausgeschmissen
[163] https://www.infosperber.ch/Artikel/Gesundheit/HPV-Impfung-Nutzen-ubertrieben-Risiko-zu-wenig-untersucht
[164] https://hcfricke.com/2019/08/19/impfen-teil-2-autoimmunsystem-syndrom-von-adjuvantien-wirkverstaerkern-in-impfungen-aisa/
[165]
https://cdn2.hubspot.net/hubfs/519118/Content%20Offerings/Summary%20of%20Studies%20Featured%20in%20Vaccines%20and%20Autoimmunity%20.pdf
[166] https://www.ncbi.nlm.nih.gov/pmc/articles/PMC5360569/pdf/main.pdf
[167] https://edition.cnn.com/2009/WORLD/europe/08/11/influenza.children.tamiflu.relenza/index.html
https://www.youtube.com/watch?v=1--c2SBYlMY Arte Doku Profiteure der Angst
[168] https://www.swissmedic.ch/swissmedic/de/home/news/coronavirus-covid-19/erweitert_einsatz_remdesivir.html
https://www.handelszeitung.ch/unternehmen/der-preis-fur-remdesivir-ein-riskanter-prazedenzfall
https://clinicaltrials.gov/ct2/show/record/NCT04280705
https://www.rki.de/DE/Content/InfAZ/N/Neuartiges_Coronavirus/COVRIIN_Dok/Erfahrungen_Umgang_Erkrankten.pdf?__blob=publicationFile
[169] https://www.pei.de/DE/newsroom/hp-meldungen/2020/200323-covid-19-nat-tests.html
[170] https://www.bag.admin.ch/bag/de/home/gesetze-und-bewilligungen/gesuche-bewilligungen/gesuche-bewilligungen-im-bereich-infektionskrankheiten/genugtuung-bei-impfschaeden.html
https://www.aerzteblatt.de/archiv/9032/Schutzimpfungen-Schlusswort
[171] https://www.businesswire.com/news/home/20190904005403/en
[172] https://www.pei.de/DE/newsroom/pm/jahr/2018/15-paul-ehrlich-institut-engagiert-sich-fuer-globalen-gesundheitsschutz-austausch-mit-internationaler-stiftung.html
[173] https://www.youtube.com/watch?v=1--c2SBYlMY ARTE Dok. Profiteure der Angst 2009
[174] https://www.mainpost.de/ueberregional/meinung/untermstrich/untermstrich/Kritik-an-Rumsfelds-Geschaeften;art9484,3308711
[175] https://www.c-span.org/video/?469926-1/president-trump-meeting-pharmaceutical-executives-coronavirus
[176] www.marketscreener.com
[177] www.finanzen.ch
www.boerse.de

[178] https://healthcare-in-europe.com/de/news/der-impfpass-der-zukunft-geht-unter-die-haut.html#
[179] https://www.youtube.com/watch?v=VnrHamW8OXQ
[180] https://www.sueddeutsche.de/digital/microsoft-von-einem-monopol-zum-anderen-1.112727
https://www.computerwoche.de/a/eu-verklagt-microsoft-zu-561-millionen-strafe,2534209
https://www.welt.de/print-welt/article252967/Bill-kann-nicht-verlieren.html
[181] https://www.google.ch/search?q=gates+vs+bezos+verm%C3%B6gensentwicklung&source=lnms&tbm=isch&sa=X&ved=2ahUKEwiu44uV7YbqAhVLUMAKHaF_Ae0Q_AUoAXoECAwQAw&biw=1366&bih=655#imgrc=kr_pHKKOgsVa6M
[182] https://www.youtube.com/watch?v=I-MRcMqP2NY Zwischen Minute 30 – 47
[183] https://www.gatesnotes.com/Health/What-you-need-to-know-about-the-COVID-19-vaccine
[184] http://www.publicdebtnet.org/pdm/.content/Report/Report-00608.html
https://www.bpb.de/nachschlagen/zahlen-und-fakten/globalisierung/52655/welt-bruttoinlandsprodukt
https://www.fuw.ch/article/nmtm-die-welt-ertrinkt-schulden/
https://de.statista.com/statistik/daten/studie/159798/umfrage/entwicklung-des-bip-bruttoinlandsprodukt-weltweit/
https://www.10x10.ch/schuldenblase-die-mutter-aller-blasen-marc-friedrich-matthias-weik/
[185] https://data.snb.ch/de/topics/snb#!/cube/snbmonagg?fromDate=2019-12&toDate=2020-04&dimSel=D0(B,VV),D1(B,S0,ET,GM1,S1,GM2,T,GM3)
[186] Daniele Ganser, Imperium USA
[187] https://ips-dc.org/wp-content/uploads/2020/04/Billionaire-Bonanza-2020.pdf
[188] https://www.handelszeitung.ch/panorama/172-milliarden-dollar-jeff-bezos-pulverisiert-seinen-reichtumsrekordsnb
[189] https://www.youtube.com/watch?v=VnrHamW8OXQ
[190] https://www.nzz.ch/international/corona-fehlalarm-seehofer-suspendiert-beamten-wegen-analyse-ld.1556583
[191] https://www.bildung.sachsen.de/blog/wp-content/uploads/2020/05/Elternbrief_Wiedereröffnung-Grund-und-Förderschulen_16052020.pdf
[192] https://www.un.org/depts/german/menschenrechte/aemr.pdf
[193] https://flexikon.doccheck.com/de/Coronavirus
[194] Siehe Impuls Magazin Nr. 18 und 19 mit weiteren Infos rund um Corona und 5G
[195] https://www.iss.it/covid-19-primo-piano/-/asset_publisher/yX1afjCDBkWH/content/id/5422725?_com_liferay_asset_publisher_web_portlet_AssetPublisherPortlet_INSTANCE_yX1afjCDBkWH_redirect=https%3A%2F%2Fwww.iss.it%2Fcovid-19-primo-piano%3Fp_p_id%3Dcom_liferay_asset_publisher_web_portlet_AssetPublisherPortlet_INSTANCE_yX1afjCDBkWH%26p_p_lifecycle%3D0%26p_p_state%3Dnormal%26p_p_mode%3Dview%26_com_liferay_asset_publisher_web_portlet_AssetPublisherPortlet_INSTANCE_yX1afjCDBkWH_cur%3D0%26p_r_p_resetCur%3Dfalse%26_com_liferay_asset_publisher_web_portlet_AssetPublisherPortlet_INSTANCE_yX1afjCDBkWH_assetEntryId%3D5422725
[196] https://de.euronews.com/2020/06/27/coronavirus-schon-im-marz-2019-im-abwasser-in-barcelona-nachgewiesen

Da die Links zum Teil verändert werden oder nicht mehr abrufbar sind, wurden sämtliche Quellen gesichert und sind auf: https://corona-quellen.zurich-gold.ch/ abrufbar.

NR. 18 Q.2/2020
CHF 7.00 Euro 6,0
IMPULS
Das unabhängige Magazin für selbstverantwortete Gesundheit
Gesundheit | Impfen | Naturheilkunde | Medizin | Ernährung | ...
CORONA
mail@impuls-magazin.info | www.impuls-magazin.info
Libertarian AG/Netzwerk Impfentscheid

R. 19 Q.3/2020

CHF 8.00 Euro 7,00
Nur für diese Ausgabe

# IMPULS

*Das unabhängige Magazin für selbstverantwortete Gesundheit*

## CORONA 2

mail@impuls-magazin.info | www.impuls-magazin.info

Libertarian AG/Netzwerk Impfentscheid

## Besten Dank für Ihr Interesse

Auf den folgenden Seiten finden Sie die Bücher aus dem Verlag Netzwerk Impfentscheid, den erfolgreichsten deutschsprachigen Dokumentarfilm „Wir Impfen Nicht" und weitere Literatur rund um die Themen Impfen und Gesundheit.. Das Programm wird laufend ergänzt, denn zum Thema Impfen und Gesundheit ist noch lange nicht alles zu Papier gebracht, was es zu schreiben gibt. Über Neuheiten informieren wir Sie gerne auf unserer Webseite oder rufen Sie uns an.

**Daniel Trappitsch**
*Verlagsleiter*

***E-Book***

*Alle Bücher erhalten Sie in unserem Online-Shop auch als E-Book in verschiedenen Formaten.*

## Kleinbuchreihe

Mit der Kleinbuchreihe möchte der Verlag Netzwerk Impfentscheid die weitläufige und sehr oft kontrovers diskutierte Thematik des Impfens dem breiten Publikum zugänglich machen. Die Inhalte sind einfach, informativ und verständlich zu lesen. Auf maximal 100 Seiten verschafft sich der Leser über ein spezifisches Thema schnell eine Übersicht, um sich eine eigene Meinung bilden und weitere Entscheide fällen zu können.

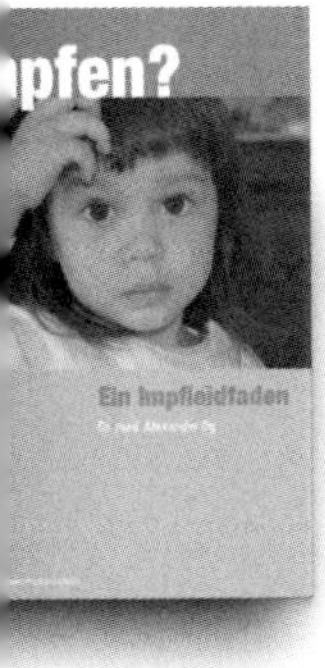


### Impfen?

Grundidee zur Kleinbuchreihe. Verfasst von einem Arzt, der seine jahrzehntelange Erfahrung in das Buch einfliessen lässt. Er streift dabei viele verschiedene Themen. Ein Muss für den Einstieg, ein Soll für die Meinungsbildung und ein Wollen fürs Weitergeben im Umfeld. Dieses Buch öffnet im Bereich der Impfungen mehrfach die Augen. Es erlöst vom blinden Glauben an den Arzt und die Impfungen.

*CHF 7.90 EUR 5.90 | 2. Auflage 2015*

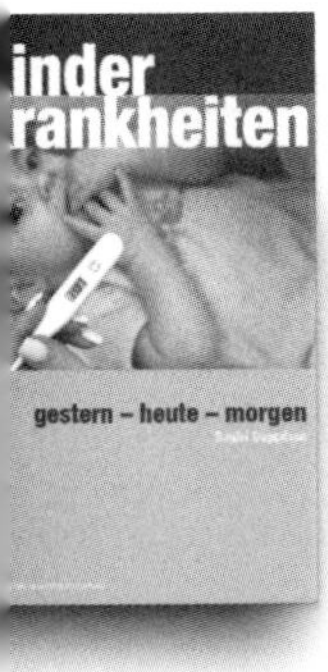


### Kinderkrankheiten

Angst vor Kinderkrankheiten? Weshalb? Haben Sie schon mal die Angst beiseitegeschoben und hinter diese geschaut?
Waren die Impfungen „Schuld" am Verschwinden der Krankheiten? Sind diese richtig behandelt wirklich so gefährlich? Ist es nicht eher so, dass Fieber- und Hautausschlagsunterdrückung gefährlich sind? Lesen Sie dieses Buch, verlieren Sie Ihre Angst durch Wissen!

*CHF 7.90 EUR 5.90 | 2. Auflage 2015*

### Schreckgespenster

Ja, aber Tetanus muss man schon impfen! Ist dem wirklich so oder liegt man hier einer professionellen Angstmacherei auf? Was war Polio wirklich? Wie gross ist die heutige Gefahr? Diphtherie und Elend — eine unheilige Allianz, aber nicht mehr für uns. Warum? Dogmen halten sich so lange, bis niemand mehr an sie glaubt. Kennen Sie das Schlossgespenst Casper?

*CHF 7.90 EUR 5.90 | 2. Auflage 2017*

### Gesund und fit ohne Impfen

Der Titel „Gesund und fit – ohne Impfen" kann in Anbetracht der offiziellen Lehrmeinung provokativ, unglaubhaft oder sogar unseriös wirken. Das Buch enthält aber viel Wissenswertes zum Thema natürliche Prävention. Julia Emmenegger geht in ihrem Kleinbuch in bewährter Manier kurz und bündig auf die Zusammenhänge der Förderung der eigenen Gesundheit ein. Ein weiteres Werk aus der Kleinbuchreihe, welches hilft, die Verantwortung wieder in die eigenen Hände zu nehmen.

*CHF 7.90 EUR 5.90 | 2. Auflage 2016*

## Impfentscheid

Der eigene Impfentscheid muss gewährleistet sein, denn er setzt Wissen und Aufklärung voraus. Sogar rechtlich ist es so, dass ein Arzt ausführlich über Risiken und Nebenwirkungen aufklären muss. Da dies aber äusserst selten der Fall, aber äusserst wichtig ist, wurde dieses Kleinbuch verfasst, damit Sie selbst diesen Impfentscheid fällen können.

*CHF 7.90 EUR 5.90 | 1. Auflage 2015*

## Aluminium

Aluminium ist aus unserem täglichen Leben nicht mehr wegzudenken. Aluminium hat jedoch nichts direkt am oder gar im Menschen verloren. Aluminium ist eine tote Substanz, sie hat keinerlei Beziehung zum gesunden natürlichen Stoffwechsel. Vor allem in Impfungen sind die darin enthaltenen Alu-Verbindungen eine grosse Gefahr für die Gesundheit, da sie schwere Schäden hervorrufen. Dieses Kleinbuch enthält die wissenschaftliche Arbeit des Netzwerk Impfentscheid Teams.

*CHF 7.90 EUR 5.90 | 1. Auflage 2015*

## Medizin - Heute und Morgen

Die Medizin steht am Scheideweg: So weiter machen und das Gesundheitssystem an die Wand fahren oder einen neuen Weg begehen? Der Grossteil der im Gesundheitssektor tätigen Institutionen ist rein wirtschaftlich ausgerichtet. Ist ein Crash des jetzigen Systems unausweichlich? Gibt es weniger „schmerzhafte" Wege? Ja!

*CHF 7.90 EUR 5.90 | 1. Auflage 2016*

## Schütteltrauma

Können Sie sich etwas Schlimmeres vorstellen, als die Wegnahme Ihres eigenen Kindes? Ihre Familie wird auseinandergerissen. Nichts ist mehr, wie es war. Genau dies mussten bereits viele Eltern erfahren, denen ihr Kind mit der Begründung einer Misshandlung (geschüttelt und/oder geschlagen) weggenommen wurde. Es gibt Eltern, die ihre Kinder misshandeln. Jedoch werden eine Vielzahl von Eltern beschuldigt, ihren Kindern Gewalt angetan zu haben.
Wussten Sie, dass auch Impfungen Symptome auslösen können, die denen eines Schütteltraumas gleichkommen?

*CHF 7.90 EUR 5.90 | 1. Auflage 2016*

# Mittelbuchreihe

### Autismus und Impfen

Dass Impfungen Autismus auslösen können, das ist seit Jahrzehnten bekannt. Um aber den Impfgedanken nicht in Gefahr zu bringen, wird gelogen und Studien gefälscht. Aber alles kommt einmal an die Oberfläche...
Dieses Buch enthält die bisher grösste Übersicht über die Fakten im Zusammenhang zwischen Autismus und Impfungen.

*CHF 14.90 EUR 12.90 | 1. Auflage 2016*

### Impfen - Fragen und Antworten

Das Thema Impfen wird sehr kontrovers diskutiert und wirft immer wieder sehr viele Fragen auf. Viele der im Buch beantworteten Fragen wurden und werden immer wieder gestellt. Viele sind allgemein, einige sind aber auch sehr spezifisch. Die Leser können aus den passenden Antworten viel Wissenswertes herausziehen, denn dieses Buch ist eine Fülle von Fragen und Antworten aus über 20 Jahren Erfahrung des Autors in der Impfkritik.

*CHF 13.90 EUR 11.90 | 1. Auflage 2017*

### Spiritualität und Impfen

Impfungen haben nicht nur einen negativen Einfluss auf die körperliche Gesundheit. Sie können auch einen Einfluss auf die gesunde freie Entwicklung des Bewusstseins und damit auch der Spiritualität haben. Dies wird in diesem Buch anhand von Zusammenhängen deutlich aufgezeigt.

*CHF 12.90 EUR 10.90 | 1. Auflage 2016*

### Grippe

Jedes Jahr sollen sich so genannte Risikogruppen, zu welchen mittlerweile schon eine Mehrzahl der Menschen gehören, vor der Grippe schützen. Aber schützt die Grippeimpfung auch wirklich? Ist die Grippe wirklich so schlimm, wie man jedes Jahr zu hören bekommt? Oder gibt es wesentlich wirksamere und wirkungsvollere Alternativen? Mit diesem Buch werden nicht nur diese Fragen beantwortet.

*CHF 9.90 EUR 7.90 | 1. Auflage 2018*

### Rund ums Impfen

Um zu einem tragfähigen Entscheid für oder gegen das Impfen zu kommen, müssen sich die Eltern durch etliche Literatur durchlesen. Dies ist nicht immer einfach. Einerseits fehlt die dafür nötige Zeit und andererseits oft auch die Geduld. Viele Bücher sind zudem oft so geschrieben, dass sie für Laien schwer verständlich sind.
Mit dem Buch „Rund ums Impfen" liegt eine impfkritische Lektüre vor, die den Eltern auf leicht verständliche Art die Thematik und vor allem aber auch die Problematik des Impfens näherbringt. „Rund ums Impfen" ist ein Nachschlagewerk, in dem jede Krankheit mit ihren Behandlungsmöglichkeiten, sowie die dazugehörige Impfung mit Zusatzstoffen, Nebenwirkungen, etc. genau beschrieben wird. Für Eltern, die sich für das Impfen entscheiden, werden Hinweise gebracht, wie man am besten vorgeht.

*CHF 17.90 EUR 15.90 | 8. Auflage 2015*

## Gesundheit

### Ganzheitliche Entsäuerung

Die Übersäuerung muss mittlerweile zur Volkskrankheit Nr. 1 gezählt werden, auch wenn dies von der wissenschaftlichen Seite her immer wieder dementiert wird. Die Übersäuerung entsteht jedoch nur zu einem kleineren Teil durch die falsche Ernährung. Wesentlich wichtiger sind die eigenen Gedanken und Emotionen. Auch das Impfen übersäuert.
In diesen beiden Büchern wird die Übersäuerung grob- und feinstofflich dargestellt.

Band 1 ist das Grundlagenwerk mit den notwendigen Informationen, um die ganzen Zusammenhänge zu verstehen.

Band 2 bringt viele einzelne Krankheiten in Zusammenhang mit einer möglichen Übersäuerung und der Psychosomatik. Eine Fundgrube von Wissen... für Laien und Therapeuten.

*Band 1 CHF 22.90 EUR 18.90 | 2. Auflage 2015*

*Band 2 CHF 17.90 EUR 15.90 | 2. Auflage 2015*

*Band 1 + 2 CHF 35.90 EUR 31.90*

**Wasser Urquell des Lebens**

*"Wir haben große Fortschritte gemacht.*
*Inzwischen wissen wir, dass wir beinahe nichts über Wasser wissen."*
Prof. Dr. Vladimir Voeikov, staatl. Univ. Moskau, Russland

Die materielle Wissenschaft versteht das grobstoffliche Wasser nach wie vor nur in Ansätzen, denn es gibt über 60 sogenannte Anomalien des Wassers, welche sich nicht an die physikalischen Gesetzmässigkeiten halten. Deshalb muss das Wasser wesentlich mehr feinstoffliche Aspekte enthalten, als über seine materielle Erscheinung erfasst werden kann.

Es wird auch aufgezeigt, wie neoliberaler Kapitalismus im Wasser Millionengeschäfte wittert und daraus massive Schädigungen für unser Wasser entstehen. Aber auch die Problematiken, welche in der Neuzeit zum Beispiel durch die Entwicklung der Akkumulatoren für Handys, Elektroautos usw. entstanden sind, werden erörtert.

Dieses Buch erfasst das Wasser als grob- und feinstoffliches essenzielles Element, also ganzheitlich. Es wird aufgezeigt, wie der Mensch in seinem ganzen Wesen mit dem Wasser verbunden ist und vom Element Wasser nicht nur abhängig ist, sondern auch stark geprägt wird. Dass Wasser ebenso als Heilmittel einsetzbar ist, wird für viele etwas ganz Neues sein. Dabei interessiert natürlich der Markt mit den verschiedenen Wasseraufbereitungs- und Wasserreinigungsgeräten, für den das Buch eine grundlegende Orientierung bietet.

Wasser braucht unseren Schutz, grob- und feinstofflich. Ist das Wasser krank, ist es auch der Mensch, das Tier und die ganze Umwelt. Hier finden Sie die Orientierung, was ein ganzheitlicher Umgang mit Wasser bedeutet und wie sich ein solcher auf alles, was uns umgibt, positiv auswirkt.

Es liegt an uns allen, nachhaltige verbessernde Veränderungen herbeizuführen. Anders als bei der zur reinen Ablenkung hochgepuschten $CO_2$ -Hysterie kann hier jeder einzelne Mensch etwas dazu beitragen. Tun wir es nicht heute, kann es morgen schon zu spät sein.

*CHF 19.99 EUR 17.99 | 1. Auflage 2020*

# Buchreihe: Impfen - Die Fakten

In der 5-bändigen Buchreihe „Impfen – Die Fakten" geht Wolfram Klingele akribisch und gründlich auf die bekannten Infektionskrankheiten und Impfungen ein. Klingeles langjährige, tiefgehende Recherchen bringen wenig bekannte Fakten ans Licht. Alle wichtigen Aussagen sind mit genauen Quellenangaben versehen und beruhen meist auf den Daten offizieller Ämter oder offizieller Studien.
In Band 1 und 2 werden die Grundlagen und Hintergründe der Impfungen erläutert sowie Fakten zu der Produktion von Impfstoffen, zu Inhaltsstoffen in Impfstoffen und Zahlen zu Impfschäden und Impftodesfällen genannt. In Band 3, 4 und 5 geht der Autor im Detail und umfassend auf die bekannten Infektionskrankheiten und die „dazugehörigen" Impfungen ein.
Band 3 ist als größter Band dieser Buchreihe mit über 450 Seiten den Masern und anderen Kinderkrankheiten gewidmet. In zweitgrößten Band 4 geht es um die Infektionskrankheiten der 6-fach-Impfung und um neuere Impfungen. In Band 5 werden die verschiedenen Grippeformen und Tuberkulose ausführlich behandelt. Zusätzlich bespricht der Autor Krankheiten, die in den reichen Industrieländern kaum mehr auftreten und dort nur noch als Reise- oder Tropenkrankheiten bekannt sind.

### Band 1: Grundlagen und Hintergründe

Die Ursprünge des Impfens: Jenner, Koch, Pasteur. Die Pocken. Der Rückgang der Sterblichkeit der Infektionskrankheiten seit 1900. Die Bedeutung der Lebensumstände. Aktuelle Erkrankungs- und Sterbezahlen bei Infektionskrankheiten in reichen Industrieländern. Antikörper und Immunität. Bakterien und Viren. Impfquoten der gesamten Bevölkerung.

*CHF 23.90 EUR 19.90 | 344 Seiten | 1. Auflage 2016*

### Band 2: Impfstoff-Produktion, Inhaltsstoffe, Impfschäden

Impfstoff-Produktion, Lebend- und Totimpfstoffe, sonstige Impfstoffe. Inhaltsstoffe in Impfstoffen. Arten von Impfschäden. Zahlen zu Impfschäden und Impftodesfällen. Der Plötzliche Kindstod (SIDS) und die TOKEN-Studie. Die Geschichte des plötzlichen Kindstodes. Totgeborene und Sterbefälle im 1. Lebensjahr. Umsatzzahlen der Impfindustrie.

*CHF 23.90 EUR 19.90 | 344 Seiten | 1. Auflage 2016*

### Band 3: Masern und andere Kinderkrankheiten

Der Rückgang der Masernsterblichkeit ohne Masern-impfungen seit 1900 bis zum Impfbeginn. Analyse der Masernerkrankungszahlen zu verschiedenen Zeiten. Gemeldete Masernfälle und laborbestätigte Masernfälle im Vergleich. Masernerkrankungen im europäischen Vergleich. Unglaubliche weltweite Impferfolge bei den Masern. Herdenimmunität. SSPE und Enzephalitis aufgrund Masernerkrankung und Masernimpfung. Scharlach: Rückgang einer Krankheit fast ohne Impfung. Mumps: Viele Erkrankte trotz Impfung. Röteln: Geschätzte Zahlen und tatsächlich registrierte Zahlen. Windpocken: Die Einführung einer Impfung will wie bei den Masern und den Röteln gut vorbereitet sein.

*CHF 27.90 EUR 23.90 | 465 Seiten | 1. Auflage 2016*

### Band 4: Krankheiten der 6-fach-Impfung und neuere Impfungen

Diphtherie, Tetanus, Pertussis. Poliomyelitis. Hepatitis B, Hämophilus influenzae (Hib). FSME, HPV, Rotavirus. Pneumo-kokken, Meningokokken.

*CHF 25.90 EUR 21.90 | 452 Seiten | 1. Auflage 2017*

### Band 5: Grippe, Tuberkulose, und Tropen- und Reisekrankheiten

Saisonale Grippe, Schweinegrippe, Vogelgrippe, Spanische Grippe, Tuberkulose. Typhus und Cholera, Ruhr, Malaria, Gelbfieber, Fleckfieber, Dengue-Fieber, Ebola, Lassa-Virus, Hanta-Virus, Zika-Virus, Lepra, Pest.

*CHF 23.90 EUR 19.90 | 380 Seiten | 1. Auflage 2017*

## DVD – Wir Impfen Nicht! Dokumentarfilm von Michael Leitner

Impfungen gelten als das Beste, was die moderne Medizin zu bieten hat. Doch immer mehr Indizien und Beweise zeigen: An der Schutzwirkung bestehen Zweifel. Und die Gefahren, vor denen Impfungen schützen sollen, stehen in keinem Verhältnis zu den Nebenwirkungen! Besonders dramatisch ist das bei Kindern! In Deutschland wuchs die Anzahl der Impfdosen im 1. Lebensjahr seit 1972 auf 34! Parallel dazu explodierte die Anzahl chronischer Erkrankungen bei Kindern: Rheuma, Krebs, vor allem aber Allergien, Infektanfälligkeiten und Verhaltensauffälligkeiten wie AD(H)S. Ursache sind die Zusatzstoffe in den Impfungen, vor allem die aluminiumhaltigen Wirkverstärker. Umgerechnet aufs Körpergewicht enthält eine Säuglingsimpfung das 23-fache an Aluminium, wie ein Impfstoff für Erwachsene! Der bisher erfolgreichste deutschsprachige impfkritische Film zeigt, dass von der Zulassung der Impfstoffe bis hin zum Umgang mit den Nebenwirkungen massiv getrickst wird. Wichtig für die Erhaltung der Gesundheit ist kein vollgestempelter Impfpass, sondern sauberes Wasser, gesundes Essen und ein von Giften unbelasteter Organismus *Dokumentation, Spielzeit: 100 Min, PAL, 16:9*

**DVD Box (Hartplastik)**

*CHF 23.90 EUR 19.90*

**DVD Box Plus ***

*CHF 30.40 EUR 25.90*

*** inkl. 1 DVD in Kartontasche**

**DVD in der Kartontasche**

**3er Pack**

*CHF 24.00 EUR 21.00*

**10er Pack**

*CHF 77.00 EUR 70.00*

## Fehldiagnose Schütteltrauma?

Seit einigen Jahren mehren sich in der Presse die Fälle von „Schütteltrauma", dem „Shaken Baby Syndrome", kurz SBS. Eltern wird vorgeworfen, ihre Kinder so heftig geschüttelt zu haben, das lebensbedrohliche Verletzungen u.a. am Gehirn auftreten.
Es mehren sich Beweise, dass mit „SBS"-Diagnosen mehr als leichtfertig umgegangen wird. Säuglinge werden von Eltern getrennt, weil Ärzte zu wenig wissen, um heftiges Schütteln von anderen Krankheitsursachen zu unterscheiden.
Einer der Faktoren, mit denen das SBS verwechselt wird, sind heftige Reaktionen auf Impfungen. Dieser Film erzählt, wieso Impfungen manchmal zu lebensbedrohlichen Zuständen führen können und wie dies von Seiten der Pharma-Lobby, Ärzten und Behörden systematisch ignoriert wird. Es gibt ein regelrechtes Impf-Kartell, dass gezielt alles unterdrückt, was die stetig wachsende Zahl von Säuglingsimpfungen infrage stellt.
*CHF 18.50 EUR 14.95*

## VAXXED – Die Schockierende Wahrheit?!

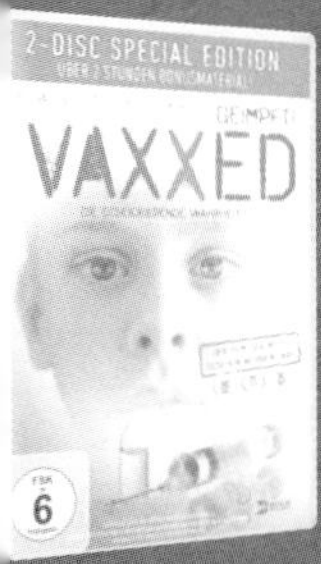


VAXXED ist einer der kontroversesten und meist diskutierten Filme des Jahres. Trotz schärfster Kritik der Pharma-Lobby wird er öffentlich von Oscar-Preisträger Robert De Niro unterstützt. VAXXED ist eine aufrüttelnde Dokumentation über die Geschichte des Whistleblowers Dr. William Thompson, der als Insider einen Skandal in der amerikanischen Gesundheitsbehörde CDC aufdeckte. Diese untersuchte 2004 einen möglichen Zusammenhang zwischen Mehrfachimpfungen und dem Entstehen von Autismus. Als die statistischen Daten der Studie tatsächlich alarmierende Ergebnisse aufzeigten, manipulierte das CDC die Zahlen, um die Ungefährlichkeit der Impfungen zu belegen. Zehn Jahre danach riskieren die VAXXED Filmemacher Kopf und Kragen, um die Verschwörung aufzudecken und die geheimen Daten ans Licht der Öffentlichkeit zu bringen.

**DVD Box (Hartplastik)**
*CHF 16.90 EUR 12.99*

**Blu-ray**
*CHF 21.00 EUR 15.99*

**D-DVD**
*CHF 22.00 EUR 17.99*

**VAXXED Set (DVD+ Buch Autismus)**
*CHF 36.90 EUR 27.99*

## VAXXED 2 – Das Ende des Schweigens

VAXXED 2 ist die Fortsetzung der kontrovers diskutierten Dokumentation VAXXED über den Vertuschungsskandal in der amerikanischen Gesundheitsbehörde CDC.
In VAXXED 2 gehen die Produzenten des Films auf eine Tour durch die USA und stellen sich ihrem Publikum. Sie hören hin, wo die Impfärzte nur weghören! Es kommen unzählige Angehörige der durch umstrittene Impfpraktiken geschädigten Kinder und Jugendlichen zu Wort. Eine Gemeinschaft, die stets zum Schweigen gebracht wurde, findet nun öffentlich Gehör. Wäre sie korrekt informiert worden über die in Ausmaß und Häufigkeit verschwiegenen Impfschäden mit einer Dunkelziffer von 95%, die real beinahe bei 100% ist, hätten sie ihre Impfentscheidung bewusster abwägen können. Medizinern und Gesundheitsrechtlern wie Robert F. Kennedy Jr., vor allem aber betroffenen Familien gibt VAXXED 2 eine Stimme.
In erschütternden Erfahrungsberichten erzählen Eltern von den dramatischen Folgen der bisherigen Impfpraxis für ihre Kinder und deren Zukunft.
*CHF 18.50 EUR 14.95*

# COVID-19-Impfstoffe – ie vermeintliche Rettung vor «Corona»?

## Wussten Sie…

**…dass die neuen mRNA-Impfstoffe, die derzeit entwickelt werden,**

- mittels eines komplett neuartigen, mangelhaft erprobten Wirkmechanismus' funktionieren, der weltweit in keinem anderen Impfstoff vorkommt?[1]
- in Ihre Gene eingreifen?[2]
- Stabilisatoren enthalten, deren Verträglichkeit schlecht abgeklärt ist?[2]
- Substanzen (Adjuvantien) enthalten, von denen bekannt ist, dass sie schwere Gesundheitsschäden zur Folge haben können?[3]
- nun verringerte Zulassungsanforderungen erfüllen müssen?[4, 5] Üblicherweise dauert die Entwicklung / Prüfung eines Impfstoffes mindestens 5-10 Jahre.
- weitere Impfstoffe (virale Vektoren, DNA) – welche ebenfalls ins Erbgut eingreifen – in Entwicklung sind?[2]
- nach Vorstellung der Regierungen jedem Menschen in der Schweiz und auf der Welt verabreicht werden sollen?[6]
- dass Pandemrix, die 2010 überstürzt eingeführte Impfung gegen die Schweinegrippe, wieder aus dem Verkehr gezogen werden musste wegen massiven Nebenwirkungen (u.a. Narkolepsie, allergischer Schock, Gesichtslähmungen)? Und dies, obwohl der Hersteller (GSK) bereits bei der Entwicklung von diesen gravierenden Nebenwirkungen wusste?[7]

www.wsam.ch

# COVID-19-Impfstoffe – die vermeintliche Rettung vor «Corona

## Wussten Sie ausserdem …

- dass bereits seit dem Epidemiegesetz 2016 ein Impfobligatorium besteht, welches aber nicht mehr nur für «besondere Bevölkerungsgruppen» gilt, sondern gemäss Botschaft zum COVID-19-Gesetz auf die gesamte Bevölkerung angewendet würde?[8]
- dass Sie Ihren Beruf allenfalls nicht mehr ausüben könnten, wenn Sie sich nicht impfen?
- dass Ihnen ohne COVID-19-Impfung möglicherweise vielerorts der Eintritt verweigert werden soll und Sie auch nicht in bestimmte Länder reisen könnten?[8]
- dass bei empfohlenen oder angeordneten Impfungen, im Gegensatz zu den üblichen Medikamenten, nicht der (profitierende) Hersteller, sondern wir Steuerzahler haften?[9]

## Wollen Sie das? – Nein?
## Dann gilt es, die Impfpflicht zu verhindern

[1] Persönliche Auskunft durch die Infektiologie des Kantonsspitals St. Gallen

[2] https://www.trillium.de/zeitschriften/trillium-immunologie/archiv/ausgaben-2019/heft- 32019/aus-der-grundlagenforschung/design-und-funktionsweise-von-mrna-basierten-impfstoffen-zum-schutz-vor-infektionskrankheiten.html

[3] https://cdn2.hubspot.net/hubfs/519118/Content%20Offerings/Summary%20of%20Studies%20Featured%20in%20Vaccines%20and%20Autoimmunity%20.pdf

[4] Siehe Gesetzesentwurf: https://www.newsd.admin.ch/newsd/message/attachments/61792.pdf

[5] Bereits laufende Studien, die in nur 4 Tagen bewilligt wurden: https://www.pei.de/DE/newsroom/pm/jahr/2020/08-erste-klinische-pruefung-sars-cov-2-impfstoff-in-deutschland.html

[6] Alain Berset: https://zueriost.ch/politik/2020-06-19/das-sind-die-weiteren-lockerungen-des-bundesrates

[7] https://www.ema.europa.eu/en/documents/overview/pandemrix-epar-summary-public_de.pdf

[8] https://www.admin.ch/opc/de/classified-compilation/20071012/index.html

[9] https://www.bag.admin.ch/bag/de/home/gesetze-und-bewilligungen/gesuche-bewilligungen/gesuche-bewilligungen-im-bereich-infektionskrankheiten/genugtuung-bei-impfschaeden.html

Corona

Weitere Infos unter: www.wsam.c